ŒUVRES

DE

DENIS DIDEROT.

TOME XI.

JACQUES LE FATALISTE.

ŒUVRES
DE
DENIS DIDEROT,

publiées sur les manuscrits de l'Auteur,

PAR JACQUES-ANDRÉ NAIGEON,
de l'Institut national des sciences, etc.

TOME ONZIÈME.

A PARIS,

Chez DETERVILLE, Libraire, rue
du Battoir, N.° 16.

AN VIII.

JACQUES LE FATALISTE
ET SON MAÎTRE.

JACQUES LE FATALISTE
ET SON MAÎTRE.

Comment s'étoient-ils rencontrés ? Par hasard, comme tout le monde. Comment s'appeloient-ils ? Que vous importe ? D'où venoient-ils ? Du lieu le plus prochain. Où alloient-ils ? Est-ce que l'on sait où l'on va ? Que disaient-ils ? Le maître ne disait rien ; et Jacques disoit que son capitaine disoit que tout ce qui nous arrive de bien et de mal ici-bas étoit écrit là-haut.

LE MAÎTRE.

C'est un grand mot que cela.

JACQUES.

Mon capitaine ajoutoit que chaque balle qui partoit d'un fusil avoit son billet.

LE MAÎTRE.

Et il avoit raison...

Après une courte pause, Jacques s'écria : Que le diable emporte le cabaretier et son cabaret !

LE MAÎTRE.

Pourquoi donner au diable son prochain ? Cela n'est pas chrétien.

JACQUES.

C'est que, tandis que je m'enivre de son mauvais

vin, j'oublie de mener nos chevaux à l'abreuvoir. Mon père s'en apperçoit ; il se fâche. Je hoche la tête ; il prend un bâton, et m'en frotte un peu durement les épaules. Un régiment passoit pour aller au camp devant Fontenoy ; de dépit je m'enrôle. Nous arrivons ; la bataille se donne.

LE MAÎTRE.

Et tu reçois la balle à ton adresse.

JACQUES.

Vous l'avez deviné ; un coup de feu au genou ; et Dieu sait les bonnes et mauvaises aventures amenées par ce coup de feu. Elles se tiennent ni plus ni moins que les chaînons d'une gourmette. Sans ce coup de feu, par exemple, je crois que je n'aurois été amoureux de ma vie, ni boiteux.

LE MAÎTRE.

Tu as donc été amoureux ?

JACQUES.

Si je l'ai été !

LE MAÎTRE.

Et cela par un coup de feu ?

JACQUES.

Par un coup de feu.

LE MAÎTRE.

Tu ne m'en as jamais dit un mot.

JACQUES.

Je le crois bien.

LE MAÎTRE.

Et pourquoi cela ?

JACQUES.

C'est que cela ne pouvoit être dit ni plus tôt ni plus tard.

LE MAÎTRE.

Et le moment d'apprendre ces amours est-il venu ?

JACQUES.

Qui le sait ?

LE MAÎTRE.

A tout hasard, commence toujours...

Jacques commença l'histoire de ses amours. C'étoit l'après-dînée ; il faisoit un temps lourd, son maître s'endormit. La nuit les surprit au milieu des champs ; les voilà fourvoyés. Voilà le maître dans une colère terrible, et tombant à grands coups de fouet sur son valet, et le pauvre diable disant à chaque coup : Celui-là étoit apparemment encore écrit là-haut...

Vous voyez, lecteur, que je suis en beau chemin, et qu'il ne tiendroit qu'à moi de vous faire attendre un an, deux ans, trois ans, le récit des amours de Jacques, en le séparant de son maître, et en leur faisant courir à chacun tous les hasards qu'il me plairoit. Qu'est-ce qui m'empêcheroit de marier le maître et de le faire cocu ? d'embarquer Jacques pour les isles ? d'y conduire son maître ? de les ramener tous les deux en France sur le même vaisseau ? Qu'il est facile de faire des contes ! Mais ils en seront quittes l'un et l'autre pour une mauvaise nuit, et vous pour ce délai.

L'aube du jour parut. Les voilà remontés sur leurs bêtes, et poursuivant leur chemin. = Et où alloient-ils ? = Voilà la seconde fois que vous me faites cette question, et la seconde fois que je vous réponds : Qu'est-ce que cela vous fait ? Si j'entame le sujet de leur voyage, adieu les amours de Jacques.... Ils allèrent quelque temps en silence. Lorsque chacun fut un peu remis de son chagrin, le maître dit à son valet : Eh bien ! Jacques, où en étions-nous de tes amours ?

JACQUES.

Nous en étions, je crois, à la déroute de l'armée ennemie. On se sauve, on est poursuivi, chacun pense à soi. Je reste sur le champ de bataille, enseveli sous le nombre des morts et des blessés, qui fut prodigieux. Le lendemain on me jeta, avec une douzaine d'autres, sur une charrette pour être conduit à un de nos hôpitaux. Ah ! monsieur, je ne crois pas qu'il y ait de blessure plus cruelle que celle du genou.

LE MAÎTRE.

Allons donc, Jacques, tu te moques.

JACQUES.

Non, pardieu, monsieur, je ne me moque pas.

Il y a là je ne sais combien d'os, de tendons et d'autres choses qu'ils appellent je ne sais comment...

Une espèce de paysan qui les suivoit avec une fille qu'il portait en croupe, et qui les avait écoutés, prit la parole et dit : Monsieur a raison... = On ne savoit à qui ce *monsieur* était adressé, mais il fut mal pris par Jacques et par son maître ; et Jacques dit à cet interlocuteur indiscret : De quoi te mêles-tu ? = Je me mêle de mon métier; je suis chirurgien à votre service, et je vais vous démontrer... = La femme qu'il portait en croupe lui disait : Monsieur le docteur, passons notre chemin, et laissons ces messieurs qui n'aiment pas qu'on leur démontre. = Non, lui répondit le chirurgien, je veux leur démontrer et je leur démontrerai... Et tout en se retournant pour démontrer, il pousse sa compagne, lui fait perdre l'équilibre et la jette à terre, un pied pris dans la basque de son habit et les cotillons renversés sur sa tête. Jacques descend, dégage le pied de cette pauvre créature et lui rabaisse ses jupons. Je ne sais s'il commença par abaisser ses jupons, ou par dégager le pied; mais à juger de l'état de cette femme par ses cris, elle s'était grièvement blessée. Et le maître de Jacques disoit au chirurgien : Voilà ce que c'est que de démontrer. Et le chirurgien : Voilà ce que c'est que de ne vouloir pas qu'on démontre !...
Et Jacques à la femme tombée ou ramassée : Consolez-vous, ma bonne, il n'y a ni de votre

faute, ni de la faute de monsieur le docteur, ni de la mienne, ni de celle de mon maître : c'est qu'il étoit écrit là-haut qu'aujourd'hui, sur ce chemin, à l'heure qu'il est, monsieur le docteur seroit un bavard, que mon maître et moi nous serions deux bourrus, que vous auriez une contusion à la tête, et qu'on vous verroit le cul...

Que cette aventure ne deviendroit-elle pas entre mes mains, s'il me prenoit fantaisie de vous désespérer ! Je donnerois de l'importance à cette femme ; j'en ferois la nièce d'un curé du village voisin ; j'ameuterois les paysans de ce village ; je me préparerois des combats et des amours ; car enfin cette paysanne étoit belle sous le linge. Jacques et son maître s'en étoient aperçus ; l'amour n'a pas toujours attendu une occasion aussi séduisante. Pourquoi Jacques ne deviendroit-il pas amoureux une seconde fois ? Pourquoi ne seroit-il pas une seconde fois le rival et même le rival préféré de son maître ? = Est-ce que le cas lui étoit déjà arrivé ? = Toujours des questions ! Vous ne voulez donc pas que Jacques continue le récit de ses amours ? Une bonne fois pour toutes, expliquez-vous ; cela vous fera-t-il, cela ne vous fera-t-il pas plaisir ? Si cela vous fera plaisir, remettons la paysanne en croupe derrière son conducteur, laissons-les aller, et revenons à nos deux voyageurs. Cette fois-ci ce fut Jacques qui prit la parole et qui dit à son maître :

Voilà le train du monde ; vous qui n'avez été blessé de votre vie, et qui ne savez ce que c'est qu'un coup de feu au genou, vous me soutenez, à moi qui ai eu le genou fracassé, et qui boite depuis vingt ans...

LE MAÎTRE.

Tu pourrois avoir raison. Mais ce chirurgien impertinent est cause que te voilà encore sur une charrette avec tes camarades, loin de l'hôpital, loin de ta guérison, et loin de devenir amoureux.

JACQUES.

Quoi qu'il vous plaise d'en penser, la douleur de mon genou étoit excessive ; elle s'accroissoit encore par la dureté de la voiture, par l'inégalité des chemins, et à chaque cahot je poussois un cri aigu.

LE MAÎTRE.

Parce qu'il étoit écrit là-haut que tu crierois ?

JACQUES.

Assurément ! Je perdois tout mon sang ; et j'étois un homme mort, si notre charrette, la dernière de la ligne, ne se fût arrêtée devant une chaumière. Là, je demande à descendre ; on me met à terre. Une jeune femme qui étoit debout à la porte de la chaumière, rentra chez elle, et en sortit presqu'aussitôt avec un verre et une bouteille de vin. J'en bus un ou deux coups à la hâte. Les charrettes qui précédoient la nôtre défilèrent. On se disposoit à me rejeter parmi mes camarades, lorsque, m'attachant fortement aux vêtemens de cette femme et à tout ce qui étoit autour de moi, je protestai que je ne remonterois pas, et que mourir pour mourir, j'aimois mieux que ce fût à l'endroit où j'étois qu'à deux lieues plus loin. En achevant ces mots, je tombai en défaillance. Au sortir de cet état je me trouvai déshabillé et couché dans un lit qui occupoit un des coins de la chaumière, ayant autour de moi un paysan, le maître du lieu, sa femme, la même qui m'avait secouru, et quelques petits enfans. La femme avoit trempé le coin de son tablier dans du vinaigre, et m'en frottoit le nez et les tempes.

LE MAÎTRE.

Ah! malheureux! ah! coquin!.... Infâme, je te vois arriver.

JACQUES.

Mon maître, je crois que vous ne voyez rien.

LE MAÎTRE.

N'est-ce pas de cette femme que tu vas devenir amoureux?

JACQUES.

Et quand je serois devenu amoureux d'elle, qu'est-ce qu'il y auroit à dire? Est-ce qu'on est maître de devenir ou de ne pas devenir amoureux? Et quand on l'est, est-on maître d'agir comme si on ne l'étoit pas? Si cela eût été écrit là-haut, tout ce que vous vous disposez à me dire je me le serois dit ; je me serois souffleté, je me serois cogné la tête contre le mur, je me serois arraché les cheveux: il n'en auroit été ni plus ni moins., et mon bienfaiteur eût été cocu.

LE MAÎTRE.

Mais en raisonnant à ta façon, il n'y a point de crime qu'on ne commît sans remords.

JACQUES.

Ce que vous m'objectez là m'a plus d'une fois chiffoné la cervelle; mais avec tout cela, malgré que j'en aie, j'en reviens toujours au mot de mon capitaine : Tout ce qui nous arrive de bien et de mal ici-bas est écrit là-haut. Savez-vous, monsieur, quelque moyen d'effacer cette écriture? Puis-je n'être pas moi? Et étant moi, puis-je faire autrement que moi? Puis-je être moi et un autre? Et depuis que je suis au monde, y a-t-il eu un seul instant où cela n'ait été vrai? Préchez tant qu'il vous plaira, vos raisons seront peut-être bonnes ; mais s'il est écrit en moi ou là-haut que je les trouverai mauvaises, que voulez-vous que j'y fasse?

LE MAÎTRE.

Je rêve à une chose ; c'est si ton bienfaiteur eût été cocu parce qu'il étoit écrit là-haut, ou si cela étoit écrit là-haut parce que tu ferois cocu ton bienfaiteur ?

JACQUES.

Tous les deux étoient écrits l'un à côté de l'autre. Tout a été écrit à-la-fois. C'est comme un grand rouleau qui se déploie petit à petit. . . . . ⚊ Vous concevez, lecteur, jusqu'où je pourrois pousser cette conversation sur un sujet dont on a tant parlé, tant écrit depuis deux mille ans, sans en être d'un pas plus avancé. Si vous me savez peu de gré de ce que je vous dis, sachez-m'en beaucoup de ce que je ne vous dis pas.

Tandis que nos deux théologiens disputoient sans s'entendre, comme il peut arriver en théologie, la nuit s'approchoit. Ils traversoient une contrée peu sûre en tout temps, et qui l'étoit bien moins encore alors que la mauvaise administration et la misère avoient multiplié sans fin le nombre des malfaiteurs. Ils s'arrêtèrent dans la plus misérable des auberges. On leur dressa deux lits de sangles dans une chambre formée de cloisons entr'ouvertes de tous les côtés. Ils demandèrent à souper. On leur apporta de l'eau de marre, du pain noir et du vin tourné. L'hôte, l'hôtesse, les enfans, les valets, tout avoit l'air sinistre. Ils entendoient à côté d'eux les ris immodérés et la joie tumultueuse d'une douzaine de brigands qui les avoient précédés et qui s'étoient emparés de toutes les provisions. Jacques étoit assez tranquile; il s'en falloit beaucoup que son maître le fût autant. Celui-ci promenoit son souci en long et en large, tandis que son valet dévoroit quelques morceaux de pain noir et avaloit en grimaçant quelques verres de mauvais vin. Ils en étoient là, lorsqu'ils entendirent frapper à leur porte : c'étoit un valet que ces insolens et dangereux voisins avoient contraint d'apporter à nos deux voyageurs, sur une de leurs assiettes, tous les os d'une volaille qu'ils avoient mangée. Jacques, indigné, prend les pistolets de son maître. = Où vas-tu ? = Laissez-moi faire. = Où vas-tu, te dis-je ? = Mettre à la raison cette canaille. = Sais-tu qu'ils sont une douzaine ? = Fussent-ils cent, le nombre n'y fait rien, s'il est écrit là-haut qu'ils ne sont pas assez. = Que le diable t'emporte avec ton impertinent dicton !... = Jacques s'échappe des mains de son maître, entre dans la chambre de ces coupé-jarrets, un pistolet armé dans chaque main. Vîte, qu'on se couche, leur dit-il, le premier qui remue je lui brûle la cervelle... Jacques avoit l'air et le ton si vrais, que ces coquins, qui prisoient autant la vie que d'honnêtes gens, se lèvent de table sans souffler le mot, se déshabillent et se couchent. Son maître, incertain sur la manière dont cette aventure finiroit, l'attendoit en tremblant. Jacques rentra chargé des dépouilles de ces gens; il s'en étoit emparé pour qu'ils ne fussent pas tentés de se relever; il avoit éteint leur lumière et fermé à double tour leur porte, dont il tenoit la clef avec un de ses pistolets. A présent, monsieur, dit-il à son maître, nous n'avons plus qu'à barricader en poussant nos lits contre cette porte, et à dormir paisiblement ; et il se mit en devoir de pousser les lits, racontant froidement et succinctement à son maître le détail de cette expédition.

LE MAÎTRE.

Jacques, quel diable d'homme es-tu ! Tu crois donc...

JACQUES.

Je ne crois ni ne décrois.

LE MAÎTRE.

S'ils avoient refusé de se coucher ?

JACQUES.

Cela était impossible.

LE MAÎTRE.

Pourquoi ?

JACQUES.

Parce qu'ils ne l'ont pas fait.

LE MAÎTRE.

S'ils se relevoient ?

JACQUES.

Tant pis ou tant mieux.

LE MAÎTRE.

Si... si... si... et...

JACQUES.

Si, si la mer bouilloit, il y auroit, comme on dit, bien des poissons de cuits. Que diable, monsieur, tout-à-l'heure vous avez cru que je courois un grand danger, et rien n'étoit plus faux ; à présent vous vous croyez en grand danger, et rien peut-être n'est encore plus faux. Tous, dans cette maison, nous avons peur les uns des autres, ce qui prouve que nous sommes tous des sots... Et tout en discourant ainsi, le voilà déshabillé, couché et endormi. Son maître, en mangeant à son tour un morceau de pain noir, et buvant un coup de mauvais vin, prêtoit l'oreille autour de lui, regardoit Jacques qui ronfloit, et disoit : Quel diable d'homme est-ce là !... A l'exemple de son valet, le maître s'étendit aussi sur son grabat, mais il n'y dormit pas de même. Dès la pointe du jour, Jacques sentit une main qui le poussoit ; c'étoit celle de son maître qui l'appeloit à voix basse : Jacques ! Jacques !

JACQUES.
Qu'est-ce ?
LE MAÎTRE.
Il fait jour.
JACQUES.
Cela se peut.
LE MAÎTRE.
Lève-toi donc.
JACQUES.
Pourquoi ?
LE MAÎTRE.
Pour sortir d'ici au plus vite.
JACQUES.
Pourquoi ?
LE MAÎTRE.
Parce que nous y sommes mal.

JACQUES.

Qui le sait, et si nous serions mieux ailleurs ?

LE MAÎTRE.

Jacques !

JACQUES.

Eh bien ! Jacques ! Jacques ! quel diable d'homme êtes-vous ?

LE MAÎTRE.

Quel diable d'homme es-tu ! Jacques, mon ami, je t'en prie.

Jacques se frotta les yeux, bâilla à plusieurs reprises, étendit les bras, se leva, s'habilla sans se presser, repoussa les lits, sortit de la chambre, descendit, alla à l'écurie, sella et brida les chevaux, éveilla l'hôte qui dormoit encore, paya la dépense, garda les clefs des deux chambres; et voilà nos gens partis.

Le maître vouloit s'éloigner au grand trot ; Jacques vouloit aller le pas, et toujours d'après son système. Lorsqu'ils furent à une assez grande distance de leur triste gîte, le maître, entendant quelque chose qui résonnoit dans la poche de Jacques, lui demanda ce que c'étoit : Jacques lui dit que c'étoient les deux clefs des chambres.

LE MAÎTRE.

Et pourquoi ne les avoir point rendues ?

JACQUES.

C'est qu'il faudra enfoncer deux portes ; celle

de nos voisins pour les tirer de leur prison, la nôtre pour leur délivrer leurs vêtemens; et que cela nous donnera du temps.

LE MAÎTRE.

Fort bien, Jacques! mais pourquoi gagner du temps?

JACQUES.

Pourquoi? Ma foi, je n'en sais rien.

LE MAÎTRE.

Et si tu veux gagner du temps, pourquoi aller au petit pas comme tu fais?

JACQUES.

C'est que faute de savoir ce qui est écrit là-haut, on ne sait ni ce qu'on veut ni ce qu'on fait, et qu'on suit sa fantaisie qu'on appelle raison, ou sa raison qui n'est souvent qu'une dangereuse fantaisie qui tourne tantôt bien tantôt mal.

Mon capitaine croyoit que la prudence est une supposition, dans laquelle l'expérience nous autorise à regarder les circonstances où nous nous trouvons comme des causes de certains effets à espérer ou à craindre pour l'avenir.

LE MAÎTRE.

Et tu entendois quelque chose à cela?

JACQUES.

Assurément, peu à peu je m'étois fait à sa langue. Mais, disoit-il, qui peut se vanter d'avoir assez d'expérience ? Celui qui s'est flatté d'en être le mieux pourvu, n'a-t-il jamais été dupe ? Et puis, y a-t-il un homme capable d'apprécier juste les circonstances où il se trouve ? Le calcul qui se fait dans nos têtes, et celui qui est arrêté sur le registre d'en-haut, sont deux calculs bien différens. Est-ce nous qui menons le destin, ou bien est-ce le destin qui nous mène ? Combien de projets sagement concertés ont manqué, et combien manqueront ! Combien de projets insensés ont réussi, et combien réussiront ! C'est ce que mon capitaine me répétoit, après la prise de Berg-op-Zoom et celle du Port-Mahon ; et il ajoutait que la prudence ne nous assuroit point un bon succès, mais qu'elle nous consoloit et nous excusoit d'un mauvais : aussi dormoit-il la veille d'une action sous sa tente comme dans sa garnison, et alloit-il au feu comme au bal. C'est bien de lui que vous vous seriez écrié : Quel diable d'homme !...

LE MAÎTRE.

Pourrois-tu me dire ce que c'est qu'un fou, et ce que c'est qu'un sage ?

JACQUES.

Pourquoi pas !.... un fou.... attendez.... c'est un homme malheureux, et par-conséquent un homme heureux est sage.

LE MAÎTRE.

Et qu'est-ce qu'un homme heureux ou malheureux ?

JACQUES.

Pour celui-ci, il est aisé. Un homme heureux est celui dont le bonheur est écrit là-haut ; et par-conséquent celui dont le malheur est écrit là-haut, est un homme malheureux.

LE MAÎTRE.

Et qui est-ce qui a écrit là-haut le bonheur et le malheur ?

JACQUES.

Et qui est-ce qui a fait le grand rouleau où tout est écrit ? Un capitaine, ami de mon capitaine, auroit bien donné un petit écu pour le savoir ; lui n'auroit pas donné une obole, ni moi non plus ; car à quoi cela me serviroit-il ? En éviterois-je pour cela le trou où je dois m'aller casser le cou ?

LE MAÎTRE.

Je crois que oui.

JACQUES.

Moi, je crois que non ; car il faudroit qu'il y eût une ligne fausse sur le grand rouleau qui contient vérité, qui ne contient que vérité, et qui contient toute vérité. Il seroit écrit sur le grand rouleau : Jacques se cassera le cou tel jour, et Jacques ne se casseroit pas le cou. Concevez-vous que cela se puisse, quel que soit l'auteur du grand rouleau ?

LE MAÎTRE.

Il y a beaucoup de choses à dire là-dessus...

Comme ils en étoient là, ils entendirent à quelque distance derrière eux du bruit et des cris ; ils retournèrent la tête, et virent une troupe d'hommes armés de gaules et de fourches qui s'avançoient vers eux à toutes jambes. Vous allez croire que c'étoient les gens de l'auberge, leurs valets et les brigands dont nous avons parlé. Vous allez croire que le matin on avoit enfoncé leurs portes faute de clefs, et que ces brigands s'étoient imaginé que nos deux voyageurs avoient décampé avec leurs dépouilles. Jacques le crut, et il disoit entre ses dents : Maudites soient les clefs et la fantaisie ou la raison qui me les fit emporter ! Maudite soit la prudence, etc. etc. Vous allez croire que cette petite armée tombera sur Jacques et son maître ; qu'il y aura une action sanglante, des coups de bâtons donnés, des coups de pistolets tirés ; et il ne tiendroit qu'à moi que tout ceci n'arrivât : mais adieu la vérité de l'histoire, adieu le récit des amours de Jacques. Nos deux voyageurs n'étoient point suivis : j'ignore ce qui se passa dans l'auberge après leur départ. Ils continuèrent leur route, allant toujours sans savoir où ils alloient, quoiqu'ils sussent à-peu-près où ils vouloient aller ; trompant l'ennui et la fatigue par le silence et le bavardage, comme c'est l'usage de ceux qui marchent, et quelquefois de ceux qui sont assis.

Il est bien évident que je ne fais pas un roman,

puisque je néglige ce qu'un romancier ne manqueroit pas d'employer. Celui qui prendroit ce que j'écris pour la vérité, seroit peut-être moins dans l'erreur que celui qui le prendroit pour une fable.

Cette fois-ci ce fut le maître qui parla le premier et qui débuta par le refrein accoutumé : Eh bien ! Jacques, l'histoire de tes amours ?

JACQUES.

Je ne sais où j'en étois. J'ai été si souvent interrompu, que je ferois tout aussi bien de recommencer.

LE MAÎTRE.

Non, non. Revenu de ta défaillance à la porte de la chaumière, tu te trouvas dans un lit, entouré des gens qui l'habitoient.

JACQUES.

Fort bien ! La chose la plus pressée étoit d'avoir un chirurgien, et il n'y en avoit pas à plus d'une lieue à la ronde. Le bonhomme fit monter à cheval un de ses enfans, et l'envoya au lieu le moins éloigné. Cependant la bonne femme avoit fait chauffer du gros vin, déchiré une vieille chemise de son mari ; et mon genou fut étuvé, couvert de compresses et enveloppé de linges. On mit quelques morceaux de sucre enlevés aux fourmis, dans une portion du vin qui avoit servi à mon pansement, et je l'avalai ; ensuite on m'exhorta à prendre patience. Il étoit tard ; ces gens se mirent à table et soupèrent. Voilà le souper fini. Cependant l'enfant ne revenoit pas, et point de chirurgien. Le père prit de l'humeur. C'étoit un homme naturellement chagrin; il boudoit sa femme, il ne trouvoit rien à son gré. Il envoya durement coucher ses autres enfans. Sa femme s'assit sur un banc et prit sa quenouille. Lui, alloit et venoit; et en allant et venant il lui cherchoit querelle sur tout. Si tu avois été au moulin comme je te l'avois dit... et il achevoit la phrase en hochant la tête du côté de mon lit. = On ira demain. = C'est aujourd'hui qu'il falloit y aller, comme je te l'avois dit... Et ces restes de paille qui sont encore sur la grange, qu'attends-tu pour les relever? = On les relevera demain. = Ce que nous en avons tiré à sa fin; et tu aurois beaucoup mieux fait de les relever aujourd'hui; comme je te l'avois dit.... Et ce tas d'orge qui se gâte sur le grenier, je gage que tu n'as pas songé à le remuer. = Les enfans l'ont fait. = Il falloit le faire toi-même. Si tu avois été sur ton grenier, tu n'aurois pas été à la porte... = Cependant il arriva un chirurgien, puis un second, puis un troisième, avec le petit garçon de la chaumière.

LE MAÎTRE.

Te voilà en chirurgiens comme Saint-Roch en chapeau.

JACQUES.

Le premier étoit absent, lorsque le petit garçon

étoit arrivé chez lui; mais sa femme avoit fait avertir le second, et le troisième avoit accompagné le petit garçon. Eh! bon soir, compères; vous voilà, dit le premier aux deux autres?.... Ils avoient fait le plus de diligence possible, ils avoient chaud, ils étoient altérés. Ils s'asseyent autour de la table dont la nappe n'étoit pas encore ôtée. La femme descend à la cave, et remonte avec une bouteille. Le mari grommeloit entre ses dents : Eh! que diable faisoit-elle à sa porte?.... On boit, on parle des maladies du canton; on entame l'énumération de ses pratiques. Je me plains; on me dit : Dans un moment nous serons à vous. Après cette bouteille, on en demande une seconde, à-compte sur mon traitement; puis une troisième, une quatrième, toujours à-compte sur mon traitement; et à chaque bouteille, le mari revenoit à sa première exclamation : Eh! que diable faisoit-elle à sa porte?

Quel parti un autre n'auroit-il pas tiré de ces trois chirurgiens, de leur conversation à la quatrième bouteille, de la multitude de leurs cures merveilleuses, de l'impatience de Jacques, de la mauvaise humeur de l'hôte, des propos de nos Esculapes de campagne autour du genou de Jacques, de leurs différens avis, l'un prétendant que Jacques étoit mort si l'on ne se hâtoit de lui couper la jambe, l'autre qu'il falloit extraire la balle et la portion du vêtement qui l'avoit suivie, et conserver la jambe à ce pauvre diable. Cependant on auroit vu Jacques assis sur son lit, regardant sa jambe en pitié, et lui faisant ses derniers adieux, comme on vit un de nos généraux entre Dufouart et Louis. Le troisième chirurgien auroit gobemouché jusqu'à ce que la querelle se fût élevée entr'eux, et que des invectives on en fût venu aux gestes.

Je vous fais grâce de toutes ces choses, que vous trouverez dans les romans, dans la comédie ancienne et dans la société. Lorsque j'entendis l'hôte s'écrier de sa femme : que diable faisoit-elle à sa porte ? je me rappelai l'Harpagon de Molière, lorsqu'il dit de son fils : *Qu'alloit-il faire dans cette galère ?* Et je conçus qu'il ne s'agissoit pas seulement d'être vrai, mais qu'il falloit encore être plaisant ; et que c'étoit la raison pour laquelle on diroit à jamais : *Qu'alloit-il faire dans cette galère ?* Et que le mot de mon paysan, Que faisoit-elle à sa porte, ne passeroit pas en proverbe.

Jacques n'en usa pas envers son maître avec la même réserve que je garde avec vous ; il n'omit pas la moindre circonstance, au hasard de l'endormir une seconde fois. Si ce ne fut pas le plus habile, ce fut au moins le plus vigoureux des trois chirurgiens qui resta maître du patient.

N'allez-vous pas, me direz-vous, tirer des bistouris à nos yeux, couper des chairs, faire couler du sang, et nous montrer une opération chirurgicale ? A votre avis, cela ne sera-t-il pas de bon goût ? Allons, passons encore l'opération chirurgicale ; mais vous permettrez au-moins à Jacques de dire à son maître, comme il le fit : Ah ! Monsieur, c'est une terrible affaire que de r'arranger un genou fracassé !.... Et à son maître de lui répondre comme auparavant : Allons donc, Jacques, tu te moques.... Mais ce que je ne vous laisserois pas ignorer pour tout l'or du monde, c'est qu'à peine le maître de Jacques lui eût-il fait cette impertinente réponse, que son cheval bronche et s'abat, que son genou va s'appuyer rudement sur un caillou pointu, et que le voilà criant à tue-tête : Je suis mort ! j'ai le genou cassé !... Quoique Jacques, la meilleure pâte d'homme qu'on puisse imaginer, fût tendrement attaché à son maître, je voudrois bien savoir ce qui se passa au fond de son âme, si-non dans le premier moment, du-moins lorsqu'il fut bien assuré que cette chûte n'auroit point de suite fâcheuse, et s'il put se refuser à un léger mouvement de joie secrète d'un accident qui apprendroit à son maître ce que c'étoit qu'une blessure au genou. Une autre chose, lecteur, que je voudrois bien que vous me dissiez, c'est si son maître n'eût pas mieux aimé être blessé, même un peu plus grièvement, ailleurs qu'au genou, ou s'il ne fut pas plus sensible à la honte qu'à la douleur.

Lorsque le maître fut un peu revenu de sa chûte et de son angoisse, il se remit en selle et appuya cinq ou six coups d'éperon à son cheval, qui partit comme un éclair; autant en fit la monture de Jacques, car il y avait entre ces deux animaux la même intimité qu'entre leurs cavaliers; c'étoient deux paires d'amis.

Lorsque les deux chevaux essoufflés reprirent leur pas ordinaire, Jacques dit à son maître : Eh bien! Monsieur, qu'en pensez-vous ?

LE MAÎTRE.

De quoi ?

JACQUES.

De la blessure au genou.

LE MAÎTRE.

Je suis de ton avis, c'est une des plus cruelles.

JACQUES.

Au vôtre ?

LE MAÎTRE.

Non, non, au tien, au mien, à tous les genoux du monde.

JACQUES.

Mon maître, mon maître, vous n'y avez pas bien regardé; croyez que nous ne plaignons jamais que nous.

LE MAÎTRE.

Quelle folie !

JACQUES.

Ah! si je savois dire comme je sais penser! Mais il étoit écrit là-haut que j'aurois les choses dans ma tête, et que les mots ne me viendroient pas.

Ici Jacques s'embarrassa dans une métaphysique très-subite et peut-être très-vraie. Il cherchoit à faire concevoir à son maître que le mot douleur étoit sans idée, et qu'il ne commençoit à signifier quelque chose qu'au moment où il rappeloit à notre mémoire une sensation que nous avions éprouvée. Son maître lui demanda s'il avoit déjà accouché. = Non, lui répondit Jacques. = Et crois-tu que ce soit une grande douleur que d'accoucher ? = Assurément ! = Plains-tu les femmes en mal d'enfant ? = Beaucoup. = Tu plains donc quelquefois un autre que toi ? = Je plains ceux ou celles qui se tordent les bras, qui s'arrachent les cheveux, qui poussent des cris, parce que je sais par expérience qu'on ne fait pas cela sans souffrir ; mais pour le mal propre à la femme qui accouche, je ne le plains pas : je ne sais ce que c'est, dieu merci ! Mais pour en revenir à une peine que nous connoissons tous deux, l'histoire de mon genou, qui est devenu le vôtre, par votre chûte....

LE MAÎTRE.

Non, Jacques ; l'histoire de tes amours qui sont devenues miennes par mes chagrins passés.

JACQUES.

Me voilà pansé, un peu soulagé, le chirurgien parti, et mes hôtes retirés et couchés. Leur chambre n'étoit séparée de la mienne que par des planches à claire-voie sur lesquelles on avoit collé du papier gris, et sur ce papier quelques images enluminées. Je ne dormois pas, et j'entendis la femme qui disoit à son mari : Laisse-moi, je n'ai pas envie de rire. Un pauvre malheureux qui se meurt à notre porte!.... == Femme, tu me diras tout cela après. == Non cela ne sera pas. Si vous ne finissez, je me lève. Cela ne me fera-t-il pas bien aise, lorsque j'ai le cœur gros? == Oh! si tu te fais tant prier, tu en seras la dupe. == Ce n'est pas pour se faire prier, mais c'est que vous êtes quelquefois d'un dur!.... c'est que.... c'est que....

Après une assez courte pause, le mari prit la parole et dit : Là, femme, conviens donc à présent que, par une compassion déplacée, tu nous as mis dans un embarras dont il est presque impossible de se tirer. L'année est mauvaise ; à-peine pouvons-nous suffire à nos besoins et aux besoins de nos enfans. Le grain est d'une cherté! Point de vin! Encore si l'on trouvoit à travailler; mais les riches se retranchent; les pauvres gens ne font rien ; pour une journée qu'on emploie, on en perd quatre. Personne ne paie ce qu'il doit; les créanciers sont d'une âpreté qui désespère : et voilà le moment que tu prends pour retirer ici un inconnu, un étranger qui y restera tant qu'il plaira à Dieu, et au chirurgien qui ne se pressera pas de le guérir; car ces chirurgiens font durer les maladies le plus long-tems qu'ils peuvent; qui n'a pas le sou, et qui doublera, triplera notre dépense. Là, femme, comment te déferas-tu de cet homme ? parle donc, femme, dis-moi donc quelque raison. = Est-ce qu'on peut parler avec vous ? = Tu dis que j'ai de l'humeur, que je gronde; eh! qui n'en auroit pas ? qui ne gronderoit pas ? Il y avait encore un peu de vin à la cave : Dieu sait le train dont il ira ! Les chirurgiens en burent hier au soir plus que nous et nos enfans n'aurions fait dans la semaine. Et le chirurgien qui ne viendra pas pour rien, comme tu peux penser, qui le paiera ? = Oui, voilà qui est fort bien dit; et parce qu'on est dans la misère vous me faites un enfant, comme si nous n'en avions pas déjà assez. = Oh que non ! = Oh que si; je suis sûre que je vais être grosse ! = Voilà comme tu dis toutes les fois. = Et cela n'a jamais manqué quand l'oreille me démange après, et j'y sens une démangeaison comme jamais. = Ton oreille ne sait ce qu'elle dit. = Ne me touche pas ! laisse-là mon oreille ! laisse donc, l'homme; est-ce que tu es fou ? tu t'en trouveras mal. = Non, non cela ne m'est pas arrivé depuis le soir de la Saint-Jean. = Tu feras si bien que.... et puis dans un mois d'ici tu me bouderas comme si c'étoit de ma faute. = Non, non. = Et dans neuf mois d'ici ce sera bien pis. = Non, non. = C'est toi qui l'auras voulu ? = Oui, oui. = Tu t'en souviendras ? tu ne diras pas comme tu as dit toutes les autres fois ? = Oui, oui.... = Et puis voilà que de non, non, en oui, oui, cet homme enragé contre sa femme d'avoir cédé à un sentiment d'humanité....

LE MAÎTRE.

C'est la réflexion que je faisais.

JACQUES.

Il est certain que ce mari n'étoit pas trop conséquent ; mais il étoit jeune et sa femme jolie. On ne fait jamais tant d'enfans que dans les temps de misère.

LE MAÎTRE.

Rien ne peuple comme les gueux.

JACQUES.

Un enfant de plus n'est rien pour eux, c'est la charité qui les nourrit. Et puis c'est le seul plaisir qui ne coûte rien ; on se console pendant la nuit, sans frais, des calamités du jour.... Cependant les réflexions de cet homme n'en étoient pas moins justes. Tandis que je me disois cela à moi-même, je ressentis une douleur violente au genou, et je m'écriai : Ah ! le genou !.... Et le mari s'écria : Ah ! femme !..., et la femme s'écria : Ah ! mon homme ! mais.... mais.... cet homme qui est là ! = Eh bien ! cet homme ? = Il nous aura peut-être entendus ! = Qu'il ait entendu. = Demain je n'oserai le regarder. = Et pourquoi ? Est-ce que tu n'es pas ma femme? est-ce que je ne suis pas ton mari? est-ce qu'un mari a une femme, est-ce qu'une femme a un mari pour rien? = Ah! ah! = Eh bien! qu'est-ce? = Mon oreille.... = Eh bien! ton oreille ? = C'est pis que jamais. = Dors, cela se passera. = Je ne saurois. Ah ! l'oreille ! ha! l'oreille ! = L'oreille, l'oreille, cela est bien aisé à dire.... = Je ne vous dirai point ce qui se passoit entr'eux; mais la femme après avoir répété l'oreille, l'oreille, plusieurs fois de suite à voix basse et précipitée, finit par balbutier à syllabes interrompues l'o....reil....le, et à la suite de cette o....reil....le, je ne sais quoi, qui, joint au silence qui succéda, me fit imaginer que son mal d'oreille s'étoit appaisé d'une ou d'autre façon, il n'importe : cela me fit plaisir.

LE MAÎTRE.

Et à elle donc ? = Jacques, mettez la main sur la conscience, et jurez-moi que ce n'est pas de cette femme que vous devîntes amoureux.

JACQUES.

Je le jure.

LE MAÎTRE.

Tant pis pour toi.

JACQUES.

C'est tant pis ou tant mieux. Vous croyez apparemment que les femmes qui ont une oreille comme la sienne écoutent volontiers?

LE MAÎTRE.

Je crois que cela est écrit là-haut.

JACQUES.

Je crois qu'il est écrit à la suite qu'elles n'écoutent pas long-temps le même, et qu'elles sont tant soi peu sujettes à prêter l'oreille à un autre.

LE MAÎTRE.

Cela se pourroit.

Et les voilà embarqués dans une querelle interminable sur les femmes, l'un prétendant qu'elles étoient bonnes, l'autre méchantes : et ils avoient tous deux raison ; l'un sottes, l'autre pleines d'esprit : et ils avoient tous deux raison ; l'un fausses, l'autre vraies : et ils avoient tous deux raison ; l'un avares, l'autre libérales : et ils avoient tous deux raison ; l'un belles, l'autre laides : et ils avoient tous deux raison ; l'un bavardes, l'autre discrètes ; l'un franches, l'autre dissimulées ; l'un ignorantes, l'autre éclairées ; l'un sages, l'autre libertines ; l'un folles, l'autre sensées ; l'un grandes, l'autre petites : et ils avoient tous deux raison.

En suivant cette dispute sur laquelle ils auroient pu faire le tour du globe sans déparler un moment et sans s'accorder, ils furent accueillis par un orage qui les contraignit de s'acheminer.... = Où ? = Où ? lecteur, vous êtes d'une curiosité bien incommode ! Et que diable cela vous fait-il ?

Quand je vous aurai dit que c'est à Pontoise ou à Saint-Germain, à Notre-Dame-de-Lorette ou à Saint-Jacques de Compostelle, en serez-vous plus avancé ? Si vous insistez, je vous dirai qu'ils s'acheminèrent vers.... oui; pourquoi pas ?.... vers un château immense, au frontispice duquel on lisoit : « Je n'appartiens à personne et j'appar- » tiens à tout le monde. Vous y étiez avant que » d'y entrer, et vous y serez encore quand vous » en sortirez ». = Entrèrent-ils dans ce château ? = Non, car l'inscription étoit fausse, ou ils y étoient avant que d'y entrer. = Mais du-moins ils en sortirent ? Non, car l'inscription étoit fausse, ou ils y étoient encore quand ils en furent sortis. = Et que firent-ils là ? = Jacques disoit ce qui étoit écrit là-haut; son maître, ce qu'il voulut : et ils avoient tous deux raison. = Quelle compagnie y trouvèrent-ils ? = Mêlée. = Qu'y disoit-on ? = Quelques vérités, et beaucoup de mensonges. = Y avoit-il des gens d'esprit ? = Où n'y en a-t-il pas ? et de maudits questionneurs qu'on fuyoit comme la peste. Ce qui choqua le plus Jacques et son maître pendant tout le temps qu'ils s'y promenèrent.... = On s'y promenoit donc ? = On ne faisoit que cela, quand on n'étoit pas assis ou couché. Ce qui choqua le plus Jacques et son maître, ce fut d'y trouver une vingtaine d'audacieux, qui s'étoient emparés des plus superbes appartemens, où ils se trouvoient presque toujours à l'étroit ; qui prétendoient, contre le droit commun et le vrai sens de l'inscription, que le château leur avoit été légué en toute propriété ; et qui, à l'aide d'un certain nombre de vauriens à leurs gages, l'avoient persuadé à un grand nombre d'autre vauriens à leurs gages, tout prêts pour une petite piéce de monnoie à pendre ou assassiner le premier qui auroit osé les contredire : cependant au temps de Jacques et de son maître, on l'osoit quelquefois. = Impunément ? = C'est selon.

Vous allez dire que je m'amuse, et que, ne sachant plus que faire de mes deux voyageurs, je me jette dans l'allégorie, la ressource ordinaire des esprits stériles. Je vous sacrifierai mon allégorie et toutes les richesses que j'en pouvais tirer ; je conviendrai de tout ce qu'il vous plaira, mais à condition que vous ne me tracasserez point sur ce dernier gîte de Jacques et de son maître ; soit qu'ils aient atteint une grande ville et qu'ils aient couché chez des filles ; qu'ils aient passé la nuit chez un vieil ami qui les fêta de son mieux ; qu'ils se soient réfugiés chez des moines mendians, où ils furent mal logés et mal repus pour l'amour de Dieu ; qu'ils aient été accueillis dans la maison d'un grand, où ils manquèrent de tout ce qui est nécessaire, au milieu de tout ce qui est superflu ; qu'ils soient sortis le matin d'une grande auberge, où on leur fit payer très-chèrement un mauvais souper servi dans des plats d'argent, et une nuit passée entre des rideaux de damas et des draps humides et repliés ; qu'ils aient reçu l'hospitalité chez un curé de village à portion congrue, qui courut mettre à contribution les basses-cours de ses paroissiens, pour avoir une omelette et une fricassée de poulets ; ou qu'ils se soient enivrés d'excellens vins, fait grande chère et pris une indigestion bien conditionnée dans une riche abbaye de Bernardins ; car, quoique tout cela vous paroisse également possible, Jacques n'étoit pas de cet avis : il n'y avoit réellement de possible que la chose qui étoit écrite en-haut. Ce qu'il y a de vrai, c'est que de quelque endroit qu'il vous convienne de les mettre en route, ils n'eurent pas fait vingt pas que le maître dit à Jacques, après avoir toute-fois, selon son usage, pris sa prise de tabac : Eh bien ! Jacques, l'histoire de tes amours ?

Au-lieu de répondre, Jacques s'écria : Au diable l'histoire de mes amours ! Ne voilà-t-il pas que j'ai laissé....

LE MAÎTRE.

Qu'as-tu laissé ?

Au-lieu de lui répondre, Jacques retournoit toutes ses poches, et se fouilloit par-tout inutilement. Il avoit laissé la bourse de voyage sous le chevet de son lit, et il n'en eut pas plus-tôt fait l'aveu à son maître, que celui-ci s'écria : Au diable l'histoire de tes amours ! Ne voilà-t-il pas que ma montre est restée accrochée à la cheminée !

Jacques ne se fit pas prier ; aussi-tôt il tourne bride, et regagne au petit pas, car il n'étoit jamais pressé.... = Le château immense ! = Non, non. Entre les différens gîtes possibles ou non possibles, dont je vous ai fait l'énumération qui précède, choisissez celui qui convient le mieux à la circonstance présente.

Cependant son maître alloit toujours en avant; mais voilà le maître et le valet séparés, et je ne sais auquel des deux m'attacher de préférence. Si vous voulez suivre Jacques, prenez-y garde ; la recherche de la bourse et de la montre pourra devenir si longue et si compliquée, que de long-tems il ne rejoindra son maître, le seul confident de ses amours : et adieu les amours de Jacques. Si, l'abandonnant seul à la quête de la bourse et de la montre, vous prenez le parti de faire compagnie à son maître, vous serez poli, mais très-ennuyé ; vous ne connoissez pas encore cette espèce-là. Il a peu d'idées dans la tête ; s'il lui arrive de dire quelque chose de sensé, c'est de réminiscence ou d'inspiration. Il a des yeux comme vous et moi ; mais on ne sait la plûpart du temps s'il regarde. Il ne dort pas, il ne veille pas non plus ; il se laisse exister : c'est sa fonction habituelle. L'automate alloit devant lui, se retournant de temps en temps pour voir si Jacques ne revenoit pas ; il descendoit de cheval et marchoit à pied ; il remontoit sur sa bête, faisoit un quart de lieue, redescendoit et s'asseyoit à terre, la bride de son cheval passée dans son bras, et la tête appuyée sur ses deux mains. Quand il étoit las de cette posture, il se levoit, et regardoit au loin s'il n'appercevoit point Jacques. Point de Jacques. Alors il s'impatientait, et sans trop savoir s'il parloit ou non, il disoit : Le bourreau ! le chien ! le coquin ! où est-il ? que fait-il ? Faut-il tant de temps pour reprendre une bourse et une montre ? Je le rouerai de coups; oh! cela est certain, je le rouerai de coups. Puis il cherchoit sa montre à son gousset, où elle n'étoit pas; et il achevoit de se désoler, car il ne savoit que devenir sans sa montre, sans sa tabatière et sans Jacques : c'étoient les trois grandes ressources de sa vie, qui se passoit à prendre du tabac, à regarder l'heure qu'il étoit, à questionner Jacques ; et cela dans toutes les combinaisons. Privé de sa montre, il en étoit donc réduit à sa tabatière, qu'il ouvroit et fermoit à chaque minute, comme je fais, moi, lorsque je m'ennuie. Ce qui reste de tabac le soir dans ma tabatière est en raison directe de l'amusement, ou inverse de l'ennui de ma journée. Je vous supplie, lecteur, de vous familiariser avec cette manière de dire empruntée de la géométrie, parce que je la trouve précise et que je m'en servirai souvent.

Eh bien ! en avez-vous assez du maître ; et son

valet ne venant point à nous, voulez-vous que nous allions à lui ? Le pauvre Jacques ! au moment où nous en parlons, il s'écrioit douloureusement : Il étoit donc écrit là-haut qu'en un même jour je serois appréhendé comme voleur de grand-chemin, sur-le-point d'être conduit dans une prison, et accusé d'avoir séduit une fille !

Comme il approchoit au petit pas, du château, non du lieu de leur dernière couchée, il passe à côté de lui un de ces merciers ambulans qu'on appelle porte-balles, et qui lui crie : Monsieur le chevalier, jarretières, ceintures, cordons de montre, tabatières du dernier goût, vraies jaback, bagues, cachets de montre, montre; Monsieur, une montre, une belle montre d'or, ciselée, à double boîte, comme neuve.... Jacques lui répond : J'en cherche bien une, mais ce n'est pas la tienne.... et continue sa route, toujours au petit pas. En allant, il crut voir écrit en-haut que la montre que cet homme lui avoit proposée étoit celle de son maître. Il revient sur ses pas, et dit au porte-balle : L'ami, voyons votre montre à boîte d'or, j'ai dans la fantaisie qu'elle pourroit me convenir. = Ma foi, dit le porte-balle, je n'en serois pas surpris; elle est belle, très-belle, de Julien-le-Roi. Il n'y a qu'un moment qu'elle m'appartient ; je l'ai acquise pour un morceau de pain, j'en ferai bon marché. J'aime les petits gains répétés ; mais on est bien malheureux par le temps qui court : de trois mois d'ici je n'aurai pas une pareille aubaine. Vous m'avez l'air d'un galant homme, et j'aimerois mieux que vous en profitassiez qu'un autre.... Tout en causant, le mercier avoit mis sa balle à terre, l'avoit ouverte, et en avoit tiré la montre, que Jacques reconnut sur-le-champ, sans en être étonné ; car s'il ne se pressoit jamais, il s'étonnoit rarement. Il regarde bien la montre ; Oui, se dit-il en lui-même, c'est elle.... Au porte-balle : Vous avez raison, elle est belle, très-belle, et je sais qu'elle est bonne.... Puis la mettant dans son gousset, il dit au porte-balle : L'ami, grand merci ! = Comment, grand merci ! = Oui, c'est la montre de mon maître. = Je ne connois point votre maître ; cette montre est à moi, je l'ai bien achetée et bien payée.... Et saisissant Jacques au collet, il se mit en devoir de lui reprendre la montre. Jacques s'approche de son cheval, prend un de ses pistolets, et l'appuyant sur la poitrine du porte-balle : Retire-toi, lui dit-il, ou tu es mort. = Le porte-balle effrayé lâche prise. Jacques remonte sur son cheval et s'achemine au petit pas vers la ville, en disant en lui-même : Voilà la montre recouvrée, à présent voyons à notre bourse.... Le porte-balle se hâte de refermer sa malle, la remet sur ses épaules, et suit Jacques en criant : Au voleur ! au voleur ! à l'assassin ! au secours ! à moi ! à moi !.... C'étoit dans la saison des récoltes : les champs étoient couverts de travailleurs. Tous laissent leurs faucilles, s'attroupent autour de cet homme, et lui demandent où est le voleur, où est l'assassin. = Le voilà, le voilà là-bas. = Quoi ! celui qui s'achemine au petit pas vers la porte de la ville ? = Lui-même. = Allez, vous êtes fou, ce n'est point là l'allure d'un voleur. = C'en est un, c'en est un, vous dis-je, il m'a pris de force une montre d'or.... = Ces gens ne savoient à quoi s'en rapporter, des cris du porte-balle ou de la marche tranquille de Jacques. Cependant, ajoutoit le porte-balle, mes enfans, je suis ruiné si vous ne me secourez ; elle vaut trente louis comme un liard. Secourez-moi, il emporte ma montre, et s'il vient à piquer des deux, ma montre est perdue.... Si Jacques n'étoit guère à portée d'entendre ces cris, il pouvoit aisément voir l'attroupement, et n'en alloit pas plus vîte. Le porte-balle détermina, par l'espoir d'une récompense, les paysans à courir après Jacques. Voilà donc une multitude d'hommes, de femmes et d'enfans allant et criant : Au voleur ! au voleur ! à l'assassin ! et le porte-balle les suivant d'aussi près que le fardeau dont il étoit chargé le lui permettoit, et criant : Au voleur ! au voleur ! à l'assassin !.... Ils sont entrés dans la ville, car c'est dans une ville que Jacques et son maître avoient séjourné la veille ; je me le rappelle à l'instant. Les habitans quittent leurs maisons, se joignent aux paysans et au porte-balle, tous vont criant à l'unisson : Au voleur ! au voleur ! à l'assassin !... Tous atteignent Jacques en-même-temps. Le porte-balle s'élançant sur lui, Jacques lui détache un coup de botte dont il est renversé par terre, mais n'en criant pas moins : Coquin, fripon, scélérat, rends-moi ma montre ; tu me la rendras, et tu n'en seras pas moins pendu... Jacques, gardant son sang-froid, s'adressoit à la foule qui grossissoit à chaque instant, et disoit : Il y a un magistrat de police ici, qu'on me mène chez lui ; là, je ferai voir que je ne suis point un coquin, et que cet homme en pourroit bien être un. Je lui ai pris une montre, il est vrai ; mais cette montre est celle de mon maître. Je ne suis point inconnu dans cette ville : avant-hier au soir nous y arrivâmes mon maître et moi, et nous avons séjourné chez M. le lieutenant-général, son ancien ami. ═ Si je ne vous ai pas dit plus-tôt que Jacques et son maître avoient passé par Conches, et qu'ils avoient logé chez le lieutenant-général de ce lieu, c'est que cela ne m'est pas venu plutôt. ═ Qu'on me conduise chez M. le lieutenant-général, disoit Jacques, et en-même-temps il mit pied à terre. On le voyoit au centre du cortège, lui, son cheval et le porte-balle. Ils marchent, ils arrivent à la porte du lieutenant-général. Jacques, son cheval et le porte-balle entrent, Jacques et le porte-balle se tenant l'un l'autre à la boutonnière. La foule reste en dehors.

Cependant, que faisoit le maître de Jacques ? Il s'étoit assoupi au bord du grand chemin, la bride de son cheval passée dans son bras, et l'animal paissoit l'herbe autour du dormeur, autant que la longueur de la bride le lui permettoit.

Aussi-tôt que le lieutenant-général apperçut Jacques, il s'écria : Eh! c'est toi, mon pauvre Jacques! Qu'est-ce qui te ramène seul ici ? = La montre de mon maître : il l'avoit laissée pendue au coin de la cheminée, et je l'ai retrouvée dans la balle de cet homme ; notre bourse, que j'ai oubliée sous mon chevet, et qui se trouvera si vous l'ordonnez... = Et que cela soit écrit là-haut, ajouta le magistrat.... A l'instant il fit appeler ses gens ; à l'instant le porte-balle montrant un grand drôle de mauvaise mine, et nouvellement installé dans la maison, dit : Voilà celui qui m'a vendu la montre. = Le magistrat, prenant un air sévère, dit au porte-balle et à son valet : Vous mériteriez tous deux les galères, toi pour avoir vendu la montre, toi pour l'avoir achetée.... A son valet : Rends à cet homme son argent, et mets bas ton habit sur-le-champ.... Au porte-balle : Dépêche-toi de vider le pays, si tu ne veux pas y rester accroché pour toujours. Vous faites tous deux un métier qui porte malheur.... Jacques, à présent il s'agit de ta bourse.... Celle qui se l'étoit appropriée comparut sans se faire appeler ; c'étoit une grande fille faite au tour. C'est moi, Monsieur, qui ai la bourse, dit-elle à son maitre ; mais je ne l'ai point volée : c'est lui qui me l'a donnée. = Je vous ai donné ma bourse ? = Oui. = Cela se peut, mais que le diable m'emporte si je m'en souviens.... = Le magistrat dit à Jacques : Allons, Jacques, n'éclaircissons pas cela davantage. = Monsieur.... = Elle est jolie et complaisante à ce que je vois. = Monsieur, je vous jure... = Combien y avoit-il dans la bourse ? = Environ neuf cent dix-sept livres. = Ah ! Javotte ! neuf cent dix-sept livres pour une nuit, c'est beaucoup trop pour vous et pour lui. Donnez-moi la bourse.... La grande fille donna la bourse à son maître qui en tira un écu de six francs ; Tenez, lui dit-il, en lui jetant l'écu, voilà le prix de vos services ; vous valez mieux, mais pour un autre que Jacques. Je vous en souhaite deux fois autant tous les jours ; mais hors de chez moi, entendez-vous ? Et toi, Jacques, dépêche-toi de remonter sur ton cheval, et de retourner à ton maître.

Jacques salua le magistrat et s'éloigna sans répondre, mais il disoit en lui-même : L'effrontée ! la coquine ! il étoit donc écrit là-haut qu'un autre coucheroit avec elle, et que Jacques paierait ?...

Allons, Jacques, console-toi; n'es-tu pas trop heureux d'avoir attrapé ta bourse et la montre de ton maître, et qu'il t'en ait si peu coûté?

Jacques remonte sur son cheval et fend la presse qui s'étoit faite à l'entrée de la maison du magistrat; mais comme il souffroit avec peine que tant de gens le prissent pour un fripon, il affecta de tirer la montre de sa poche, et de regarder l'heure qu'il étoit; puis il piqua des deux son cheval, qui n'y étoit pas fait, et qui n'en partit qu'avec plus de célérité. Son usage étoit de le laisser aller à sa fantaisie; car il trouvoit autant d'inconvénient à l'arrêter quand il galopoit, qu'à le presser quand il marchoit lentement. Nous croyons conduire le destin; mais c'est toujours lui qui nous mène : et le destin pour Jacques étoit tout ce qui le touchoit ou l'approchoit, son cheval, son maître, un moine, un chien, une femme, un mulet, une corneille. Son cheval le conduisoit donc à toutes jambes vers son maître, qui s'étoit assoupi sur le bord du chemin, la bride de son cheval passée dans son bras, comme je vous l'ai dit. Alors le cheval tenoit à la bride; mais lorsque Jacques arriva, la bride étoit restée à sa place, et le cheval n'y étoit plus. Un fripon s'étoit apparemment approché du dormeur, avoit doucement coupé la bride et emmené l'animal. Au bruit du cheval de Jacques, son maître se réveilla, et son premier mot fut : Arrive, arrive, maroufle! je te vais...

Là, il se mit à bâiller d'une aune. = Bâillez, bâillez, Monsieur, tout à votre aise, lui dit Jacques, mais où est votre cheval? = Mon cheval? = Oui, votre cheval... = Le maître s'appercevant aussi-tôt qu'on lui avoit volé son cheval, se disposoit à tomber sur Jacques à grands coups de bride, lorsque Jacques lui dit : Tout doux, Monsieur, je ne suis pas d'humeur aujourd'hui à me laisser assommer; je recevrai le premier coup, mais je jure qu'au second je pique des deux et vous laisse là.... Cette menace de Jacques fit tomber subitement la fureur de son maître, qui lui dit d'un ton radouci : Et ma montre ? = La voilà. = Et ta bourse ? = La voilà. = Tu as été bien long-temps. = Pas trop pour tout ce que j'ai fait. Ecoutez bien. Je suis allé, je me suis battu, j'ai ameuté tous les paysans de la campagne, j'ai ameuté tous les habitans de la ville, j'ai été pris pour voleur de grand chemin, j'ai été conduit chez le juge, j'ai subi deux interrogatoires, j'ai presque fait pendre deux hommes, j'ai fait mettre à la porte un valet, j'ai fait chasser une servante, j'ai été convaincu d'avoir couché avec une créature que je n'ai jamais vue et que j'ai pourtant payée; et je suis revenu. = Et moi, en t'attendant.... = En m'attendant il étoit écrit là-haut que vous vous endormiriez, et qu'on vous voleroit votre cheval. Eh bien! Monsieur, n'y pensons plus! c'est un cheval perdu, et peut-être est-il là-haut qu'il se retrouvera. = Mon cheval! mon pauvre cheval! = Quand vous continueriez vos lamentations jusqu'à demain, il n'en sera ni plus ni moins. = Qu'allons-nous faire? = Je vais vous prendre en croupe, ou, si vous l'aimez mieux, nous quitterons nos bottes, nous les attacherons sur la selle de mon cheval, et nous poursuivrons notre route à pied. = Mon cheval! mon pauvre cheval!

Ils prirent le parti d'aller à pied, le maître s'écriant de temps en temps, mon cheval! mon pauvre cheval! et Jacques paraphrasant l'abrégé de ses aventures. Lorsqu'il en fut à l'accusation de la fille, son maître lui dit :

Vrai, Jacques, tu n'avois pas couché avec cette fille?

JACQUES.

Non, monsieur.

LE MAÎTRE.

Et tu l'as payée?

JACQUES.

Assurément!

LE MAÎTRE.

Je fus une fois en ma vie plus malheureux que toi.

JACQUES.

Vous payâtes après avoir couché?

LE MAÎTRE.

Tu l'as dit.

JACQUES.

Est-ce que vous ne me raconterez pas cela ?

LE MAÎTRE.

Avant que d'entrer dans l'histoire de mes amours, il faut être sorti de l'histoire des tiennes. Eh bien ! Jacques, et tes amours, que je prendrai pour les premières et les seules de ta vie, nonobstant l'aventure de la servante du lieutenant-général de Conches ; car, quand tu aurois couché avec elle, tu n'en aurois pas été l'amoureux pour cela. Tous les jours on couche avec des femmes qu'on n'aime pas, et l'on ne couche pas avec des femmes qu'on aime. Mais....

JACQUES.

Eh bien ! mais ? qu'est-ce ?

LE MAÎTRE.

Mon cheval !.... Jacques, mon ami, ne te fâche pas ; mets-toi à la place de mon cheval, suppose que je t'aie perdu, et dis-moi si tu ne m'en estimerois pas davantage si tu m'entendois m'écrier : Mon Jacques ! mon pauvre Jacques !

Jacques sourit, et dit : J'en étois, je crois, au discours de mon hôte avec sa femme pendant la nuit qui suivit mon premier pansement. Je reposai un peu. Mon hôte et sa femme se levèrent plus tard que de coutume.

LE MAÎTRE.

Je le crois.

JACQUES.

A mon réveil, j'entr'ouvris doucement mes rideaux, et je vis mon hôte, sa femme et le chirurgien, en conférence secrète vers la fenêtre. Après ce que j'avois entendu pendant la nuit, il ne me fut pas difficile de deviner ce qui se traitoit là. Je toussai. Le chirurgien dit au mari : Il est éveillé; compère, descendez à la cave, nous boirons un coup, cela rend la main sûre; je lèverai ensuite mon appareil, puis nous aviserons au reste.

La bouteille arrivée et vidée, car, en terme de l'art, boire un coup c'est vider au moins une bouteille, le chirurgien s'approcha de mon lit, et me dit : Comment la nuit a-t-elle été ? = Pas mal. = Votre bras.... Bon, bon, le pouls n'est pas mauvais, il n'y a presque plus de fièvre. Il faut voir à ce genou.... Allons, commère, dit-il à l'hôtesse qui étoit debout au pied de mon lit derrière le rideau ; aidez-nous... L'hôtesse appela un de ses enfans.... Ce n'est pas un enfant qu'il nous faut ici, c'est vous ; un faux mouvement nous appréteroit de la besogne pour un mois. Approchez.... L'hôtesse approcha, les yeux baissés.... Prenez cette jambe, la bonne, je me charge de l'autre. Doucement, doucement.... A moi, encore un peu à moi,... L'ami, un petit tour de corps à droite; à droite, vous dis-je, et nous y voilà.... Je tenois le matelas des deux mains, je grinçois les dents, la sueur me couloit le long du visage. =

L'ami, cela n'est pas doux. = Je le sens. = Vous y voilà. Commère, lâchez la jambe, prenez l'oreiller ; approchez la chaise, et mettez l'oreiller dessus.... Trop près.... Un peu plus loin.... L'ami, donnez-moi la main, serrez-moi ferme. Commère, passez dans la ruelle, et tenez-le par-dessous le bras... A merveille.... Compère, ne reste-t-il rien dans la bouteille ? = Non. = Allez prendre la place de votre femme, et qu'elle en aille chercher une autre... Bon, bon, versez plein... Femme, laissez votre homme où il est, et venez à côté de moi... L'hôtesse appela encore une fois un de ses enfans. = Eh! mort diable, je vous l'ai déjà dit, un enfant n'est pas ce qu'il nous faut. Mettez-vous à genoux, passez la main sous le mollet.... Commère, vous tremblez comme si vous aviez fait un mauvais coup ; allons donc, du courage... La gauche sous le bas de la cuisse, là, au-dessus du bandage.... Fort bien!.... Voilà les coutures coupées, les bandes déroulées, l'appareil levé et ma blessure à découvert. Le chirurgien tâte en dessus, en dessous, par les côtés, et à chaque fois qu'il me touche, il dit : L'ignorant ! l'âne ! le butord ! et cela se mêle de chirurgie ! Cette jambe, une jambe à couper ? Elle durera autant que l'autre : c'est moi qui vous en réponds. = Je guérirai ? = J'en ai bien guéri d'autres. = Je marcherai ? = Vous marcherez. = Sans boiter ? = C'est autre chose ; diable, l'ami, comme vous y allez! N'est-ce

Jacques le Fataliste.   C

pas assez que je vous aie sauvé votre jambe ? Au demeurant, si vous boitez, ce sera peu de chose. Aimez-vous la danse ? = Beaucoup. = Si vous en marchez un peu moins bien, vous n'en danserez que mieux... Commère, le vin chaud... Non, l'autre d'abord : encore un petit verre, et votre pansement n'en ira pas plus mal... = Il boit : on apporte le vin chaud, on m'étuve, on remet l'appareil, on m'étend dans mon lit, on m'exhorte à dormir si je puis, on ferme les rideaux, on finit la bouteille entamée, on en remonte une autre, et la conférence reprend entre le chirurgien, l'hôte et l'hôtesse.

L'HÔTE.

Compère, cela sera-t-il long ?

LE CHIRURGIEN.

Très-long... A vous compère.

L'HÔTE.

Mais combien ? Un mois ?

LE CHIRURGIEN.

Un mois ! Mettez-en deux, trois, quatre, qui sait cela ? La rotule est entamée, le fémur, le tibia.... A vous, commère.

L'HÔTE.

Quatre mois ! miséricorde ! Pourquoi le recevoir ici ? Que diable faisoit-elle à sa porte ?

LE CHIRURGIEN.

A moi ; car j'ai bien travaillé.

L'HÔTESSE.

Mon ami, voilà que tu recommences. Ce n'est pas là ce que tu m'as promis cette nuit ; mais patience, tu y reviendras.

L'HÔTE.

Mais, dis-moi, que faire de cet homme ? Encore si l'année n'étoit pas si mauvaise !

L'HÔTESSE.

Si tu voulois, j'irois chez le curé.

L'HÔTE.

Si tu y mets le pied, je te roue de coups.

LE CHIRURGIEN.

Pourquoi donc, compère ? La mienne y va bien.

L'HÔTE.

C'est votre affaire.

LE CHIRURGIEN.

A ma filleule ; comment se porte-t-elle ?

L'HÔTESSE.

Fort bien !

LE CHIRURGIEN.

Allons, compère, à votre femme et à la mienne ; ce sont deux bonnes femmes.

L'HÔTE.

La vôtre est plus avisée ; elle n'auroit pas fait la sottise.....

L'HÔTESSE.

Mais, compère, il y a les sœurs grises?

LE CHIRURGIEN.

Ah! commère! un homme, un homme chez les sœurs! Et puis il y a une petite difficulté un peu plus grande que le doigt.... Buvons aux sœurs, ce sont de bonnes filles.

L'HÔTESSE.

Et quelle difficulté?

LE CHIRURGIEN.

Votre homme ne veut pas que vous alliez chez le curé; et ma femme ne veut pas que j'aille chez les sœurs.... Mais, compère, encore un coup, cela nous avisera peut-être. Avez-vous questionné cet homme? Il n'est peut-être pas sans ressource.

L'HÔTE.

Un soldat!

LE CHIRURGIEN.

Un soldat a père, mère, frères, sœurs, des parens, des amis, quelqu'un sous le ciel..... Buvons encore un coup, éloignez-vous, et laissez-moi faire.

Telle fut à la lettre la conversation du chirurgien, de l'hôte et de l'hôtesse: mais quelle autre couleur n'aurois-je pas été le maître de lui donner, en introduisant un scélérat parmi ces bonnes gens? Jacques se seroit vu, ou vous auriez vu Jacques au moment d'être arraché de son lit, jeté sur un grand chemin ou dans une fondrière. = Pourquoi pas tué ? Tué, non. J'aurois bien su appeler quelqu'un à son secours ; ce quelqu'un-là auroit été un soldat de sa compagnie : mais cela auroit pué le *Cléveland* à infecter. La vérité, la vérité ! La vérité, me direz-vous est souvent froide, commune et plate ; par exemple, votre dernier récit du pansement de Jacques est vrai, mais qu'y a-t-il d'intéressant ? Rien. = D'accord. = S'il faut être vrai, c'est comme Molière, Regnard, Richardson, Sedaine ; la vérité a ses côtés piquans, qu'on saisit quand on a du génie. = Oui, quand on a du génie ; mais quand on en manque ? = Quand on en manque, il ne faut pas écrire. = Et si par malheur on ressembloit à un certain poëte que j'envoyai à Pondichéry ? = Qu'est-ce que ce poëte ? = Ce poëte.... Mais si vous m'interrompez, lecteur, et si je m'interromps moi-même à tout coup, que deviendront les amours de Jacques ? Croyez-moi, laissons-là le poëte... L'hôte et l'hôtesse s'éloignèrent... = Non, non, l'histoire du poëte de Pondichéry. = Le chirurgien s'approcha du lit de Jacques... = L'histoire du poëte de Pondichéry, l'histoire du poëte de Pondichéry. = Un jour il me vint un jeune poëte, comme il m'en vient tous les jours... Mais, lecteur, quel rapport cela a-t-il avec le voyage de Jacques le Fataliste et de son maître ?.... = L'histoire du poëte de Pondichéry. = Après les complimens ordinaires sur mon esprit, mon génie, mon goût, ma bienfaisance, et autres propos dont je ne crois pas un mot, bien qu'il y ait plus de vingt ans qu'on me les répète, et peut-être de bonne-foi, le jeune poëte tire un papier de sa poche : ce sont des vers, me dit-il. = Des vers! = Oui, monsieur, et sur lesquels j'espère que vous aurez la bonté de me dire votre avis. = Aimez-vous la vérité ? = Oui, monsieur; et je vous la demande. = Vous allez la savoir. = Quoi! vous êtes assez bête, pour croire qu'un poëte vient chercher la vérité chez vous ? = Oui. = Et pour la lui dire ? = Assurément! = Sans ménagement ? = Sans-doute : le ménagement le mieux apprêté ne seroit qu'une offense grossière ; fidèlement interprété, il signifieroit, vous êtes un mauvais poëte; et comme je ne vous crois pas assez robuste pour entendre la vérité, vous n'êtes encore qu'un plat homme. = Et la franchise vous a toujours réussi ? = Presque toujours... Je lis les vers de mon jeune poëte, et je lui dis : Non-seulement vos vers sont mauvais, mais il m'est démontré que vous n'en ferez jamais de bons. = Il faudra donc que j'en fasse de mauvais ; car je ne saurois m'empêcher d'en faire. = Voilà une terrible malédiction! Concevez-vous, monsieur, dans quel avilissement vous allez tomber? Ni les dieux, ni les hommes, ni les colonnes, n'ont pardonné la médiocrité aux poëtes : c'est

Horace qui l'a dit. = Je le sais. = Etes-vous riche ? = Non. = Êtes-vous pauvre ? = Très-pauvre. = Et vous allez joindre à la pauvreté le ridicule de mauvais poëte ; vous aurez perdu toute votre vie, vous serez vieux. Vieux, pauvre et mauvais poëte, ah ! monsieur, quel rôle ! = Je le conçois, mais je suis entraîné malgré moi... (Ici Jacques auroit dit : Mais cela est écrit là-haut.) Avez-vous des parens ? = J'en ai. = Quel est leur état ? = Ils sont joailliers. = Feroient-ils quelque chose pour vous ? = Peut-être. = Eh bien ! voyez vos parens, proposez-leur de vous avancer une pacotille de bijoux. Embarquez-vous pour Pondichéry ; vous ferez de mauvais vers sur la route ; arrivé, vous ferez fortune. Votre fortune faite, vous reviendrez faire ici tant de mauvais vers qu'il vous plaira, pourvu que vous ne les fassiez pas imprimer, car il ne faut ruiner personne.... = Il y avoit environ douze ans que j'avois donné ce conseil au jeune homme, lorsqu'il m'apparut ; je ne le reconnoissois pas. C'est moi, monsieur, me dit-il, que vous avez envoyé à Pondichéry. J'y ai été ; j'ai amassé là une centaine de mille francs. Je suis revenu ; je me suis remis à faire des vers, et en voilà que je vous apporte.... Ils sont toujours mauvais ? = Toujours ; mais votre sort est arrangé, et je consens que vous continuiez à faire de mauvais vers. = C'est bien mon projet....

Le chirurgien s'étant approché du lit de Jacques, celui-ci ne lui laissa pas le temps de parler. J'ai tout entendu, lui dit-il.... Puis, s'adressant à son maître, il ajouta... Il alloit ajouter, lorsque son maître l'arrêta. Il étoit las de marcher; il s'assit sur le bord du chemin, la tête tournée vers un voyageur qui s'avançoit de leur côté, à pied, la bride de son cheval, qui le suivoit, passée dans son bras.

Vous allez croire, lecteur, que ce cheval est celui qu'on a volé au maître de Jacques : et vous vous tromperez. C'est ainsi que cela arriveroit dans un roman, un peu plus tôt ou un peu plus tard, de cette manière ou autrement ; mais ceci n'est point un roman, je vous l'ai déjà dit, je crois, et je vous le répète encore. Le maître dit à Jacques :

Vois-tu cet homme qui vient à nous ?

JACQUES.

Je le vois.

LE MAÎTRE.

Son cheval me paroît bon.

JACQUES.

J'ai servi dans l'infanterie, et je ne m'y connois pas.

LE MAÎTRE.

Moi, j'ai commandé dans la cavalerie, et je m'y connois.

JACQUES.

Après.

LE MAÎTRE.

Après ? je voudrois que tu allasses proposer à cet homme de nous le céder, en payant, s'entend.

JACQUES.

Cela est bien fou, mais j'y vais. Combien y voulez-vous mettre ?

LE MAÎTRE.

Jusqu'à cent écus....

Jacques, après avoir recommandé à son maître de ne pas s'endormir, va à la rencontre du voyageur, lui propose l'achat de son cheval, le paie et l'emmène. Eh bien ! Jacques, lui dit son maître, si vous avez vos pressentimens, vous voyez que j'ai aussi les miens. Ce cheval est beau ; le marchand t'aura juré qu'il est sans défaut : mais en fait de chevaux tous les hommes sont maquignons.

JACQUES.

Et en quoi ne le sont-ils pas ?

LE MAÎTRE.

Tu le monteras et tu me céderas le tien.

JACQUES.

D'accord.

Les voilà tous les deux à cheval, et Jacques ajoutant :

Lorsque je quittai la maison, mon père, ma

mère, mon parain, m'avoient tous donné quelque chose, chacun selon ses petits moyens ; et j'avois en réserve cinq louis, dont Jean mon aîné, m'avoit fait présent lorsqu'il partit pour son malheureux voyage de Lisbonne.... (Ici Jacques se mit à pleurer, et son maître à lui représenter que cela étoit écrit là-haut.) Il est vrai, monsieur, je me le suis dit cent fois ; et avec tout cela je ne saurois m'empêcher de pleurer..... Puis voilà Jacques qui sanglote et qui pleure de plus belle ; et son maître qui prend sa prise de tabac, et qui regarde à sa montre l'heure qu'il est. Après avoir mis la bride de son cheval entre ses dents, et essuyé ses yeux avec ses deux mains, Jacques continua :

Des cinq louis de Jean, de mon engagement, et des présens de mes parens et amis, j'avois fait une bourse dont je n'avois pas encore soustrait une obole. Je retrouvai ce magot bien à point ; qu'en dites-vous, mon maître ?

LE MAÎTRE.

Il étoit impossible que tu restasses plus longtemps dans la chaumière.

JACQUES.

Même en payant.

LE MAÎTRE.

Mais qu'est-ce que ton frère Jean étoit allé chercher à Lisbonne ?

JACQUES.

Il me semble que vous prenez à tâche de me fourvoyer. Avec vos questions, nous aurons fait le tour du monde avant que d'avoir atteint la fin de mes amours.

LE MAÎTRE.

Qu'importe, pourvu que tu parles et que j'écoute ? ne sont-ce pas là les deux points importans ? Tu me grondes, lorsque tu devrois me remercier.

JACQUES.

Mon frère étoit allé chercher le repos à Lisbonne. Jean mon frère étoit un garçon d'esprit : c'est ce qui lui a porté malheur ; il eût été mieux pour lui qu'il eût été un sot comme moi ; mais cela étoit écrit là-haut. Il étoit écrit que le frère quêteur des carmes qui venoit dans notre village demander des œufs, de la laine, du chanvre, des fruits, du vin à chaque saison, logeroit chez mon père, qu'il débaucheroit Jean mon frère, et que Jean mon frère prendroit l'habit de moine.

LE MAÎTRE.

Jean ton frère a été carme ?

JACQUES.

Oui, monsieur : et carme-déchaux. Il étoit actif, intelligent, chicaneur ; c'étoit l'avocat consultant du village. Il savoit lire et écrire, et, dès sa jeunesse, il s'occupoit à déchiffrer et à copier de vieux parchemins. Il passa par toutes les fonctions de l'ordre, successivement portier, sommelier, jardinier, sacristain, adjoint à procure et banquier ; du train dont il y alloit, il auroit fait notre fortune à tous. Il a marié et bien marié deux de nos sœurs et quelques autres filles du village. Il ne passoit pas dans les rues, que les pères, les mères et les enfans n'allassent à lui, et ne lui criassent : Bon jour, Frère Jean ; comment vous portez-vous, Frère Jean ? Il est sûr que quand il entroit dans une maison, la bénédiction du ciel y entroit avec lui ; et que s'il y avoit une fille, deux mois après sa visite elle étoit mariée. Le pauvre Frère Jean ! l'ambition le perdit. Le procureur de la maison, auquel on l'avoit donné pour adjoint, étoit vieux. Les moines ont dit qu'il avoit formé le projet de lui succéder après sa mort, que pour cet effet il bouleversa tout le chartrier, qu'il brûla les anciens registres, et qu'il en fit de nouveaux, en sorte qu'à la mort du vieux procureur, le diable n'auroit vu goutte dans les titres de la communauté. Avoit-on besoin d'un papier, il falloit perdre un mois à le chercher ; encore souvent ne le trouvoit-on pas. Les Pères démêlèrent la ruse du Frère Jean et son objet : ils prirent la chose au grave ; et Frère Jean, au-lieu d'être procureur comme il s'en étoit flatté, fut réduit au pain et à l'eau, et bien discipliné jusqu'à ce qu'il eût communiqué à un autre la clef de ses registres. Les moines sont implacables. Quand on eût tiré de Frère Jean tous les éclaircissemens dont on avoit besoin, on le fit porteur de charbon dans le laboratoire où l'on distille *l'eau des Carmes*. Frère Jean, ci-devant banquier de l'ordre et adjoint à procure, maintenant charbonnier ! Frère Jean avoit du cœur, il ne put supporter ce déchet d'importance et de splendeur, et n'attendit qu'une occasion de se soustraire à cette humiliation.

Ce fut alors qu'il arriva dans la même maison un jeune Père qui passoit pour la merveille de l'ordre au tribunal et dans la chaire ; il s'appeloit le Père Ange. Il avoit de beaux yeux, un beau visage, un bras et des mains à modeler. Le voilà qui prêche, qui prêche, qui confesse, qui confesse ; voilà les vieux directeurs quittés par leurs dévotes ; voilà ces dévotes attachées au jeune Père Ange ; voilà que les veilles de dimanches et de grandes fêtes, la boutique du Père Ange est environnée de pénitens et de pénitentes, et que les vieux Pères attendoient inutilement pratique dans leurs boutiques désertes : ce qui les chagrinoit beaucoup.... Mais, monsieur, si je laissois-là l'histoire de Frère Jean, et que je reprisse celle de mes amours, cela seroit peut-être plus gai.

LE MAÎTRE.

Non, non ; prenons une prise de tabac, voyons l'heure qu'il est, et poursuis.

JACQUES.

J'y consens, puisque vous le voulez... Mais le cheval de Jacques fut d'un autre avis ; le voilà qui prend tout-à-coup le mors aux dents, et qui se précipite dans une fondrière. Jacques a beau le serrer des genoux et lui tenir la bride courte, du plus bas de la fondrière, l'animal têtu s'élance et se met à grimper à toutes jambes un monticule où il s'arrête tout court, et où Jacques tournant ses regards autour de lui, se voit entre des fourches patibulaires.

Un autre que moi, lecteur, ne manqueroit pas de garnir ces fourches de leur gibier, et de ménager à Jacques une triste reconnoissance. Si je vous le disois, vous le croiriez peut-être, car il y a des hasards plus singuliers, mais la chose n'en seroit pas plus vraie ; ces fourches étoient vacantes.

Jacques laissa reprendre haleine à son cheval, qui de lui-même redescendit la montagne, remonta la fondrière, et replaça Jacques à côté de son maître, qui lui dit : Ah ! mon ami, quelle frayeur tu m'as causée ! je t'ai tenu pour mort... mais tu rêves ; à quoi rêves-tu ?

JACQUES.

A ce que j'ai trouvé là-haut.

LE MAÎTRE.

Et qu'y as-tu donc trouvé ?

JACQUES.

Des fourches patibulaires, un gibet.

LE MAÎTRE.

Diable ! cela est de fâcheux augure ; mais rappelle-toi ta doctrine. Si cela est écrit là-haut, tu auras beau faire, tu seras pendu, cher ami ; et si cela n'est pas écrit là-haut, le cheval en aura menti. Si cet animal n'est pas inspiré, il est sujet à des lubies ; il faut y prendre garde.... Après un moment de silence, Jacques se frotta le front et secoua ses oreilles comme on fait lorsqu'on cherche à écarter de soi une idée fâcheuse, et reprit brusquement :

Ces vieux moines tinrent conseil entre eux, et résolurent, à quelque prix et par quelque voie que ce fût, de se défaire d'une jeune barbe qui les humilioit. Savez-vous ce qu'ils firent ?... Mon maître, vous ne m'écoutez pas.

LE MAÎTRE.

Je t'écoute, je t'écoute: continue.

JACQUES.

Ils gagnèrent le portier, qui étoit un vieux coquin comme eux. Ce vieux coquin accusa le jeune Père d'avoir pris des libertés avec une de ses dévotes dans le parloir, et assura par serment qu'il l'avoit vu. Peut-être cela étoit-il vrai ; peut-être cela étoit-il faux : que sait-on ? Ce qu'il y a de plaisant, c'est que le lendemain de cette accusation le prieur de la maison fut assigné au nom d'un chirurgien pour être satisfait des remèdes qu'il avoit administrés et des soins qu'il avoit donnés à ce scélérat de portier dans le cours d'une maladie galante... Mon maître, vous ne m'écoutez pas, et je sais ce qui vous distrait, je gage que ce sont ces fourches patibulaires.

LE MAÎTRE.

Je ne saurois en disconvenir.

JACQUES.

Je surprends vos yeux attachés sur mon visage ; est-ce que vous me trouvez l'air sinistre ?

LE MAÎTRE.

Non, non.

JACQUES.

C'est-à-dire, oui, oui. Eh bien ! si je vous fais peur, nous n'avons qu'à nous séparer.

LE MAÎTRE.

Allons donc, Jacques, vous perdez l'esprit, est-ce que vous n'êtes pas sûr de vous ?

JACQUES.

Non, monsieur ; et qui est-ce qui est sûr de soi ?

LE MAÎTRE.

Tout homme de bien. Est-ce que Jacques, l'honnête Jacques, ne se sent pas là de l'horreur pour le crime?.... Allons, Jacques, finissons cette dispute et reprenez votre récit.

JACQUES.

En conséquence de cette calomnie ou médisance du portier, on se crut autorisé à faire mille diableries, mille méchancetés à ce pauvre Père Ange, dont la tête parut se déranger. Alors on appela un médecin qu'on corrompit, et qui attesta que ce religieux étoit fou, et qu'il avoit besoin de respirer l'air natal. S'il n'eût été question que d'éloigner ou d'enfermer le Père Ange, c'eût été une affaire bientôt faite; mais parmi les dévotes dont il étoit la coqueluche, il y avoit de grandes dames à ménager. On leur parloit de leur directeur avec une commisération hypocrite : Hélas ! ce pauvre Père Ange, c'est bien dommage! c'étoit l'aigle de notre communauté. = Qu'est-ce qui lui est donc arrivé ? = A cette question on ne répondoit qu'en poussant un profond soupir et en levant les yeux au ciel; si l'on insistoit, on baissoit la tête et l'on se taisoit. A cette singerie l'on ajoutoit quelquefois : O Dieu ! qu'est-ce de nous !... Il a encore des momens surprenans... des éclairs de génie... Cela reviendra peut-être, mais il y a peu d'espoir... Quelle perte pour la religion !... = Cependant les mauvais procédés redoubloient; il n'y avoit rien qu'on ne tentât pour amener le Père Ange au point où on le disoit; et on y auroit réussi, si Frère Jean ne l'eût pris en pitié. Que vous dirai-je de plus ? Un soir que nous étions tous endormis, nous entendîmes frapper à notre porte ; nous nous levons ; nous ouvrons au Père Ange et à mon frère déguisés. Ils passèrent le jour suivant dans la maison ; le lendemain dès l'aube du jour ils décampèrent. Ils s'en alloient les mains bien garnies ; car Jean, en m'embrassant, me dit : J'ai marié tes sœurs ; si j'étois resté dans le couvent, deux ans de plus, ce que j'y étois, tu serois un des gros fermiers du canton : mais tout a changé, et voilà ce que je puis faire pour toi. Adieu, Jacques, si nous avons du bonheur, le Père et moi, tu t'en ressentiras.... puis il me lâcha dans la main les cinq louis dont je vous ai parlé, avec cinq autres pour la dernière des filles du village qu'il avoit mariée, et qui venoit d'accoucher d'un gros garçon qui ressembloit à Frère Jean comme deux gouttes d'eau.

LE MAÎTRE, sa tabatière ouverte et sa montre replacée.

Et qu'alloient-ils faire à Lisbonne ?

JACQUES.

Chercher un tremblement de terre, qui ne pouvoit se faire sans eux ; être écrasés, engloutis, brûlés, comme il étoit écrit là-haut.

LE MAÎTRE.

Ah ! les moines ! les moines !

JACQUES.

Le meilleur ne vaut pas grand argent.

LE MAÎTRE.

Je le sais mieux que toi.

JACQUES.

Est-ce que vous avez passé par leurs mains ?

LE MAÎTRE.

Une autre fois je te dirai cela.

JACQUES.

Mais pourquoi est-ce qu'ils sont si méchans ?

LE MAÎTRE.

Je crois que c'est parce qu'ils sont moines. Et puis revenons à tes amours.

JACQUES.

Non, monsieur, n'y revenons pas.

LE MAÎTRE.

Est-ce que tu ne veux plus que je les sache ?

JACQUES.

Je le veux toujours ; mais le destin, lui, ne le veut pas. Est-ce que vous ne voyez pas qu'aussitôt que j'en ouvre la bouche, le diable s'en mêle, et qu'il survient toujours quelqu'incident qui me coupe la parole ? Je ne les finirai pas, vous dis-je, cela est écrit là-haut.

LE MAÎTRE.

Essaie, mon ami.

JACQUES.

Mais si vous commenciez l'histoire des vôtres ? peut-être que cela romproit le sortilège, et qu'ensuite les miennes en iroient mieux. J'ai dans la tête que cela tient à cela ; tenez, monsieur, il me semble quelquefois que le destin me parle.

LE MAÎTRE.

Et tu te trouves toujours bien de l'écouter ?

JACQUES.

Mais oui, témoin le jour qu'il me dit que votre montre étoit sur le dos du porte-balle....

Le maître se mit à bâiller ; en bâillant il frappoit de la main sur sa tabatière, et en frappant sur sa tabatière, il regardoit au loin, et en regardant au loin, il dit à Jacques : Ne vois-tu pas quelque chose sur ta gauche ?

JACQUES.

Oui, et je gage que c'est quelque chose qui ne voudra pas que je continue mon histoire, ni que vous commenciez la vôtre....

Jacques avoit raison. Comme la chose qu'ils voyoient venoit à eux et qu'ils alloient à elle, ces deux marches en sens contraires abrégèrent la distance ; et bientôt ils apperçurent un char drapé de noir, traîné par quatre chevaux noirs, couverts de housses noires qui leur enveloppoient la tête et qui descendoient jusqu'à leurs pieds ;

derrière, deux domestiques en noir, à la suite deux autres vêtus de noir, chacun sur un cheval noir, caparaçonné de noir ; sur le siége du char un cocher noir, le chapeau rabattu et entouré d'un long crêpe qui pendoit le long de son épaule gauche ; ce cocher avoit la tête penchée, laissoit flotter ses guides et conduisoit moins ses chevaux qu'ils ne le conduisoient. Voilà nos deux voyageurs arrivés au côté de cette voiture funèbre. A l'instant, Jacques pousse un cri, tombe de son cheval plutôt qu'il n'en descend, s'arrache les cheveux, se roule à terre en criant : Mon capitaine ! mon pauvre capitaine ! c'est lui, je n'en saurois douter, voilà ses armes... Il y avoit en effet dans le char un long cercueil sous un drap mortuaire, sur le drap mortuaire une épée avec un cordon, et à côté du cercueil un prêtre, son bréviaire à la main, et psalmodiant. Le char alloit toujours, Jacques le suivoit en se lamentant, le maître suivoit Jacques en jurant, et les domestiques certifioient à Jacques que ce convoi étoit celui de son capitaine, décédé dans la ville voisine, d'où on le transportoit à la sépulture de ses ancêtres. Depuis que ce militaire avoit été privé, par la mort d'un autre militaire son ami, capitaine au même régiment, de la satisfaction de se battre au moins une fois par semaine, il en étoit tombé dans une mélancolie qui l'avoit éteint au bout de quelque mois. Jacques, après avoir payé à son capitaine le tribut d'éloges, de regrets et de larmes qu'il lui devoit, fit excuse à son maître, remonta sur son cheval, et ils allèrent en silence.

Mais pour Dieu, l'auteur, me dites-vous, où alloient-ils?... Mais pour Dieu, lecteur, vous répondrai-je, est-ce qu'on sait où l'on va? Et vous; où allez-vous? Faut-il que je vous rappelle l'aventure d'Esope? Son maître Xantippe lui dit un soir d'été ou d'hiver, car les Grecs se baignoient dans toutes les saisons : Ésope, va au bain; s'il y a peu de monde nous nous baignerons... Esope part. Chemin faisant il rencontre la patrouille d'Athènes. Où vas-tu? Où je vais, répond Esope! je n'en sais rien. ⸺ Tu n'en sais rien? marche en prison. ⸺ Eh bien! reprit Ésope, ne l'avois-je pas bien dit que je ne savois où j'allois? je voulois aller au bain, et voilà que je vais en prison... ⸺ Jacques suivoit son maître comme vous le vôtre, son maître suivoit le sien comme Jacques le suivoit. ⸺ Mais, mais qui étoit le maître du maître de Jacques? ⸺ Bon! est-ce qu'on manque de maître dans ce monde? le maître de Jacques en avoit cent pour un, comme vous. Mais parmi tant de maîtres du maître de Jacques, il falloit qu'il n'y en eût pas un bon; car d'un jour à l'autre il en changeoit. ⸺ Il étoit homme; ⸺ homme passionné comme vous, lecteur; homme curieux comme vous, lecteur; homme importun comme vous, lecteur; homme questionneur comme vous, lecteur. ⚌ Et pourquoi questionnoit-il ? Belle question ! Il questionnoit pour apprendre et pour redire, comme vous, lecteur.... ⚌ Le maître dit à Jacques : Tu ne me parois pas disposé à reprendre l'histoire de tes amours.

JACQUES.

Mon pauvre capitaine ! il s'en va où nous allons tous, et où il est bien extraordinaire qu'il ne soit pas arrivé plus tôt. Ahi !... Ahi !...

LE MAÎTRE.

Mais, Jacques, vous pleurez, je crois ?...
« Pleurez sans contrainte, parce que vous pouvez
» pleurer sans honte ; sa mort vous affranchit des
» bienséances scrupuleuses qui vous gênoient pen-
» dant sa vie. Vous n'avez pas les mêmes raisons
» de dissimuler votre peine que celles que vous
» aviez de dissimuler votre bonheur ; on ne pen-
» sera pas à tirer de vos larmes les conséquences
» qu'on eût tirées de votre joie. On pardonne au
» malheur. Et puis il faut dans ce moment se mon-
» trer sensible ou ingrat, et, tout bien considéré,
» il vaut mieux déceler une foiblesse que de se lais-
» ser soupçonner d'un vice. Je veux que votre
» plainte soit libre pour être moins douloureuse,
» je la veux violente pour être moins longue. Rap-
» pelez-vous, exagérez-vous même ce qu'il étoit :
» sa pénétration à sonder les matières les plus pro-
» fondes ; sa subtilité à discuter les plus délicates ;

» son goût solide qui l'attachoit aux plus impor-
» tantes, la fécondité qu'il jettoit dans les plus
» stériles ; avec quel art il défendoit les accusés :
» son indulgence lui donnoit mille fois plus d'es-
» prit, que l'intérêt ou l'amour-propre n'en donnoit
» au coupable ; il n'étoit sévère que pour lui seul.
» Loin de chercher des excuses aux fautes légères
» qui lui échappoient, il s'occupoit avec toute la
» méchanceté d'un ennemi à se les exagérer, et
» avec tout l'esprit d'un jaloux à rabaisser le prix
» de ses vertus par un examen rigoureux des motifs
» qui l'avoient peut-être déterminé à son insu.
» Ne prescrivez à vos regrets d'autre terme que
» celui que le temps y mettra. Soumettons-nous
» à l'ordre universel lorsque nous perdons nos
» amis, comme nous nous y soumettrons lorsqu'il
» lui plaira de disposer de nous ; acceptons l'arrêt
» du sort qui les condamne, sans désespoir, comme
» nous l'accepterons sans résistance lorsqu'il se
» prononcera contre nous. Les devoirs de la sé-
» pulture ne sont pas les derniers devoirs des âmes.
» La terre qui se remue en ce moment se raf-
» fermira sur la cendre de votre amant ; mais votre
» âme conservera toute sa sensibilité ».

JACQUES.

Mon maître, cela est fort beau ; mais à quoi
diable cela revient-il ? J'ai perdu mon capitaine,
j'en suis désolé ; et vous me détachez, comme un
perroquet, un lambeau de la consolation d'un

homme ou d'une femme à une autre femme qui a perdu son amant.

LE MAÎTRE.

Je crois que c'est d'une femme.

JACQUES.

Moi, je crois que c'est d'un homme. Mais que ce soit d'un homme ou d'une femme, encore une fois, à quoi diable cela revient-il ? Est-ce que vous me prenez pour la maîtresse de mon capitaine ? Mon capitaine, monsieur, étoit un brave homme; et moi, j'ai toujours été un honnête garçon.

LE MAÎTRE.

Jacques, qui est-ce qui vous le dispute ?

JACQUES.

A quoi diable revient donc votre consolation d'un homme ou d'une femme à une autre femme ? A force de vous le demander, vous me le direz peut-être ?

LE MAÎTRE.

Non, Jacques, il faut que vous trouviez cela tout seul.

JACQUES.

J'y rêverois le reste de ma vie, que je ne le devinerois pas; j'en aurois pour jusqu'au jugement dernier.

LE MAÎTRE.

Jacques, il m'a paru que vous m'écoutiez avec attention tandis que je lisois.

Jacques le Fataliste. D

JACQUES.

Est-ce qu'on peut la refuser au ridicule ?

LE MAÎTRE.

Fort bien, Jacques !

JACQUES.

Peu s'en est fallu que je n'aie éclaté à l'endroit des bienséances rigoureuses qui me gênoient pendant la vie de mon capitaine, et dont j'avois été affranchi par sa mort.

LE MAÎTRE.

Fort bien, Jacques ! J'ai donc fait ce que je m'étois proposé. Dites-moi s'il étoit possible de s'y prendre mieux pour vous consoler ! Vous pleuriez. Si je vous avois entretenu de l'objet de votre douleur, qu'en seroit-il arrivé ? Que vous eussiez pleuré bien davantage, et que j'aurois achevé de vous désoler. Je vous ai donné le change, et par le ridicule de mon oraison funèbre, et par la petite querelle qui s'en est suivie. A présent, convenez que la pensée de votre capitaine est aussi loin de vous que le char funèbre qui le mène à son dernier domicile. Partant, je pense que vous pouvez reprendre l'histoire de vos amours.

JACQUES.

Je le pense aussi. Docteur, dis-je au chirurgien, demeurez-vous loin d'ici ? = A un bon quart de lieue au moins. = Etes-vous un peu commodément logé? = Assez commodément. = Pourriez-vous disposer d'un lit? = Non. = Quoi! pas même en payant, en payant bien? = Oh! en payant et en payant bien, pardonnez-moi. Mais, l'ami, vous ne me paroissez guère en état de payer, et moins encore de bien payer. = C'est mon affaire. Et serois-je un peu soigné chez vous? = Très-bien. J'ai ma femme qui a gardé des malades toute sa vie; j'ai une fille aînée qui fait le poil à tout venant, et qui vous lève un appareil aussi bien que moi. = Combien me prendriez-vous pour mon logement, ma nourriture et vos soins? = Le chirurgien dit en se grattant l'oreille: Pour le logement... la nourriture... les soins... Mais, qui est-ce qui me répondra du paiement? = Je paierai tous les jours. = Voilà qui s'appelle parler, cela... = Mais, monsieur, je crois que vous ne m'écoutez pas.

LE MAÎTRE.

Non, Jacques, il étoit écrit là-haut que tu parlerois cette fois, qui ne sera peut-être pas la dernière, sans être écouté.

JACQUES.

Quand on n'écoute pas celui qui parle, c'est qu'on ne pense à rien, ou qu'on pense à autre chose que ce qu'il dit: lequel des deux faisiez-vous?

LE MAÎTRE.

Le dernier. Je rêvois à ce qu'un des domestiques noirs qui suivoit le char funèbre te disoit, que ton capitaine avoit été privé, par la mort de son ami, du plaisir de se battre au-moins une fois la semaine. As-tu compris quelque chose à cela ?

JACQUES.

Assurément !

LE MAÎTRE.

C'est pour moi une énigme que tu m'obligerois de m'expliquer.

JACQUES.

Et que diable cela vous fait-il ?

LE MAÎTRE.

Peu de chose ; mais quand tu parleras, tu veux apparemment être écouté.

JACQUES.

Cela va sans dire.

LE MAÎTRE.

Eh bien ! en conscience, je ne saurois t'en répondre, tant que cet inintelligible propos me chiffonnera la cervelle. Tire-moi de là, je t'en prie.

JACQUES.

A la bonne heure ! mais jurez-moi, du-moins, que vous ne m'interromprez plus.

LE MAÎTRE.

A tout hasard, je te le jure.

JACQUES.

C'est que mon capitaine, bon homme, galant homme, homme de mérite, un des meilleurs officiers du corps, mais homme un peu hétéroclite, avoit rencontré et fait amitié avec un autre officier du même corps, bon homme aussi, galant homme aussi, homme de mérite aussi, aussi bon officier que lui, mais homme aussi hétéroclite que lui....

Jacques étoit à entamer l'histoire de son capitaine, lorsqu'ils entendirent une troupe nombreuse d'hommes et de chevaux qui s'acheminoient derrière eux. C'étoit le même char lugubre qui revenoit sur ses pas. Il étoit entouré.... = De gardes de la ferme? = Non. = De cavaliers de maréchaussée? = Peut-être. Quoi qu'il en soit, ce cortège étoit précédé du prêtre en soutane et en surplis, les mains liées derrière le dos; du cocher noir, les mains liées derrière le dos; et des deux valets noirs, les mains liées derrière le dos. Qui fut bien surpris? Ce fut Jacques, qui s'écria : Mon capitaine, mon pauvre capitaine n'est pas mort! Dieu soit loué!.... Puis Jacques tourne bride, pique des deux, s'avance à toutes jambes au-devant du prétendu convoi. Il n'en étoit pas à trente pas, que les gardes de la ferme ou les cavaliers de maréchaussée le couchent en joue, et lui crient : Arrête, retourne sur tes pas, ou tu es mort.... Jacques s'arrêta tout court, consulta le destin dans sa tête ; il lui sembla que le destin lui disoit : Retourne sur tes pas : ce qu'il fit. Son maître lui dit : Eh bien ! Jacques, qu'est-ce ?

JACQUES.

Ma foi, je n'en sais rien.

LE MAÎTRE.

Et pourquoi ?

JACQUES.

Je n'en sais pas davantage.

LE MAÎTRE.

Tu verras que ce sont des contrebandiers qui auront rempli cette bière de marchandises prohibées, et qu'ils auront été vendus à la ferme par les coquins mêmes de qui ils les avoient achetées.

JACQUES.

Mais, pourquoi ce carrosse aux armes de mon capitaine ?

LE MAÎTRE.

Ou c'est un enlévement. On aura caché dans ce cercueil, que sait-on, une femme, une fille, une religieuse ; ce n'est pas le linceul qui fait le mort.

JACQUES.

Mais pourquoi ce carrosse aux armes de mon capitaine ?

LE MAÎTRE.

Ce sera tout ce qu'il te plaira ; mais achève-moi l'histoire de ton capitaine.

JACQUES.

Vous tenez encore à cette histoire ? Mais peut-être que mon capitaine est encore vivant.

LE MAÎTRE.

Qu'est-ce que cela fait à la chose ?

JACQUES.

Je n'aime point à parler des vivans, parce qu'on est de temps en temps exposé à rougir du bien et du mal qu'on en a dit ; du bien qu'ils gâtent, du mal qu'ils réparent.

LE MAÎTRE.

Ne sois ni fade panégyriste, ni censeur amer ; dis la chose comme elle est.

JACQUES.

Ce n'est pas aisé. N'a-t-on pas son caractère, son intérêt, son goût, ses passions, d'après quoi l'on exagère ou l'on atténue ? Dis la chose comme elle est !..... Cela n'arrive peut-être pas deux fois en un jour dans une grande ville. Et celui qui vous écoute est-il mieux disposé que celui qui parle ? Non. D'où il doit arriver que deux fois à peine en un jour, dans toute une grande ville, on soit entendu comme on dit.

LE MAÎTRE.

Que diable, Jacques, voilà des maximes à proscrire l'usage de la langue et des oreilles, à ne rien dire, à ne rien écouter et à ne rien croire ! Cependant, dis comme moi, je t'écouterai comme moi, et je t'en croirai comme je pourrai.

JACQUES.

Si l'on ne dit presque rien dans ce monde, qui soit entendu comme on le dit, il y a bien pis, c'est qu'on n'y fait presque rien, qui soit jugé comme on l'a fait.

LE MAÎTRE.

Il n'y a peut-être pas sous le ciel une autre tête qui contienne autant de paradoxes que la tienne.

JACQUES.

Et quel mal y aurait-il à cela ? Un paradoxe n'est pas toujours une fausseté.

LE MAÎTRE.

Il est vrai.

JACQUES.

Nous passions à Orléans, mon capitaine et moi. Il n'étoit bruit dans la ville que d'une aventure récemment arrivée à un citoyen appelé M. le Pelletier, homme pénétré d'une si profonde commisération pour les malheureux, qu'après avoir réduit, par des aumônes démesurées, une fortune assez considérable au plus étroit nécessaire, il alloit de porte en porte chercher dans la bourse d'autrui des secours qu'il n'étoit plus en état de puiser dans la sienne.

LE MAÎTRE.

Et tu crois qu'il y avoit deux opinions sur la conduite de cet homme-là ?

JACQUES.

Non, parmi les pauvres; mais presque tous les riches, sans exception, le regardoient comme une espèce de fou; et peu s'en fallut que ses proches ne le fissent interdire comme dissipateur. Tandis que nous nous rafraîchissions dans une auberge, une foule d'oisifs s'étoit rassemblée autour d'une espèce d'orateur, le barbier de la rue, et lui disoit : Vous y étiez, vous; racontez-nous comment la chose s'est passée. ═ Très-volontiers, répondit l'orateur du coin, qui ne demandoit pas mieux que de pérorer. M. Aubertot, une de mes pratiques, dont la maison fait face à l'église des Capucins, étoit sur sa porte; M. le Pelletier l'aborde et lui dit : Monsieur Aubertot, ne me donnerez-vous rien pour mes amis? car c'est ainsi qu'il appelle les pauvres, comme vous savez. ═ Non, pour aujourd'hui, Monsieur le Pelletier. ═ Monsieur le Pelletier insiste. Si vous saviez en faveur de qui je sollicite votre charité ! c'est une pauvre femme qui vient d'accoucher, et qui n'a pas un guenillon pour entortiller son enfant. ═

Je ne saurois. = C'est une jeune et belle fille qui manque d'ouvrage et de pain, et que votre libéralité sauvera peut-être du désordre. = Je ne saurois. = C'est un manœuvre qui n'avoit que ses bras pour vivre, et qui vient de se fracasser une jambe en tombant de son échafaud. = Je ne saurois, vous dis-je. = Allons, monsieur Aubertot, laissez-vous toucher, et soyez sûr que jamais vous n'aurez l'occasion de faire une action plus méritoire. = Je ne saurois, je ne saurois. = Mon bon, mon miséricordieux monsieur Aubertot !.... = Monsieur le Pelletier, laissez-moi en repos ; quand je veux donner, je ne me fais pas prier.... = Et cela dit, M. Aubertot lui tourne le dos, passe de sa porte dans son magasin ; où M. le Pelletier le suit ; il le suit de son magasin dans son arrière-boutique, de son arrière-boutique dans son appartement ; là, M. Aubertot, excédé des instances de M. le Pelletier, lui donne un soufflet.... Alors, mon capitaine se lève brusquement, et dit à l'orateur : Et il ne le tua pas ? = Non, Monsieur ; est-ce qu'on tue comme cela ? = Un soufflet, morbleu ! un soufflet ! Et que fit-il donc ? = Ce qu'il fit après son soufflet reçu ? il prit un air riant, et dit à M. Aubertot : Cela, c'est pour moi ; mais mes pauvres ?.... = A ce mot tous les auditeurs s'écrièrent d'admiration, excepté mon capitaine qui leur disoit : Votre M. le Pelletier, messieurs, n'est qu'un guéux, un malheureux, un lâche, un infâme, à qui cependant cette épée auroit fait prompte justice, si j'avois été là; et votre Aubertot auroit été bien heureux, s'il ne lui en avoit coûté que le nez et les deux oreilles. = L'orateur lui repliqua : Je vois, monsieur, que vous n'auriez pas laissé le temps à l'homme insolent de reconnoître sa faute, de se jeter aux pieds de M. le Pelletier, et de lui présenter sa bourse. = Non, certes ! = Vous êtes un militaire, et M. le Pelletier est un chrétien ; vous n'avez pas les mêmes idées du soufflet. = La joue de tous les hommes d'honneur est la même. = Ce n'est pas tout-à-fait l'avis de l'évangile. = L'évangile est dans mon cœur et dans mon fourreau, et je n'en connois pas d'autre.... = Le vôtre, mon maître, est je ne sais où; le mien est écrit là-haut ; chacun apprécie l'injure et le bienfait à sa manière ; et peut-être n'en portons-nous pas le même jugement dans deux instans de notre vie.

LE MAÎTRE.

Après, maudit bavard, après....

Lorsque le maître de Jacques avoit pris de l'humeur, Jacques se taisoit, se mettoit à rêver, et souvent ne rompoit le silence que par un propos, lié dans son esprit, mais aussi décousu dans la conversation que la lecture d'un livre dont on auroit sauté quelques feuillets. C'est précisément ce qui lui arriva lorsqu'il dit : Mon cher maître....

LE MAÎTRE.

Ah ! la parole t'est enfin revenue. Je m'en réjouis pour tous les deux, car je commençois à m'ennuyer de ne te pas entendre, et toi de ne pas parler. Parle donc....

JACQUES.

Mon cher maître, la vie se passe en quiproquo. Il y a les quiproquo d'amour, les quiproquo d'amitié, les quiproquo de politique, de finance, d'église, de magistrature, de commerce, de femmes, de maris....

LE MAÎTRE.

Eh ! laisse-là ces quiproquo, et tâche de t'appercevoir que c'est en faire un grossier que de t'embarquer dans un chapitre de morale lorsqu'il s'agit d'un fait historique. L'histoire de ton capitaine ?

Jacques alloit commencer l'histoire de son capitaine, lorsque, pour la seconde fois, son cheval se jetant brusquement hors de la grande route à droite, l'emporte à travers une longue plaine, à un bon quart de lieue de distance, et s'arrête tout court entre des fourches patibulaires.... Entre des fourches patibulaires ! Voilà une singulière allure de cheval de mener son cavalier au gibet!.... Qu'est-ce que cela signifie, disoit Jacques! Est-ce un avertissement du destin?

LE MAÎTRE.

Mon ami, n'en doutez pas. Votre cheval est inspiré, et le fâcheux, c'est que tous ces pronostics, inspirations, avertissemens d'en-haut, par rêves, par apparitions, **ne servent à rien** : la chose n'en arrive pas moins. Cher ami, je vous conseille de mettre votre conscience en bon état, d'arranger vos petites affaires, et de me dépêcher, le plus vîte que vous pourrez, l'histoire de votre capitaine et celle de vos amours, car je serois fâché de vous perdre sans les avoir entendues. Quand vous vous soucieriez encore plus que vous ne faites, à quoi cela remédieroit-il? à rien. L'arrêt du destin, prononcé deux fois par votre cheval, s'accomplira. Voyez, n'avez-vous rien à restituer à personne? Confiez-moi vos dernières volontés, et soyez sûr qu'elles seront fidèlement remplies. Si vous m'avez pris quelque chose, je vous le donne; demandez-en seulement pardon à Dieu, et pendant le temps plus ou moins court que nous avons encore vivre ensemble, ne me volez plus.

JACQUES.

J'ai beau revenir sur le passé, je n'y vois rien à démêler avec la justice des hommes. **Je n'ai ni tué, ni volé, ni violé.**

JACQUES

LE MAÎTRE.

Tant pis ; à tout prendre, j'aimerois mieux que le crime fût commis qu'à commettre, et pour cause.

JACQUES.

Mais, monsieur, ce ne sera peut-être pas pour mon compte, mais pour le compte d'un autre, que je serai pendu ?

LE MAÎTRE.

Cela se peut.

JACQUES.

Ce n'est peut-être qu'après ma mort que je serai pendu ?

LE MAÎTRE.

Cela se peut encore.

JACQUES.

Je ne serai peut-être point pendu du tout ?

LE MAÎTRE.

J'en doute.

JACQUES.

Il est peut-être écrit là-haut que j'assisterai seulement à la potence d'un autre, et cet autre-là, monsieur, qui sait qui il est ? s'il est proche, ou s'il est loin ?

LE MAÎTRE.

Monsieur Jacques, soyez pendu, puisque le sort le veut, et que votre cheval le dit ; mais ne soyez pas insolent : finissez vos conjectures impertinentes , et faites-moi vîte l'histoire de votre capitaine.

JACQUES.

Monsieur, ne vous fâchez pas ; on a quelquefois pendu de fort honnêtes-gens ; c'est un quiproquo de justice.

LE MAÎTRE.

Ces quiproquo-là sont affligeans. Parlons d'autre chose.

Jacques, un peu rassuré par les interprétations diverses qu'il avoit trouvées au pronostic du cheval, dit :

Quand j'entrai au régiment, il y avoit deux officiers à-peu-près égaux d'âge, de naissance, de service et de mérite. Mon capitaine étoit l'un des deux. La seule différence qu'il y eût entre eux, c'est que l'un étoit riche, et que l'autre ne l'étoit pas. Mon capitaine étoit le riche. Cette conformité devoit produire ou la sympathie ou l'antipathie la plus forte : elle produisit l'une et l'autre.....

(Ici Jacques s'arrêta, et cela lui arriva plusieurs fois dans le cours de son récit, à chaque mouvement de tête que son cheval faisoit de droite et de gauche. Alors, pour continuer, il reprenoit sa dernière phrase, comme s'il avoit eu le hoquet).

Elle produisit l'une et l'autre. Il y avoit des jours où ils étoient les meilleurs amis du monde, et d'autres où ils étoient ennemis mortels. Les jours d'amitié ils se cherchoient, ils se fêtoient, ils s'embrassoient, ils se communiquoient leurs peines, leurs plaisirs, leurs besoins ; ils se consultoient sur leurs affaires les plus secrètes, sur leurs intérêts domestiques, sur leurs espérances, sur leurs craintes, sur leurs projets d'avancement. Le lendemain, se rencontroient-ils ? ils passoient l'un à côté de l'autre sans se regarder, ou ils se regardoient fièrement, ils s'appeloient monsieur, ils s'adressoient des mots durs, ils mettoient l'épée à la main et se battoient. S'il arrivoit que l'un des deux fût blessé, l'autre se précipitoit sur son camarade, pleuroit, se désespéroit, l'accompagnoit chez lui, et s'établissoit à côté de son lit jusqu'à ce qu'il fût guéri. Huit jours, quinze jours, un mois après, c'étoit à recommencer, et l'on voyoit, d'un instant à un autre, deux braves gens... deux braves gens, deux amis sincères, exposés à périr par la main l'un de l'autre, et le mort n'auroit certainement pas été le plus à plaindre des deux. On leur avoit parlé plusieurs fois de la bizarrerie de leur conduite ; moi-même, à qui mon capitaine avoit permis de parler, je lui disois : Mais, monsieur, s'il vous arrivoit de le tuer ?.... A ces mots il se mettoit à pleurer, et se couvroit les yeux de ses mains ; il couroit dans son appartement comme un fou. Deux heures après, ou son camarade le ramenoit chez lui blessé, ou il rendoit le même service à son camarade. Ni mes remontrances... ni mes remontrances, ni celle des autres n'y faisoient rien ; on n'y trouva de remède qu'à les séparer. Le ministre de la guerre fut instruit d'une persévérance si singulière dans des extrémités si opposées ; et mon capitaine nommé à un commandement de place, avec injonction expresse de se rendre sur-le-champ à son poste, et défense de s'en éloigner ; une autre défense fixa son camarade au régiment... Je crois que ce maudit cheval me fera devenir fou... A peine les ordres du ministre furent-ils arrivés, que mon capitaine, sous prétexte d'aller remercier de la faveur qu'il venoit d'obtenir, partit pour la cour, représenta qu'il étoit riche, et que son camarade indigent avoit le même droit aux grâces du roi ; que le poste qu'on venoit de lui accorder, récompenseroit les services de son ami, suppléeroit à son peu de fortune, et qu'il en seroit, lui, comblé de joie. Comme le ministre n'avoit eu d'autre intention que de séparer ces deux hommes bizarres, et que les procédés généreux touchent toujours, il fut arrêté.... Maudite bête, tiendras-tu ta tête droite ?.... Il fut arrêté que mon capitaine resteroit au régiment, et que son camarade iroit occuper le commandement de place.

A peine furent-ils séparés, qu'ils sentirent le

besoin qu'ils avoient l'un de l'autre; ils tombèrent dans une mélancolie profonde. Mon capitaine demanda un congé de sémestre pour aller prendre l'air natal; mais à deux lieues de la garnison, il vend son cheval, se déguise en paysan, et s'achemine vers la place que son ami commandoit. Il paroît que c'étoit une démarche concertée entre eux. Il arrive.... Va donc où tu voudras? Y a-t-il encore là quelque gibet qu'il te plaise de visiter?.... Riez bien, monsieur; cela est en effet très-plaisant.... Il arrive; mais il étoit écrit là-haut que, quelques précautions qu'ils prissent pour cacher la satisfaction qu'ils avoient de se revoir, et ne s'aborder qu'avec les marques extérieures de la subordination d'un paysan à un commandant de la place, des soldats, quelques officiers qui se rencontreroient par hasard à leur entrevue, et qui seroient instruits de leur aventure, prendroient des soupçons et iroient prévenir le major de la place.

Celui-ci, homme prudent, sourit de l'avis, mais ne laissa pas d'y attacher toute l'importance qu'il méritoit. Il mit des espions autour du commandant. Leur premier rapport fut que le commandant sortoit peu, et que le paysan ne sortoit point du tout. Il étoit impossible que ces deux hommes vécussent ensemble huit jours de suite, sans que leur étrange manie les reprît: ce qui ne manqua pas d'arriver.

Voyez, lecteur, combien je suis obligeant; il ne tiendroit qu'à moi de donner un coup de fouet aux chevaux qui traînent le carrosse drapé de noir, d'assembler, à la porte du gîte prochain, Jacques, son maître, les gardes des fermes ou les cavaliers de maréchaussée avec le reste de leur cortège; d'interrompre l'histoire du capitaine de Jacques, et de vous impatienter à mon aise; mais pour cela il faudroit mentir, et je n'aime pas le mensonge, à-moins qu'il ne soit utile et forcé. Le fait est que Jacques et son maître ne virent plus le carrosse drapé, et que Jacques, toujours inquiet de l'allure de son cheval, continua son récit.

Un jour, les espions rapportèrent au major qu'il y avoit eu une contestation fort vive entre le commandant et le paysan; qu'ensuite ils étoient sortis, le paysan marchant le premier, le commandant ne le suivant qu'à regret, et qu'ils étoient entrés chez un banquier de la ville, où ils étoient encore.

On apprit dans la suite que, n'espérant plus de se revoir, ils avoient résolu de se battre à toute outrance, et que, sensible aux devoirs de la plus tendre amitié, au moment même de la férocité la plus inouie, mon capitaine qui étoit riche, comme je vous l'ai dit... mon capitaine qui étoit riche, avoit exigé de son camarade qu'il acceptât une lettre-de-change de vingt-quatre mille livres qui lui assurât de quoi vivre chez l'étranger, au cas qu'il fût tué, celui-ci protestant qu'il ne se battroit point sans ce préalable ; l'autre répondant à cet offre : Est-ce que tu crois, mon ami, que si je te tue, je te survivrai ?.... J'espère, monsieur, que vous ne me condamnerez pas à finir notre voyage sur ce bizarre animal....

Ils sortoient de chez le banquier, et ils s'acheminoient vers les portes de la ville, lorsqu'ils se virent entourés du major et de quelques officiers. Quoique cette rencontre eût l'air d'un incident fortuit, nos deux amis, nos deux ennemis, comme il vous plaira de les appeler, ne s'y méprirent pas. Le paysan se laissa connoître pour ce qu'il étoit. On alla passer la nuit dans une maison écartée. Le lendemain, dès la pointe du jour, mon capitaine, après avoir embrassé plusieurs fois son camarade, s'en sépara pour ne plus le revoir. A peine fut-il arrivé dans son pays, qu'il mourut.

LE MAÎTRE.

Et qui est-ce qui t'a dit qu'il étoit mort.

JACQUES.

Et ce cercueil ? Et ce carrosse à ses armes ? Mon pauvre capitaine est mort, je n'en doute pas.

LE MAÎTRE.

Et ce prêtre les mains liées sur le dos ; et ces gens les mains liées sur le dos ; et ces gardes de la ferme ou ces cavaliers de maréchaussée ; et ce retour du convoi vers la ville ? Ton capitaine est vivant, je n'en doute pas ; mais ne sais-tu rien de son camarade ?

JACQUES.

L'histoire de son camarade est une belle ligne du grand rouleau ou de ce qui est écrit là-haut.

LE MAÎTRE.

J'espère....

Le cheval de Jacques ne permit pas à son maître d'achever ; il part comme un éclair, ne s'écartant ni à droite ni à gauche, suivant la grande route. On ne vit plus Jacques ; et son maître persuadé que le chemin aboutissoit à des fourches patibulaires, se tenoit les côtés de rire. Et puisque Jacques et son maître ne sont bons qu'ensemble et ne valent rien séparés, non-plus que Don-Quichotte sans Sancho, et Richardet sans Ferragus, ce que le continuateur de Cervantes et l'imitateur de l'Arioste, monsignor Forti-Guerra n'ont pas assez compris, lecteur, causons ensemble jusqu'à ce qu'ils se soient rejoints.

Vous allez prendre l'histoire du capitaine de Jacques pour un conte, et vous aurez tort. Je vous proteste que telle qu'il l'a racontée à son maître, tel fut le récit que j'en avois entendu faire aux invalides, je ne sais en quelle année, le jour de Saint-Louis, à table chez un monsieur de Saint-Etienne, le major de l'hôtel ; et l'historien qui parloit en présence de plusieurs autres officiers de la maison, qui avoient connoissance du fait, étoit un personnage grave qui n'avoit point du tout l'air d'un badin. Je vous le répète donc pour ce moment et pour la suite; soyez circonspect si vous ne voulez pas prendre dans cet entretien de Jacques et de son maître le vrai pour le faux, le faux pour le vrai. Vous voilà bien averti, et je m'en lave les mains. = Voilà, me direz-vous, deux hommes bien extraordinaires! = Et c'est là ce qui vous met en défiance? Premièrement, la nature est si variée, sur-tout dans les instincts et les caractères, qu'il n'y a rien de si bizarre dans l'imagination d'un poëte, dont l'expérience et l'observation ne vous offrissent le modèle dans la nature. Moi, qui vous parle, j'ai rencontré le pendant du médecin malgré lui, que j'avois regardé jusques-là comme la plus folle et la plus gaie des fictions. = Quoi! le pendant du mari à qui sa femme dit : J'ai trois enfans sur les bras; et qui lui répond : Mets-les à terre.... Ils me demandent du pain; donne-leur le fouet! = Précisément. Voici son entretien avec ma femme. = Vous voilà, monsieur Gousse? = Non, madame, je ne suis pas un autre. = D'où venez-vous? D'où j'étois allé. = Qu'avez-vous fait là? = J'ai raccommodé un moulin qui alloit mal. = A qui appartenoit ce moulin? Je n'en sais rien; je n'étois pas allé pour raccommoder le meûnier. = Vous êtes fort bien vêtu contre votre usage ; pourquoi sous cet habit, qui est très-propre, une chemise salle ? = C'est que je n'en ai qu'une. = Et pourquoi n'en avez-vous qu'une ? = C'est que je n'ai qu'un corps à-la-fois. = Mon mari n'y est pas, mais cela ne vous empêchera pas de dîner ici. = Non, puisque je ne lui ai confié ni mon estomac ni mon appétit. = Comment se porte votre femme ? = Comme il lui plaît ; c'est son affaire. = Et vos enfans ? = A merveille ! = Et celui qui a de si beaux yeux, un si bel embonpoint, une si belle peau ? = Beaucoup mieux que les autres ; il est mort. = Leur apprenez-vous quelque chose ? = Non, madame. = Quoi ! ni à lire, ni à écrire, ni le catéchisme ? = Ni à lire, ni à écrire, ni le catéchisme. = Et pourquoi cela ? = C'est qu'on ne m'a rien appris, et que je n'en suis pas plus ignorant. S'ils ont de l'esprit, ils feront comme moi ; s'ils sont sots, ce que je leur apprendrois ne les rendroit que plus sots.... = Si vous rencontrez jamais cet original, il n'est pas nécessaire de le connoître pour l'aborder. Entraînez-le dans un cabaret, dites-lui votre affaire, proposez-lui de vous suivre à vingt lieues, il vous suivra ; après l'avoir employé, renvoyez-le sans un sou, il s'en retournera satisfait. Avez-vous entendu parler d'un certain Prémonval, qui donnoit à Paris des leçons publiques de mathématiques ? C'étoit son ami.... Mais

Jacques et son maître se sont peut-être rejoints : voulez-vous que nous allions à eux, ou rester avec moi ?.... Gousse et Prémonval tenoient ensemble l'école. Parmi les élèves qui s'y rendoient en foule, il y avoit une jeune fille appelée mademoiselle Pigeon, la fille de cet habile artiste qui a construit ces deux beaux planisphères qu'on a transportés du jardin du Roi dans les salles de l'académie des sciences. Mademoiselle Pigeon alloit là tous les matins avec son portefeuille sous le bras et son étui de mathématiques dans son manchon. Un des professeurs, Prémonval, devint amoureux de son écolière ; et tout à travers les propositions sur les solides inscrits à la sphère, il y eut un enfant de fait. Le père Pigeon n'étoit pas homme à entendre patiemment la vérité de ce corollaire. La situation des amans devient embarrassante : ils en confèrent ; mais n'ayant rien, mais rien du tout, quel pouvoit être le résultat de leurs délibérations ? Ils appellent à leur secours l'ami Gousse. Celui-ci, sans mot dire, vend tout ce qu'il possède, linge, habits, machines, meubles, livres ; fait une somme, jette les deux amoureux dans une chaise de poste, les accompagne à franc-étrier jusqu'aux Alpes ; là, il vide sa bourse du peu d'argent qui lui restoit, le leur donne, les embrasse, leur souhaite un bon voyage, et s'en revient à pied demandant l'aumône jusqu'à Lyon, où il gagna, à peindre les parois d'un cloître de moines, de quoi revenir à Paris sans mendier. ⸺ Cela est très-beau. ⸺ Assurément! et d'après cette action héroïque vous croyez à Gousse un grand fond de morale? Eh bien! détrompez-vous, il n'en avoit pas plus qu'il n'y en a dans la tête d'un brochet. ⸺ Cela est impossible. ⸺ Cela est. Je l'avois occupé. Je lui donne un mandat de quatre-vingt livres sur mes commettans; la somme étoit écrite en chiffres : Que fait-il ? Il ajoute un zéro, et se fait payer huit cents livres. ⸺ Ah, l'horreur! ⸺ Il n'en est pas plus malhonnête quand il me vole, qu'honnête quand il se dépouille pour un ami; c'est un original sans principes. Ces quatre-vingt francs ne lui suffisoient pas, avec un trait de plume il s'en procuroit huit cents dont il avoit besoin. Et les livres précieux dont il me fait présent ? ⸺ Qu'est-ce que ces livres ? ⸺ Mais Jacques et son maître ? Mais les amours de Jacques ? Ah! lecteur, la patience avec laquelle vous m'écoutez me prouve le peu d'intérêt que vous prenez à mes deux personnages, et je suis tenté de les laisser où ils sont. ... J'avois besoin d'un livre précieux, il me l'apporte; quelque temps après j'ai besoin d'un autre livre précieux, il me l'apporte encore; je veux les payer, il en refuse le prix. J'ai besoin d'un troisième livre précieux. Pour celui-ci, dit-il, vous ne l'aurez pas, vous avez parlé trop tard, mon docteur de Sorbonne est mort. = Et qu'a de commun la mort de votre docteur de Sorbonne avec le livre que je désire ? Est-ce que vous avez pris les deux autres dans sa bibliotheque ? = Assurément ! = Sans son aveu ? = Eh ! qu'en avois-je besoin pour exercer une justice distributive ? Je n'ai fait que déplacer ces livres pour le mieux, en les transférant d'un endroit où ils étoient inutiles, dans un autre où l'on en fera un bon usage. ... = Et prononcez après cela sur l'allure des hommes ! Mais c'est l'histoire de Gousse avec sa femme qui est excellente.... Je vous entends, vous en avez assez, et votre avis seroit que nous allassions rejoindre nos deux voyageurs. Lecteur, vous me traitez comme un automate, cela n'est pas poli ; dites les amours de Jacques, ne dites pas les amours de Jacques, je veux que vous me parliez de l'histoire de Gousse ; j'en ai assez.... Il faut sans-doute que j'aille quelquefois à votre fantaisie ; mais il faut que j'aille quelquefois à la mienne ; sans compter que tout auditeur qui me permet de commencer un récit s'engage d'en entendre la fin.

Je vous ai dit premièrement ; or dire un premièrement, c'est annoncer au-moins un secondement. Secondement donc... Ecoutez-moi, ne m'écoutez pas, je parlerai tout seul.... Le capitaine de Jacques et son camarade pouvoient être tourmentés d'une jalousie violente et secrète ;

c'est un sentiment que l'amitié n'éteint pas toujours. Rien de si difficile à pardonner que le mérite. N'appréhendoient-ils pas un passe-droit, qui les auroit également offensés tous deux ? Sans s'en douter, ils cherchoient d'avance à se délivrer d'un concurrent dangéreux, ils se tâtoient pour l'occasion à venir. Mais comment avoir cette idée de celui qui cède si généreusement son commandement de place à son ami indigent ? il le cède, il est vrai ; mais s'il en eût été privé, peut-être l'eût-il revendiqué à la pointe de l'épée. Un passe-droit entre les militaires, s'il n'honore pas celui qui en profite, déshonore son rival. Mais laissons tout cela, et disons que c'étoit leur coin de folie. Est-ce que chacun n'a pas le sien ? Celui de nos deux officiers fut pendant plusieurs siècles celui de toute l'Europe ; on l'appeloit l'esprit de chevalerie. Toute cette multitude brillante, armée de pied en cap, décorée de diverses livrées d'amour, caracolant sur des palfrois, la lance au poing, la visière haute ou baissée, se regardant fièrement, se mesurant de l'œil, se menaçant, se renversant sur la poussière, jonchant l'espace d'un vaste tournois des éclats d'armes brisées, n'étoient que des amis jaloux du mérite en vogue. Ces amis, au moment où ils tenoient leurs lances en arrêt, chacun à l'extrémité de la carrière, et qu'ils avoient pressé de l'aiguillon les flancs de leurs coursiers, devenoient les plus terribles ennemis ; ils fondoient les uns sur les autres avec la même fureur qu'ils auroient portée sur un champ de bataille. Eh bien ! nos deux officiers n'étoient que deux paladins, nés de nos jours, avec les mœurs des anciens. Chaque vertu et chaque vice se montre et passe de mode. La force du corps eut son temps, l'adresse aux exercices eut le sien. La bravoure est tantôt plus tantôt moins considérée ; plus elle est commune, moins on est vain, moins on en fait l'éloge. Suivez les inclinations des hommes ; et vous en remarquerez qui semblent être venus au monde trop tard ; ils sont d'un autre siécle: Et qu'est-ce qui empêcheroit de croire que nos deux militaires avoient été engagés dans ces combats journaliers et périlleux par le seul desir de trouver le côté foible de son rival et d'obtenir la supériorité sur lui ? Les duels se répètent dans la société sous toutes sortes de formes, entre des prêtres, entre des magistrats, entre des littérateurs, entre des philosophes ; chaque état a sa lance et ses chevaliers, et nos assemblées les plus respectables, les plus amusantes, ne sont que de petits tournois où quelquefois on porte les livrées de l'amour dans le fond de son cœur, si-non sur l'épaule. Plus il y a d'assistans, plus la joûte est vive ; la présence des femmes y pousse la chaleur et l'opiniâtreté à toute outrance, et la honte d'avoir succombé devant elles ne s'oublie guère.

Et Jacques ?.... Jacques avoit franchi les portes de la ville, traversé les rues aux acclamations des enfans, et atteint l'extrémité du faubourg opposé, où son cheval s'élançant dans une petite porte basse, il y eut entre le linteau de cette porte et la tête de Jacques un choc terrible dans lequel il falloit que le linteau fût déplacé ou Jacques renversé en arrière ; ce fut, comme on pense bien, le dernier qui arriva. Jacques tomba, la tête fendue et sans connoissance. On le ramasse, on le rappelle à la vie avec des eaux spiritueuses ; je crois même qu'il fut saigné par le maître de la maison. = Cet homme étoit donc chirurgien ? = Non. Cependant son maître étoit arrivé et demandoit de ses nouvelles à tous ceux qu'il rencontroit. N'auriez-vous point apperçu un grand homme sec, monté sur un cheval pie ? = Il vient de passer, il alloit comme si le diable l'eût emporté ; il doit être arrivé chez son maître. = Et qui est son maître ? = Le bourreau. = Le bourreau ! = Oui, car ce cheval est le sien. = Où demeure le bourreau ? = Assez loin, mais ne vous donnez pas la peine d'y aller, voilà ses gens qui vous apportent apparemment l'homme sec que vous demandez, et que nous avons pris pour un de ses valets... = Et qui est-ce qui parloit ainsi avec le maître de Jacques ? c'étoit un aubergiste à la porte duquel il s'étoit arrêté, il n'y avoit pas à se tromper : il étoit court et gros comme un tonneau ; en chemise retroussée jusqu'aux coudes, avec un bonnet de coton sur la tête, un tablier de cuisine autour de lui et un grand couteau à son côté. Vîte, vîte, un lit pour ce malheureux, lui dit le maître de Jacques, un chirurgien, un médecin, un apothicaire.... Cependant on avoit déposé Jacques à ses pieds, le front couvert d'une épaisse et énorme compresse, et les yeux fermés. = Jacques ? Jacques ? = Est-ce vous, mon maître ? = Oui, c'est moi ; regarde-moi donc. = Je ne saurois. = Qu'est-ce donc qu'il t'est arrivé ? = Ah le cheval ! le maudit cheval ! je vous dirai tout cela demain, si je ne meurs pas pendant la nuit.... = Tandis qu'on le transportoit et qu'on le montoit à sa chambre, le maître dirigeoit la marche et crioit: Prenez garde, allez doucement, doucement, mordieu ! vous allez le blesser. Toi, qui le tiens par les jambes, tourne à droite ; toi, qui lui tiens la tête, tourne à gauche.... Et Jacques disoit à voix basse : Il étoit donc écrit là-haut !...

A peine Jacques fut-il couché, qu'il s'endormit profondément. Son maître passa la nuit à son chevet, lui tâtant le pouls et humectant sans cesse sa compresse avec de l'eau vulnéraire. Jacques le surprit à son réveil dans cette fonction, et lui dit : Que faites-vous là ?

LE MAÎTRE.

Je te veille. Tu es mon serviteur, quand je suis

malade ou bien portant; mais je suis le tien quand tu te portes mal.

JACQUES.

Je suis bien aise de savoir que vous êtes humain; ce n'est pas trop la qualité des maîtres envers leurs valets.

LE MAÎTRE.

Comment va la tête ?

JACQUES.

Aussi bien que la solive contre laquelle elle a lutté.

LE MAÎTRE.

Prends ce drap entre tes dents et secoue fort.... Qu'as-tu senti ?

JACQUES.

Rien; la cruche me paroît sans fêlure.

LE MAÎTRE.

Tant mieux. Tu veux te lever, je crois ?

JACQUES.

Et que voulez-vous que je fasse là ?

LE MAÎTRE.

Je veux que tu te reposes.

JACQUES.

Mon avis, à moi, est que nous déjeûnions et que nous partions.

LE MAÎTRE.

Et le cheval ?

JACQUES.

Je l'ai laissé chez son maître, honnête homme, galant homme, qui l'a repris pour ce qu'il nous l'a vendu.

LE MAÎTRE.

Et cet honnête homme, ce galant homme, sais-tu qui il est ?

JACQUES.

Non.

LE MAÎTRE.

Je te le dirai quand nous serons en route.

JACQUES.

Et pourquoi pas à présent ? Quel mystère y a-t-il à cela ?

LE MAÎTRE.

Mystère ou non, quelle nécessité y a-t-il de te l'apprendre dans ce moment ou dans un autre ?

JACQUES.

Aucune.

LE MAÎTRE.

Mais il te faut un cheval.

JACQUES.

L'hôte de cette auberge ne demandera peut-être pas mieux que de nous céder un des siens.

LE MAÎTRE.

Dors encore un moment, et je vais voir à cela.

Le maître de Jacques descend, ordonne le déjeûner, achète un cheval, remonte et trouve Jacques habillé. Ils ont déjeûné et les voilà partis; Jacques protestant qu'il étoit malhonnête de s'en aller sans avoir fait une visite de politesse au citoyen à la porte duquel il s'étoit presque assommé et qui l'avoit si obligeamment secouru; son maître le tranquillisant sur sa délicatesse par l'assurance qu'il avoit bien récompensé ses satellites qui l'avoient apporté à l'auberge; Jacques prétendant que l'argent donné aux serviteurs ne l'acquittoit pas avec leur maître; que c'étoit ainsi que l'on inspiroit aux hommes le regret et le dégoût de la bienfaisance, et que l'on se donnoit à soi-même un air d'ingratitude. Mon maître, j'entends tout ce que cet homme dit de moi par ce que je dirois de lui, s'il étoit à ma place et moi à la sienne.... Ils sortoient de la ville lorsqu'ils rencontrèrent un homme grand et vigoureux, le chapeau bordé sur la tête, l'habit galonné sur toutes les tailles, allant seul, si vous en exceptez deux grands chiens qui le précédoient. Jacques ne l'eût pas plus tôt apperçu, que descendre de cheval, s'écrier: c'est lui! et se jeter à son cou, fut l'affaire d'un instant. L'homme aux deux chiens paroissoit très-embarrassé des caresses de Jacques, le repoussoit doucement, et lui disoit: Monsieur, vous me faites trop d'honneur. = Et non ! je vous dois la vie, et je ne saurois trop vous en remercier. = Vous ne savez pas qui je suis. = N'êtes-vous pas le citoyen officieux qui m'a secouru, qui m'a saigné et qui m'a pansé, lorsque mon cheval... = Il est vrai. = N'êtes-vous pas le citoyen honnête qui a repris ce cheval pour le même prix qu'il me l'avoit vendu ? = Je le suis. Et Jacques de le rembrasser sur une joue et sur l'autre, et son maître de sourire, et les deux chiens debout, le nez en l'air et comme émerveillés d'une scène qu'ils voyoient pour la première fois. Jacques, après avoir ajouté à ses démonstrations de gratitude force révérences, que son bienfaiteur ne lui rendoit pas, et force souhaits qu'on recevoit froidement, remonte sur son cheval, et dit à son maître : J'ai la plus profonde vénération pour cet homme que vous devez me faire connoître.

LE MAÎTRE.

Et pourquoi, Jacques, est-il si vénérable à vos yeux ?

JACQUES.

C'est que n'attachant aucune importance aux services qu'il rend, il faut qu'il soit naturellement officieux et qu'il ait une longue habitude de bienfaisance.

LE MAÎTRE.

Et à quoi jugez-vous cela ?

JACQUES.

A l'air indifférent et froid avec lequel il a reçu mon remerciment ; il ne me salue point, il ne me dit pas un mot, il semble me méconnoître, et peut-être à présent se dit-il en lui-même avec un sentiment de mépris : Il faut que la bienfaisance soit fort étrangère à ce voyageur, et que l'exercice de la justice lui soit bien pénible, puisqu'il en est si touché.... Qu'est-ce qu'il y a donc de si absurde dans ce que je vous dis, pour vous faire rire de si bon cœur?... Quoi qu'il en soit, dites-moi le nom de cet homme, afin que je le mette sur mes tablettes.

LE MAÎTRE.

Très-volontiers ; écrivez.

JACQUES.

Dites.

LE MAÎTRE.

Ecrivez : L'homme auquel je porte la plus profonde vénération...

JACQUES.

La plus profonde vénération....

LE MAÎTRE.

Est....

JACQUES.

Est....

LE MAÎTRE.

Le bourreau de ✶✶✶

Le bourreau !

LE MAÎTRE.

Oui, oui, le bourreau.

JACQUES.

Pourriez-vous me dire où est le sel de cette plaisanterie ?

LE MAÎTRE.

Je ne plaisante point. Suivez les chaînons de votre gourmette. Vous avez besoin d'un cheval, le sort vous adresse à un passant, et ce passant, c'est un bourreau. Ce cheval vous conduit deux fois entre des fourches patibulaires ; la troisième, il vous dépose chez un bourreau ; là vous tombez sans vie ; de-là on vous apporte, où ? dans une auberge, un gîte, un asile commun. Jacques, savez-vous l'histoire de la mort de Socrate ?

JACQUES.

Non.

LE MAÎTRE.

C'étoit un sage d'Athènes. Il y a long-tems que le rôle de sage est dangereux parmi les fous. Ses concitoyens le condamnèrent à boire la ciguë. Eh bien ! Socrate fit comme vous venez de faire, il en usa avec le bourreau qui lui présenta la ciguë aussi poliment que vous. Jacques, vous êtes une espèce de philosophe, convenez-en. Je sais bien que c'est une race d'hommes odieuse aux grands, devant lesquels ils ne fléchissent pas le genou ; aux magistrats, protecteurs par état des préjugés qu'ils poursuivent ; aux prêtres, qui les voient rarement aux pieds de leurs autels ; aux poëtes, gens sans principes et qui regardent sottement la philosophie comme la cognée des beaux arts, sans compter que ceux même d'entre eux qui se sont excercés dans le genre odieux de la satyre, n'ont été que des flatteurs ; aux peuples, de tout temps les esclaves des tyrans qui les oppriment, des fripons qui les trompent, et des bouffons qui les amusent. Ainsi je connois, comme vous voyez, tout le péril de votre profession et toute l'importance de l'aveu que je vous demande ; mais je n'abuserai pas de votre secret. Jacques, mon ami, vous êtes un philosophe, j'en suis fâché pour vous ; et s'il est permis de lire dans les choses présentes celles qui doivent arriver un jour, et si ce qui est écrit là-haut se manifeste quelquefois aux hommes long-temps avant l'évènement, je présume que votre mort sera philosophique, et que vous recevrez le lacet d'aussi bonne grace que Socrate reçut la coupe de la ciguë.

JACQUES.

Mon maître, un prophète ne diroit pas mieux ; mais heureusement....

LE MAÎTRE.

Vous n'y croyez pas trop ; ce qui achève de donner de la force à mon pressentiment.

JACQUES.

Et vous, monsieur, y croyez-vous ?

LE MAÎTRE.

J'y crois; mais je n'y croirois pas, que ce seroit sans conséquence.

JACQUES.

Et pourquoi ?

LE MAÎTRE.

C'est qu'il n'y a de danger que pour ceux qui parlent, et je me tais.

JACQUES.

Et aux pressentimens ?

LE MAÎTRE.

J'en ris, mais j'avoue que c'est en tremblant. Il y en a qui ont un caractère si frappant ! On a été bercé de ces contes-là de si bonne heure ! Si vos rêves s'étoient réalisés cinq ou six fois, et qu'il vous arrivât de rêver que votre ami est mort, vous iriez bien vîte le matin chez lui pour savoir ce qui en est. Mais les pressentimens dont il est impossible de se défendre, ce sont surtout ceux qui se présentent au moment où la chose se passe loin de nous, et qui ont un air symbolique.

JACQUES.

Vous êtes quelquefois si profond et si sublime,

que je ne vous entends pas. Ne pourriez-vous pas m'éclaircir cela par un exemple?

LE MAÎTRE.

Rien de plus aisé. Une femme vivoit à la campagne avec son mari octogénaire et attaqué de la pierre. Le mari quitte sa femme et vient à la ville se faire opérer. La veille de l'opération il écrit à sa femme : « A l'heure où vous recevrez » cette lettre je serai sous le bistouri de frère » Cosme.... ». Tu connois ces anneaux de mariage qui se séparent en deux parties, sur chacune desquelles les noms de l'époux et de sa femme sont gravés. Eh bien! cette femme en avoit un pareil au doigt, lorsqu'elle ouvrit la lettre de son mari. A l'instant les deux moitiés de cet anneau se séparent ; celle qui portoit son nom reste à son doigt ; celle qui portoit le nom de son mari tombe brisée sur la lettre qu'elle lisoit.... Dis-moi, Jacques, crois-tu qu'il y ait de tête assez forte, d'âme assez ferme, pour n'être pas plus ou moins ébranlée d'un pareil incident, et dans une circonstance pareille? Aussi cette femme en pensa mourir. Ses transes durèrent jusqu'au jour de la poste suivante, par laquelle son mari lui écrivit que l'opération s'étoit faite heureusement, qu'il étoit hors de tout danger, et qu'il se flattoit de l'embrasser avant la fin du mois.

JACQUES.

Et l'embrassa-t-il en effet?

LE MAÎTRE.

Oui.

JACQUES.

Je vous ai fait cette question, parce que j'ai remarqué plusieurs fois que le destin étoit cauteleux. On lui dit au premier moment qu'il en aura menti, et il se trouve au second moment qu'il a dit vrai. Ainsi donc, monsieur, vous me croyez dans le cas du pressentiment symbolique; et, malgré vous, vous me croyez menacé de la mort du philosophe?

LE MAÎTRE.

Je ne saurois te le dissimuler : mais pour écarter cette triste idée, ne pourrois-tu pas....

JACQUES.

Reprendre l'histoire de mes amours?...

Jacques reprit l'histoire de ses amours. Nous l'avions laissé, je crois, avec le chirurgien.

LE CHIRURGIEN.

J'ai peur qu'il n'y ait de la besogne à votre genou pour plus d'un jour.

JACQUES.

Il y en aura tout juste pour tout le temps qui est écrit là-haut; qu'importe?

LE CHIRURGIEN.

A tant par jour pour le logement, la nourriture et mes soins, cela fera une somme.

JACQUES.

Docteur, il ne s'agit pas de la somme pour tout ce temps, mais combien par jour.

LE CHIRURGIEN.

Vingt-cinq sous, seroit-ce trop?

JACQUES.

Beaucoup trop; allons, docteur, je suis un pauvre diable : ainsi réduisons la chose à la moitié, et avisez le plus promptement que vous pourrez à me faire transporter chez vous.

LE CHIRURGIEN.

Douze sous et demi, ce n'est guère; vous mettrez bien les treize sous?

JACQUES.

Douze sous et demi, treize sous.... Tope.

LE CHIRURGIEN.

Et vous paierez tous les jours?

JACQUES.

C'est la condition.

LE CHIRURGIEN.

C'est que j'ai une diable de femme qui n'entend pas raillerie, voyez-vous.

JACQUES.

Eh! docteur, faites-moi transporter bien vite auprès de votre diable de femme.

LE CHIRURGIEN.

Un mois, à treize sous par jour, c'est dix-neuf livres dix sous. Vous mettrez bien vingt francs ?

JACQUES.

Vingt francs, soit.

LE CHIRURGIEN.

Vous voulez être bien nourri, bien soigné, promptement guéri. Outre la nourriture, le logement et les soins, il y aura peut-être les médicamens, il y aura les linges, il y aura.....

JACQUES.

Après ?

LE CHIRURGIEN.

Ma foi, le tout vaudra bien vingt-quatre francs.

JACQUES.

Va pour vingt-quatre francs ; mais sans queue.

LE CHIRURGIEN.

Un mois à vingt-quatre francs, deux mois, cela fera quarante-huit livres ; trois mois, cela fera soixante-douze. Ah ! que la doctoresse seroit contente, si vous pouviez lui avancer, en entrant, la moitié de ces soixante-douze livres !

JACQUES.

J'y consens.

LE CHIRURGIEN.

Elle seroit bien plus contente encore.....

JACQUES.

Si je payois le quartier ? Je le paierai.

Jacques ajouta : Le chirurgien alla retrouver mes hôtes, les prévint de notre arrangement, et un moment après, l'homme, la femme et les enfans se rassemblèrent autour de mon lit avec un air serein ; ce furent des questions sans fin sur ma santé et sur mon genou, des éloges sur le chirurgien, leur compère et sa femme, des souhaits à perte de vue, la plus belle affabilité, un intérêt ! un empressement à me servir ! Cependant le chirurgien ne leur avoit pas dit que j'avois quelque argent, mais il connoissoit l'homme ; il me prenoit chez lui, et ils le savoient. Je payai ce que je devois à ces gens ; je fis aux enfans de petites largesses, que leur père et mère ne laissèrent pas long-temps entre leurs mains. C'étoit le matin. L'hôte partit pour s'en aller aux champs, l'hôtesse prit sa hotte sur ses épaules et s'éloigna ; les enfans, attristés et mécontens d'avoir été spoliés, disparurent, et quand il fut question de me tirer de mon grabat, de me vétir et de m'arranger sur mon brancard, il ne se trouva personne que le docteur, qui se mit à crier à tue-tête, et que personne n'entendit.

LE MAÎTRE.

Et Jacques qui aime à se parler à lui-même, se disoit apparemment : Ne payez jamais d'avance, si vous ne voulez pas être mal servi.

JACQUES.

Non, mon maître ; ce n'étoit pas le temps de moraliser, mais bien celui de s'impatienter et de jurer. Je m'impatientai, je jurai, je fis de la morale ensuite ; et, tandis que je moralisois, le docteur, qui m'avoit laissé seul, revint avec deux paysans qu'il avoit loués pour mon transport et à mes frais, ce qu'il ne me laissa pas ignorer. Ces hommes me rendirent tous les soins préliminaires à mon installation sur l'espèce de brancard qu'on me fit avec un matelas étendu sur des perches.

LE MAÎTRE.

Dieu soit loué ! te voilà dans la maison du chirurgien, et amoureux de la femme ou de la fille du docteur.

JACQUES.

Je crois, mon maître, que vous vous trompez.

LE MAÎTRE.

Et tu crois que je passerai trois mois dans la maison du docteur avant que d'avoir entendu le premier mot de tes amours ? Ah ! Jacques cela ne se peut. Fais-moi grâce, je te prie, et de la description de la maison, et du caractère du docteur, et de l'humeur de la doctoresse, et des progrès de ta guérison ; saute, saute par-dessus tout cela. Au fait, allons au fait. Voilà ton genou à-peu-près guéri, te voilà assez bien portant, et tu aimes.

JACQUES.

J'aime donc, puisque vous êtes si pressé.

LE MAÎTRE.

Et qui aimes-tu ?

JACQUES.

Une grande brune de dix-huit ans, faite au tour, grands yeux noirs, petite bouche vermeille, beaux bras, jolies mains.... Ah! mon maître, les jolies mains!... C'est que ces mains-là...

LE MAÎTRE.

Tu crois encore les tenir.

JACQUES.

C'est que vous les avez prises et tenues plus d'une fois à la dérobée, et qu'il n'a dépendu que d'elles que vous n'en ayez fait tout ce qu'il vous plairoit.

LE MAÎTRE.

Ma foi, Jacques, je ne m'attendois pas à celui-là.

JACQUES.

Ni moi non plus.

LE MAÎTRE.

J'ai beau rêver, je ne me rappelle ni grande brune, ni jolies mains : tâche de t'expliquer.

JACQUES.

J'y consens ; mais c'est à la condition que nous

reviendrons sur nos pas, et que nous rentrerons dans la maison du chirurgien.

LE MAÎTRE.

Crois-tu que cela soit écrit là-haut ?

JACQUES.

C'est vous qui me l'allez apprendre ; mais il est écrit ici-bas que *chi va piano va sano.*

LE MAÎTRE.

Et que *chi va sano va lontano ;* et je voudrois bien arriver.

JACQUES.

Eh bien ! qu'avez-vous résolu ?

LE MAÎTRE.

Ce que tu voudras.

JACQUES.

En ce cas, nous revoilà chez le chirurgien ; et il étoit écrit là-haut que nous y reviendrions. Le docteur, sa femme et ses enfans se concertèrent si bien pour épuiser ma bourse par toutes sortes de petites rapines, qu'ils y eurent bientôt réussi. La guérison de mon genou paroissoit bien avancée sans l'être, la plaie étoit refermée à peu de chose près, je pouvois sortir à l'aide d'une béquille, et il me restoit encore dix-huit francs. Pas de gens qui aiment plus à parler que les bègues, pas de gens qui aiment plus à marcher que les boiteux. Un jour d'automne, un après-dîner qu'il faisoit beau, je projetai une longue course ; du village que j'habitois au village voisin ; il y avoit environ deux lieues.

LE MAÎTRE.

Et ce village s'appeloit ?

JACQUES.

Si je vous le nommois vous sauriez tout. Arrivé là, j'entrai dans un cabaret, je me reposai, je me rafraîchis. Le jour commençoit à baisser, et je me disposois à regagner le gîte, lorsque, de la maison où j'étois, j'entendis une femme qui poussoit les cris les plus aigus. Je sortis ; on s'étoit attroupé autour d'elle. Elle étoit à terre, elle s'arrachoit les cheveux ; elle disoit, en montrant les débris d'une grande cruche : Je suis ruinée, je suis ruinée pour un mois; pendant ce temps qui est-ce qui nourrira mes pauvres enfans ? Cet intendant qui a l'âme plus dure qu'une pierre, ne me fera pas grâce d'un sou. Que je suis malheureuse ! Je suis ruinée ! je suis ruinée !.....
Tout le monde la plaignoit ; je n'entendois autour d'elle que, la pauvre femme ! mais personne ne mettoit la main dans sa poche. Je m'approchai brusquement et lui dis : Ma bonne, qu'est-ce qui vous est arrivé ? = Ce qui m'est arrivé ! est-ce que vous ne le voyez pas ? On m'avoit envoyé acheter une cruche d'huile : j'ai fait un faux pas, je suis tombée, ma cruche s'est cassée, et voilà

l'huile dont elle étoit pleine... Dans ce moment survinrent les petits enfans de cette femme ; ils étoient presque nus, et les mauvais vêtemens de leur mère montroient toute la misère de la famille; et la mère et les enfans se mirent à crier. Tel que vous me voyez, il en falloit dix fois moins pour me toucher ; mes entrailles s'émurent de compassion, les larmes me vinrent aux yeux. Je demandai à cette femme, d'une voix entrecoupée, pour combien il y avoit d'huile dans sa cruche. Pour combien, me répondit-elle en levant les mains en haut? pour neuf francs, pour plus que je ne saurois gagner en un mois.... A l'instant déliant ma bourse et lui jettant deux gros écus, tenez, ma bonne, lui dis-je, en voilà douze... et sans attendre ses remercîmens, je repris le chemin du village.

LE MAÎTRE.

Jacques, vous fites là une belle chose.

JACQUES.

Je fis une sottise, ne vous en déplaise. Je ne fus pas à cent pas du village que je me le dis ; je ne fus pas à moitié chemin que je me le dis bien mieux ; arrivé chez mon chirurgien, le gousset vide, je le sentis bien autrement.

LE MAÎTRE.

Tu pourrois avoir raison, et mon éloge être aussi déplacé que ta commisération..... Non,

non, Jacques, je persiste dans mon premier jugement; et c'est l'oubli de ton propre besoin qui fait le principal mérite de ton action. J'en vois les suites : tu vas être exposé à l'inhumanité de ton chirurgien et de sa femme ; ils te chasseront de chez eux ; mais quand tu devrois mourir à leur porte sur un fumier, sur ce fumier tu serois satisfait de toi.

JACQUES.

Mon maître, je ne suis pas de cette force-là. Je m'acheminois cahin-caha; et, puisqu'il faut vous l'avouer, regrettant mes deux gros écus, qui n'en étoient pas moins donnés, et gâtant par mon regret l'œuvre que j'avois faite. J'étois à une égale distance des deux villages, et le jour étoit tout-à-fait tombé, lorsque trois bandits sortent d'entre les broussailles qui bordoient le chemin, se jettent sur moi, me renversent à terre, me fouillent, et sont étonnés de me trouver aussi peu d'argent que j'en avois. Il avoient compté sur une meilleure proie ; témoins de l'aumône que j'avois faite au village, ils avoient imaginé que celui qui peut se dessaisir aussi lestement d'un demi-louis devoit en avoir encore une vingtaine. Dans la rage de voir leur espérance trompée et de s'être exposés à avoir les os brisés sur un échafaud, pour une poignée de sous-marqués, si je les dénonçois, s'ils étoient pris et que je les reconnusse, ils balancèrent un moment s'ils ne m'assassineroient pas.

Jacques le Fataliste.

Heureusement ils entendirent du bruit, ils s'enfuirent ; et j'en fus quitte pour quelques contusions que je me fis en tombant, et que je reçus tandis qu'on me voloit. Les bandits éloignés, je me retirai ; je regagnai le village comme je pûs: j'y arrivai à deux heures de nuit, pâle, défait ; la douleur de mon genou fort accrue, et souffrant en différens endroits des coups que j'avois remboursés. Le docteur.... Mon maître, qu'avez-vous ? Vous serrez les dents, vous vous agitez comme si vous étiez en présence d'un ennemi.

LE MAÎTRE.

J'y suis en effet ; j'ai l'épée à la main ; je fonds sur tes voleurs et je te venge. Dis-moi donc comment celui qui a écrit le grand rouleau a pû écrire que telle seroit la récompense d'une action généreuse ? Pourquoi moi, qui ne suis qu'un misérable composé de défauts, je prends ta défense, tandis que lui t'a vu tranquillement attaqué, renversé, maltraité, foulé aux pieds, lui qu'on dit être l'assemblage de toute perfection !...

JACQUES.

Mon maître, paix, paix : ce que vous dites-là sent le fagot en diable.

LE MAÎTRE.

Qu'est-ce que tu regardes ?

JACQUES.

Je regarde s'il n'y a personne autour de nous

qui nous ait entendus..... Le docteur me tâta le pouls et me trouva de la fièvre. Je me couchai sans parler de mon aventure, rêvant sur mon grabat, ayant à faire à deux âmes ! Dieu ! quelles âmes ! n'ayant pas le sou, et pas le moindre doute que le lendemain, à mon réveil, on n'exigeât le prix dont nous étions convenus par jour.

En cet endroit le maître jeta ses bras autour du cou de son valet, en s'écriant : Mon pauvre Jacques, que vas-tu faire ? Que vas-tu devenir ? Ta position m'effraye.

JACQUES.

Mon maître, rassurez-vous, me voilà.

LE MAÎTRE.

Je n'y pensois pas ; j'étois à demain, à côté de toi, chez le docteur, au moment où tu t'éveilles et où l'on vient te demander de l'argent.

JACQUES.

Mon maître, on ne sait de quoi se réjouir, ni de quoi s'affliger dans la vie. Le bien amène le mal, le mal amène le bien. Nous marchons dans la nuit au-dessous de ce qui est écrit là-haut, également insensés dans nos souhaits, dans notre joie et dans notre affliction. Quand je pleure, je trouve souvent que je suis un sot.

LE MAÎTRE.

Et quand tu ris ?

JACQUES.

Je trouve encore que je suis un sot; cependant je ne puis m'empêcher ni de pleurer ni de rire: et c'est ce qui me fait enrager. J'ai cent fois essayé... Je ne fermai pas l'œil de la nuit...

LE MAÎTRE.

Non, non, dis-moi ce que tu as essayé.

JACQUES.

De me moquer de tout. Ah! si j'avois pu y réussir!

LE MAÎTRE.

A quoi cela t'auroit-il servi?

JACQUES.

A me délivrer de souci, à n'avoir plus besoin de rien, à me rendre parfaitement maître de moi, à me trouver aussi bien la tête contre une borne, au coin de la rue, que sur un bon oreiller. Tel je suis quelquefois; mais le diable est que cela ne dure pas, et que dur et ferme comme un rocher dans les grandes occasions, il arrive souvent qu'une petite contradiction, une bagatelle me déferre: c'est à se donner des soufflets. J'y ai renoncé; j'ai pris le parti d'être comme je suis; et j'ai vu, en y pensant un peu, que cela revenoit presque au même, en ajoutant: Qu'importe comme on soit? C'est une autre résignation plus facile et plus commode.

LE MAÎTRE.

Pour plus commode, cela est sûr.

JACQUES.

Dès le matin, le chirurgien tira mes rideaux et me dit : Allons, l'ami, votre genou; car il faut que j'aille au loin. = Docteur, lui dis-je d'un ton douloureux, j'ai sommeil. = Tant mieux! c'est bon signe. = Laissez-moi dormir, je ne me soucie pas d'être pansé. = Il n'y a pas grand inconvénient à cela, dormez....... Cela dit, il referme mes rideaux; et je ne dors pas. Une heure après, la doctoresse tira mes rideaux et me dit : Allons, l'ami, prenez votre rôtie au sucre. = Madame la doctoresse, lui répondis-je d'un ton douloureux, je ne me sens pas d'appétit. = Mangez, mangez, vous n'en paierez ni plus ni moins. = Je ne veux pas manger. = Tant mieux! ce sera pour mes enfans et pour moi. Et cela dit, elle referme mes rideaux, appelle ses enfans, et les voilà qui se mettent à dépêcher ma rôtie au sucre.

Lecteur, si je faisois ici une pause, et que je reprisse l'histoire de l'homme à une seule chemise, parce qu'il n'avoit qu'un corps à-la-fois, je voudrois bien savoir ce que vous en penseriez. Que je me suis fourré dans un *impasse*, à la Voltaire, ou, vulgairement dans un cul-de-sac, d'où je ne sais comment sortir, et que je me jette dans un conte fait à plaisir, pour gagner du temps et chercher quelque moyen de sortir de celui que j'ai commencé. Eh bien ! lecteur, vous vous abusez de tout point. Je sais très-bien comment Jacques sera tiré de sa détresse ; et ce que je vais vous dire de Goussè, l'homme à une seule chemise à-la-fois, parce qu'il n'avoit qu'un corps à-la-fois, n'est point du tout un conte.

C'étoit un jour de Pentecôte, le matin, que je reçus un billet de Gousse, par lequel il me supplioit de le visiter dans une prison où il étoit confiné. En m'habillant je rêvois à son aventure; et je pensois que son tailleur, son boulanger, son marchand de vin ou son hôte avoient obtenu et mis à exécution contre lui une prise-de-corps. J'arrive, et je le trouve faisant chambrée commune avec d'autres personnages d'une figure omineuse. Je lui demandai ce que c'étoit que ces gens-là. ⸺ Le vieux que vous voyez avec ses lunettes sur le nez, est un homme adroit qui sait supérieurement le calcul, et qui cherche à faire cadrer les registres qu'il copie avec ses comptes. Cela est difficile ; nous en avons causé, mais je ne doute point qu'il n'y réussisse. ⸺ Et cet autre ? ⸺ C'est un sot. ⸺ Mais encore ? ⸺ Un sot, qui avoit inventé une machine à contrefaire les billets publics, mauvaise machine, machine vicieuse qui pèche par vingt endroits. ⸺ Et ce troisième, qui est vêtu d'une livrée, et qui joue de la basse ?

== Il n'est ici qu'en attendant; ce soir peut-être ou demain matin, car son affaire n'est rien, il sera transféré à Bicêtre. == Et vous? == Moi? mon affaire est moindre encore... Après cette réponse il se lève, pose son bonnet sur le lit, et à l'instant ses trois camarades de prison disparoissent. Quand j'entrai, j'avois trouvé Gousse en robe-de-chambre, assis à une petite table, traçant des figures de géométrie, et travaillant aussi tranquillement que s'il eût été chez lui. Nous voilà seuls. Et vous, que faites-vous ici? == Moi, je travaille, comme vous voyez. == Et qui vous y a fait mettre? == Moi. == Comment vous? == Oui, moi, monsieur. == Et comment vous y êtes-vous pris? == Comme je m'y serois pris avec un autre. Je me suis fait un procès à moi-même; je l'ai gagné, et en conséquence de la sentence que j'ai obtenue contre moi, et du décret qui s'en est suivi, j'ai été appréhendé et conduit ici. == Êtes-vous fou? == Non, monsieur; je vous dis la chose telle qu'elle est. == Ne pourriez-vous pas vous faire un autre procès à vous-même, le gagner, et en conséquence d'une autre sentence et d'un autre décret, vous faire élargir? == Non, monsieur.

Gousse avoit une servante jolie, et qui lui servoit de moitié plus souvent que la sienne. Ce partage inégal avoit troublé la paix domestique. Quoique rien ne fût plus difficile que de tourmenter cet homme, celui de tous qui s'épouvantoit le moins du bruit, il prit le parti de quitter sa femme et de vivre avec sa servante. Mais toute sa fortune consistoit en meubles, en machines, en dessins, en outils et autres effets mobiliers; et il aimoit mieux laisser sa femme toute nue que de s'en aller les mains vides; en conséquence, voici le projet qu'il conçut. Ce fut de faire des billets à sa servante, qui en poursuivroit le paiement, et obtiendroit la saisie et la vente de ses effets, qui iroient du pont Saint-Michel dans le logement où il se proposoit de s'installer avec elle. Il est enchanté de l'idée, il fait les billets, il s'assigne, il a deux procureurs. Le voilà courant de l'un chez l'autre; se poursuivant lui-même avec toute la vivacité possible, s'attaquant bien, se défendant mal; le voilà condamné à payer sous les peines portées par la loi; le voilà s'emparant en idée de tout ce qu'il pouvoit y avoir dans sa maison; mais il n'en fut pas tout-à-fait ainsi. Il avoit à faire à une coquine très-rusée, qui, au-lieu de le faire exécuter dans ses meubles, se jeta sur sa personne, le fit prendre et mettre en prison; en sorte que quelque bizarres que fussent les réponses énigmatiques qu'il m'avoit faites, elles n'en étoient pas moins vraies.

Tandis que je vous faisois cette histoire, que vous prendrez pour un conte.... = Et celle de l'homme à la livrée, qui râcloit de la basse? =

Lecteur, je vous la promets ; d'honneur, vous ne la perdrez pas ; mais permettez que je revienne à Jacques et à son maître. Jacques et son maître avoient atteint le gîte où ils avoient la nuit à passer. Il étoit tard ; la porte de la ville étoit fermée, et ils avoient été obligés de s'arrêter dans le faubourg. Là, j'entends un vacarme...... = Vous entendez ! Vous n'y étiez pas ; il ne s'agit pas de vous. = Il est vrai. Eh bien ! Jacques, son maître... On entend un vacarme effroyable. Je vois deux hommes... = Vous ne voyez rien ; il ne s'agit pas de vous ; vous n'y étiez pas. = Il est vrai. Il y avoit deux hommes à table, causant assez tranquillement à la porte de la chambre qu'ils occupoient ; une femme, les deux poings sur les côtés, leur vomissoit un torrent d'injures, et Jacques essayoit d'appaiser cette femme, qui n'écoutoit non plus ses remontrances pacifiques, que les deux personnages à qui elle s'adressoit ne faisoient attention à ses invectives. Allons, ma bonne, lui disoit Jacques, patience, remettez-vous ; voyons, de quoi s'agit-il ? Ces messieurs me semblent d'honnêtes gens. = Eux, d'honnêtes gens ! Ce sont des brutaux, des gens sans pitié, sans humanité, sans aucun sentiment. Eh ! quel mal leur faisoit cette pauvre Nicole pour la maltraiter ainsi ? Elle en sera peut-être estropiée pour le reste de sa vie. = Le mal n'est peut-être pas aussi grand que vous le croyez ? = Le coup a

été effroyable, vous dis-je; elle en sera estropiée.
= Il faut voir; il faut envoyer chercher le chirurgien. = On y est allé. = La faire mettre au lit. = Elle y est, et pousse des cris à fendre le cœur. Ma pauvre Nicole !...... Au milieu de ces lamentations on sonnoit d'un côté, et l'on crioit : Notre hôtesse du vin... Elle répondoit, On y va. On sonnoit d'un autre côté, et l'on crioit : Notre hôtesse ! du linge... Elle répondoit, On y va. = Les côtelettes et le canard. = On y va. = Un pot à boire, un pot de chambre ? = On y va, on y va... = Et d'un autre coin du logis un homme forcené crioit : Maudit bavard ! enragé bavard ! de quoi te mêles-tu ? As-tu résolu de me faire attendre jusqu'à demain ? Jacques ? Jacques ? = L'hôtesse un peu remise de sa douleur et de sa fureur, dit à Jacques : Monsieur, laissez-moi, vous êtes trop bon. = Jacques ? Jacques ? = Courez vite. Ah ! si vous saviez tous les malheurs de cette pauvre créature !..... Jacques ? Jacques ? = Allez donc, c'est, je crois, votre maître qui vous appelle. = Jacques ? Jacques ?...
= C'étoit en effet le maître de Jacques qui s'étoit déshabillé seul, qui se mouroit de faim, et qui s'impatientoit de n'être pas servi. Jacques monta; et un moment après Jacques l'hôtesse qui avoit vraiment l'air abattu : Monsieur, dit-elle au maître de Jacques, mille pardons; c'est qu'il y a des choses dans la vie qu'on ne sauroit digérer. Que

voulez-vous ? J'ai des poulets, des pigeons, un rable de lièvre excellent, des lapins : c'est le canton des bons lapins. Aimeriez-vous mieux un oiseau de rivière ?... Jacques ordonna le souper de son maître comme pour lui, selon son usage. On servit, et tout en dévorant, le maître disoit à Jacques : Eh ! que diable faisois-tu là-bas ?

JACQUES.

Peut-être bien, peut-être mal : qui le sait ?

LE MAÎTRE.

Et quel bien ou quel mal faisois-tu là-bas ?

JACQUES.

J'empêchois cette femme de se faire assommer elle-même, par deux hommes qui sont là-bas et qui ont cassé tout au-moins un bras à sa servante.

LE MAÎTRE.

Et peut-être c'auroit été pour elle un bien que d'être assommée....

JACQUES.

Par dix raisons meilleures les unes que les autres. Un des plus grands bonheurs qui me soient arrivés de ma vie, à moi qui vous parle....

LE MAÎTRE.

C'est d'avoir été assommé ?... (A boire).

JACQUES.

Oui, monsieur, assommé, assommé sur le grand

chemin, la nuit; en revenant du village, comme je vous le disois, après avoir fait, selon moi, la sottise; selon vous, la belle œuvre de donner mon argent.

LE MAÎTRE.

Je me rappelle.... (A boire). Et l'origine de la querelle que tu appaisois là-bas, et du mauvais traitement fait à la fille ou à la servante de l'hôtesse ?

JACQUES.

Ma foi, je l'ignore.

LE MAÎTRE.

Tu ignores le fond d'une affaire, et tu t'en mêles! Jacques, cela n'est ni selon la prudence, ni selon la justice, ni selon tes principes... (A boire).

JACQUES.

Je ne sais ce que c'est que des principes, si-non des règles qu'on prescrit aux autres pour soi. Je pense d'une façon, et je ne saurois m'empêcher de faire d'une autre. Tous les sermons ressemblent aux préambules des édits du roi; tous les prédicateurs voudroient qu'on pratiquât leurs leçons, parce que nous nous en trouverions mieux peut-être; mais eux à coup sûr... La vertu...

LE MAÎTRE.

La vertu, Jacques, c'est une bonne chose; les méchans et les bons en disent du bien.... (A boire).

JACQUES.

Car ils y trouvent les uns et les autres leur compte.

LE MAÎTRE.

Et comment fut-ce un si grand bonheur pour toi d'être assommé ?

JACQUES.

Il est tard, vous avez bien soupé et moi aussi ; nous sommes fatigués tous les deux; croyez-moi, couchons-nous.

LE MAÎTRE.

Cela ne se peut, et l'hôtesse nous doit encore quelque chose. En attendant, reprends l'histoire de tes amours.

JACQUES.

Où en étois-je ? Je vous prie, mon maître, pour cette fois-ci, et pour toutes les autres, de me remettre sur la voie.

LE MAÎTRE.

Je m'en charge, et pour entrer en ma fonction de souffleur, tu étois dans ton lit, sans argent, fort empêché de ta personne, tandis que la doctoresse et ses enfans mangeoient ta rôtie au sucre.

JACQUES.

Alors on entendit un carrosse s'arrêter à la porte de la maison. Un valet entre et demande : N'est-ce pas ici que loge un pauvre homme, un soldat qui marche avec une béquille, qui revint hier au soir du village prochain? = Oui, répondit la doctoresse; que lui voulez-vous? = Le prendre dans ce carrosse et l'emmener avec nous. = Il est dans ce lit; tirez les rideaux, et parlez-lui.

Jacques en étoit là, lorsque l'hôtesse entra et leur dit : Que voulez-vous pour dessert? = Le maître : Ce que vous avez. = L'hôtesse, sans se donner la peine de descendre, cria de la chambre : Nanon, apportez des fruits, des biscuits, des confitures... = A ce mot de Nanon, Jacques dit à part lui : Ah! c'est sa fille qu'on a maltraitée, on se mettroit en colère à moins..... Et le maître dit à l'hôtesse : Vous étiez bien fâchée tout-à-l'heure?

L'HÔTESSE.

Et qui est-ce qui ne se fâcheroit pas? La pauvre créature ne leur avoit rien fait; elle étoit à peine entrée dans leur chambre, que je l'entends jeter des cris, mais des cris..... Dieu merci! je suis un peu rassurée; le chirurgien prétend que ce ne sera rien; elle a cependant deux énormes contusions, l'une à la tête, l'autre à l'épaule.

LE MAÎTRE.

Y a-t-il long-temps que vous l'avez?

L'HÔTESSE.

Une quinzaine au plus. Elle avoit été abandonnée à la poste voisine.

LE MAÎTRE.

Comment, abandonnée !

L'HÔTESSE.

Eh, mon dieu, oui ! C'est qu'il y a des gens qui sont plus durs que des pierres. Elle a pensé être noyée en passant la rivière qui coule ici près ; elle est arrivée ici comme par miracle, et je l'ai reçue par charité.

LE MAÎTRE.

Quel âge a-t-elle ?

L'HÔTESSE.

Je lui crois plus d'un an et demi...

A ce mot, Jacques part d'un éclat de rire et s'écrie : C'est une chienne !

L'HÔTESSE.

La plus jolie bête du monde ; je ne donnerois pas Nicole pour dix louis. Ma pauvre Nicole !...

LE MAÎTRE.

Madame a le cœur bon.

L'HÔTESSE.

Vous l'avez dit, je tiens à mes bêtes et à mes gens.

LE MAÎTRE.

C'est fort bien fait. Et qui sont ceux qui ont si fort maltraité votre Nicole ?

L'HÔTESSE.

Deux bourgeois de la ville prochaine. Ils se parlent sans-cesse à l'oreille ; ils s'imaginent qu'on ne sait ce qu'ils disent, et qu'on ignore leur aventure. Il n'y a pas plus de trois heures qu'ils sont ici, et il ne me manque pas un mot de toute leur affaire. Elle est plaisante, et si vous n'étiez pas plus pressés de vous coucher que moi, je vous la raconterois tout comme leur domestique l'a dite à ma servante, qui s'est trouvée par hasard être sa payse, qui l'a redite à mon mari, qui me l'a redite. La belle-mère du plus jeune des deux a passé par ici il n'y a pas plus de trois mois ; elle s'en alloit assez malgré elle dans un couvent de province où elle n'a pas fait vieux os ; elle y est morte ; et voilà pourquoi nos deux jeunes-gens sont en deuil.... Mais voilà que, sans m'en appercevoir, j'enfile leur histoire. Bon soir, messieurs, et bonne nuit. Vous avez trouvé le vin bon ?

LE MAÎTRE.

Très-bon.

L'HÔTESSE.

Vous avez été contens de votre souper ?

LE MAÎTRE.

Très-contens. Vos épinards étoient un peu salés.

L'HÔTESSE.

J'ai quelquefois la main lourde. Vous serez bien couchés, et dans des draps de lessive ; ils ne servent jamais ici deux fois.

Cela dit, l'hôtesse se retira, et Jacques et son maître se mirent au lit en riant du quiproquo qui leur avoit fait prendre une chienne pour la fille ou la servante de la maison, et de la passion de l'hôtesse pour une chienne perdue qu'elle possédoit depuis quinze jours. Jacques dit à son maître, en attachant le serre-tête à son bonnet de nuit, je gagerois bien que de tout ce qui a vie dans l'auberge, cette femme n'aime que sa Nicole. Son maître lui répondit : Cela se peut, Jacques ; mais dormons.

Tandis que Jacques et son maître reposent, je vais m'acquitter de ma promesse, par le récit de l'homme de la prison, qui râcloit de la basse, ou plutôt de son camarade, le sieur Gousse.

Ce troisième, me dit-il, est un intendant de grande maison. Il étoit devenu amoureux d'une pâtissière de la rue de l'Université. Le pâtissier étoit un bon homme qui regardoit de plus près à son four qu'à la conduite de sa femme. Si ce n'étoit pas sa jalousie, c'étoit son assiduité qui gênoit nos deux amans. Que firent-ils pour se délivrer de cette contrainte? L'intendant présenta à son maître un placet où le pâtissier étoit traduit comme un homme de mauvaises mœurs, un ivrogne qui ne sortoit pas de la taverne, un brutal qui battoit sa femme, la plus honnête et la plus malheureuse des femmes. Sur ce placet il obtint une lettre-de-cachet, et cette lettre-de-cachet, qui disposoit de la liberté du mari, fut mise entre les mains d'un exempt, pour l'exécuter sans délai. Il arriva par hasard que cet exempt étoit l'ami du pâtissier. Ils alloient de temps en temps chez le marchand de vin; le pâtissier fournissoit les petits pâtés, l'exempt payoit la bouteille. Celui-ci, muni de la lettre-de-cachet, passe devant la porte du pâtissier, et lui fait le signe convenu. Les voilà tous les deux occupés à manger et à arroser les petits pâtés; et l'exempt demandant à son camarade comment alloit son commerce? = Fort bien. = S'il n'avoit aucune mauvaise affaire? = Aucune. = S'il n'avoit point d'ennemis? = Il ne s'en connoissoit pas. = Comment il vivoit avec ses parens, ses voisins, sa femme? = En amitié et en paix. = D'où peut donc venir, ajouta l'exempt, l'ordre que j'ai de t'arrêter? Si je faisois mon devoir, je te mettrois la main sur le collet; il y auroit là un carrosse tout près, et je te conduirois au lieu prescrit par cette lettre-de-cachet. Tiens, lis.... Le pâtissier lut et pâlit. L'exempt lui dit: Rassure-toi, avisons seulement ensemble à ce que nous avons de mieux à faire pour ma sûreté et pour la tienne. Qui est-ce qui fréquente chez toi ? = Personne. = Ta femme est coquette et jolie. = Je la laisse faire à sa tête. = Personne ne la couche-t-il en joue ? = Ma foi non, si ce n'est un certain intendant qui vient quelquefois lui serrer les mains et lui débiter des sornettes ; mais c'est dans ma boutique, devant moi, en présence de mes garçons, et je crois qu'il ne se passe rien entre eux qui ne soit en tout bien et en tout honneur. = Tu es un bon homme ! = Cela se peut, mais le mieux de tout point est de croire sa femme honnête, et c'est ce que je fais. = Et cet intendant, à qui est-il ? = A monsieur de Saint-Florentin. = Et de quels bureaux crois-tu que vienne la lettre-de-cachet ? = Des bureaux de monsieur de Saint-Florentin, peut-être. = Tu l'as dit. = Oh ! manger ma pâtisserie, baiser ma femme et me faire enfermer, cela est trop noir, et je ne saurois le croire ! = Tu es un bon homme ! Depuis quelques jours, comment trouves-tu ta femme ? = Plutôt triste que gaie. = Et l'intendant, y a-t-il long-temps que tu ne l'as vu ? = Hier, je crois ; oui, c'étoit hier. = N'as-tu rien remarqué ? = Je suis fort peu remarquant ; mais il m'a semblé qu'en se séparant ils se faisoient quelques signes de la tête, comme quand l'un dit oui et que l'autre dit non. = Quelle étoit la tête qui disoit oui ? = Celle de l'intendant. = Ils sont innocens ou ils sont complices. Ecoute, mon ami, ne rentre pas chez toi ; sauve-toi en quelque lieu de sûreté, au Temple, dans l'Abbaye, où tu voudras, et cependant laisse-moi faire; sur-tout souviens-toi bien... = De ne me pas montrer et de me taire. = C'est cela.

Au même moment la maison du pâtissier est entourée d'espions. Des mouchards, sous toutes sortes de vêtemens, s'adressent à la pâtissière, et lui demandent son mari : elle répond à l'un qu'il est malade, à un autre qu'il est parti pour une fête, à un troisième pour une noce. Quand il reviendra? Elle n'en sait rien.

Le troisième jour, sur les deux heures du matin, on vient avertir l'exempt qu'on avoit vu un homme, le nez enveloppé dans un manteau, ouvrir doucement la porte de la rue, et se glisser doucement dans la maison du pâtissier. Aussi-tôt l'exempt, accompagné d'un commissaire, d'un serrurier, d'un fiacre et de quelques archers, se transporte sur les lieux. La porte est crochetée, l'exempt et le commissaire montent à petit bruit. On frappe à la chambre de la pâtissière : point de réponse ; on frappe encore : point de réponse ; à la troisième fois on demande du dedans, Qui est-ce ? = Ouvrez. = Qui est-ce ? = Ouvrez, c'est de la part du roi. = Bon! disoit l'intendant à la pâtissière avec laquelle il étoit couché ; il n'y a point de danger : c'est l'exempt qui vient pour exécuter son ordre. Ouvrez : je me nommerai ; il se retirera, et tout sera fini.

La pâtissière, en chemise, ouvre et se remet

dans son lit. L'exempt : Où est votre mari ? = La pâtissière : il n'y est pas. = L'exempt écartant le rideau : Qui est-ce qui est donc là ? L'intendant : C'est moi ; je suis l'intendant de M. de Saint-Florentin. = Vous mentez, vous êtes le pâtissier, car le pâtissier est celui qui couche avec la pâtissière. Levez-vous, habillez-vous, et suivez-moi.

Il fallut obéir ; on le conduisit ici. Le ministre, instruit de la scélératesse de son intendant, a approuvé la conduite de l'exempt, qui doit venir ce soir à la chûte du jour le prendre dans cette prison, pour le transférer à Bicêtre, où, grâces à l'économie des administrateurs, il mangera son quarteron de mauvais pain, son once de vache, et râclera de sa basse du matin au soir... Si j'allois aussi mettre ma tête sur un oreiller, en attendant le réveil de Jacques et de son maître ; qu'en pensez-vous ?

Le lendemain Jacques se leva de grand matin, mit la tête à la fenêtre pour voir quel temps il faisoit, vit qu'il faisoit un temps détestable, se recoucha, et nous laissa dormir, son maître et moi, tant qu'il nous plut.

Jacques, son maître et les autres voyageurs qui s'étoient arrêtés au même gîte, crurent que le ciel s'éclairciroit sur le midi ; il n'en fut rien ; et la pluie de l'orage ayant gonflé le ruisseau qui séparoit le faubourg de la ville, au point qu'il eût été dangereux de le passer, tous ceux dont la route conduisoit de ce côté prirent le parti de perdre une

journée, et d'attendre. Les uns se mirent à causer;
d'autres à aller et venir, à mettre le nez à la porte,
à regarder le ciel, et à rentrer en jurant et frappant du pied; plusieurs à politiquer et à boire;
beaucoup à jouer; le reste à fumer, à dormir et à
ne rien faire. Le maître dit à Jacques : J'espère que
Jacques va reprendre le récit de ses amours, et
que le ciel, qui veut que j'aie la satisfaction d'en
entendre la fin, nous retient ici par le mauvais
temps.

JACQUES.

Le ciel qui veut! On ne sait jamais ce que le ciel
veut ou ne ne veut pas, et il n'en sait peut-être
rien lui-même. Mon pauvre capitaine qui n'est
plus, me l'a répété cent fois; et plus j'ai vécu, plus
j'ai reconnu qu'il avoit raison... A vous, mon
maître.

LE MAÎTRE.

J'entends. Tu en étois au carrosse et au valet, à
qui la doctoresse a dit d'ouvrir ton rideau et de te
parler.

JACQUES.

Ce valet s'approche de mon lit, et me dit : Allons, camarade, debout, habillez-vous et partons.
= Je lui répondis d'entre les draps et la couverture
dont j'avois la tête enveloppée, sans le voir, sans
en être vu : Camarade, laissez-moi dormir et par-
tez. = Le valet me réplique qu'il a des ordres de
son maître, et qu'il faut qu'il les exécute. = Et

votre maître qui ordonne d'un homme qu'il ne connoît pas, a-t-il ordonné de payer ce que je dois ici? = C'est une affaire faite. Dépêchez-vous, tout le monde vous attend au château, où je vous réponds que vous serez mieux qu'ici, si la suite répond à la curiosité qu'on a de vous voir.

Je me laisse persuader ; je me lève, je m'habille, on me prend sous les bras. J'avois fait mes adieux à la doctoresse, et j'allois monter en carrosse, lorsque cette femme, s'approchant de moi, me tire par la manche, et me prie de passer dans un coin de la chambre, qu'elle avoit un mot à me dire. Là, notre ami, ajouta-t-elle, vous n'avez point, je crois, à vous plaindre de nous ; le docteur vous a sauvé une jambe, moi, je vous ai bien soigné, et j'espère qu'au château vous ne nous oublierez pas. = Qu'y pourrois-je pour vous ? = Demander que ce fût mon mari qui vînt pour vous y panser ; il y a du monde là ! C'est la meilleure pratique du canton ; le seigneur est un homme généreux, on en est grassement payé ; il ne tiendroit qu'à vous de faire notre fortune. Mon mari a bien tenté à plusieurs reprises de s'y fourrer, mais inutilement. = Mais, madame la doctoresse, n'y a-t-pas un chirurgien du château ? = Assurément ! = Et si cet autre étoit votre mari, seriez-vous bien-aise qu'on le desservit et qu'il fût expulsé ? = Ce chirurgien est un homme à qui vous ne devez rien, et je crois que vous devez quelque chose à mon mari : si vous allez à deux pieds comme ci-devant, c'est son ouvrage. = Et parce que votre mari m'a fait du bien, il faut que je fasse du mal à un autre? Encore si la place étoit vacante....

Jacques alloit continuer, lorsque l'hôtesse entra tenant entre ses bras Nicole emmaillotée, la baisant, la plaignant, la caressant, lui parlant comme à son enfant. Ma pauvre Nicole ! elle n'a eu qu'un cri de toute la nuit. Et vous, messieurs, avez-vous bien dormi!

LE MAÎTRE.

Très-bien.

L'HÔTESSE.

Le temps est pris de tous côtés.

JACQUES.

Nous en sommes assez fâchés.

L'HÔTESSE.

Ces messieurs vont-ils loin?

JACQUES.

Nous n'en savons rien.

L'HÔTESSE.

Ces messieurs suivent quelqu'un?

JACQUES.

Nous ne suivons personne.

L'HÔTESSE.

Ils vont, ou ils s'arrêtent, selon les affaires qu'ils ont sur la route?

JACQUES.

Nous n'en avons aucune.

L'HÔTESSE.

Ces messieurs voyagent pour leur plaisir?

JACQUES.

Ou pour leur peine.

L'HÔTESSE.

Je souhaite que ce soit le premier.

JACQUES.

Votre souhait n'y fera pas un zeste: ce sera selon qu'il est écrit là-haut.

L'HÔTESSE.

Oh! c'est un mariage.

JACQUES.

Peut-être que oui, peut-être que non.

L'HÔTESSE.

Messieurs, prenez-y garde: Cet homme qui est là-bas, et qui a si rudement traité ma pauvre Nicole, en a fait un bien saugrenu... Viens, ma pauvre bête; viens, que je te baise; je te promets que cela n'arrivera plus. Voyez comme elle tremble de tous ses membres!

LE MAÎTRE.

Et qu'a donc de si singulier le mariage de cet homme?

A cette question du maître de Jacques, l'hôtesse dit : J'entends du bruit là-bas, je vais donner mes ordres, et je reviens vous conter tout cela... Son mari, las de crier, Ma femme, ma femme, monte, et avec lui son compère qu'il ne voyoit pas. L'hôte dit à sa femme : Eh! que diable faites-vous là?... Puis se retournant et appercevant son compère : M'apportez-vous de l'argent ?

LE COMPÈRE.

Non, compère : vous savez bien que je n'en ai point.

L'HÔTE.

Tu n'en as point ? Je saurai bien en faire avec ta charrue, tes chevaux, tes bœufs et ton lit. Comment, gredin !...

LE COMPÈRE.

Je ne suis point un gredin.

L'HÔTE.

Et qui es-tu donc ? Tu es dans la misère, tu ne sais où prendre de quoi ensemencer tes champs; ton propriétaire, las de te faire des avances, ne te veut plus rien donner. Tu viens à moi ; cette femme intercède ; cette maudite bavarde, qui est la cause de toutes les sottises de ma vie, me résout à te prêter ; je te prête ; tu promets de me rendre : tu me manques dix fois. Oh! je te promets, moi, que je ne te manquerai pas. Sors d'ici...

Jacques et son maître se préparoient à plaider

pour ce pauvre diable ; mais l'hôtesse, en posant le doigt sur sa bouche, leur fit signe de se taire.

L'HÔTE.

Sors d'ici.

LE COMPÈRE.

Compère, tout ce que vous dites est vrai ; il l'est aussi que les huissiers sont chez moi, et que dans un moment nous serons réduits à la besace, ma fille, mon garçon et moi.

L'HÔTE.

C'est le sort que tu mérites. Qu'es-tu venu faire ici ce matin ? Je quitte le remplissage de mon vin, je remonte de ma cave et je ne te trouve point. Sors d'ici, te dis-je.

LE COMPÈRE.

Compère, j'étois venu ; j'ai craint la réception que vous me faites ; je m'en suis retourné ; et je m'en vais.

L'HÔTE.

Tu feras bien.

LE COMPÈRE.

Voilà donc ma pauvre Marguerite, qui est si sage et si jolie, qui s'en ira en condition à Paris !

L'HÔTE.

En condition à Paris ! Tu en veux donc faire une malheureuse ?

LE COMPÈRE.

Ce n'est pas moi qui le veux ; c'est l'homme dur à qui je parle.

L'HÔTE.

Moi, un homme dur ! Je ne le suis point ; je ne le fus jamais : et tu le sais bien.

LE COMPÈRE.

Je ne suis plus en état de nourrir ma fille ni mon garçon ; ma fille servira, mon garçon s'engagera.

L'HÔTE.

Et c'est moi qui en serois la cause ! Cela ne sera pas. Tu es un cruel homme ; tant que je vivrai, tu seras mon supplice. Ça, voyons ce qu'il te faut.

LE COMPÈRE.

Il ne me faut rien. Je suis désolé de vous devoir, et je ne vous devrai de ma vie. Vous faites plus de mal par vos injures que de bien par vos services. Si j'avois de l'argent, je vous le jetterois au visage ; mais je n'en ai point. Ma fille deviendra tout ce qu'il plaira à Dieu ; mon garçon se fera tuer s'il le faut ; moi, je mendierai, mais ce ne sera pas à votre porte. Plus, plus d'obligations à un vilain homme comme vous. Empochez bien l'argent de mes bœufs, de mes chevaux et de mes ustensiles : grand bien vous fasse. Vous êtes né pour faire des ingrats, et je ne veux pas l'être. Adieu.

L'HÔTE.

Ma femme, il s'en va ; arrête-le donc.

L'HÔTESSE.

Allons, compère, avisons au moyen de vous secourir.

LE COMPÈRE.

Je ne veux point de ses secours, ils sont trop chers.....

L'hôte répétoit tout bas à sa femme : Ne le laisse pas aller, arrête-le donc. Sa fille à Paris ! son garçon à l'armée ! lui à la porte de la paroisse ! je ne saurois souffrir cela.

Cependant sa femme faisoit des efforts inutiles; le paysan, qui avoit de l'âme, ne vouloit rien accepter, et se faisoit tenir à quatre. L'hôte, les larmes aux yeux, s'adressoit à Jacques et à son maître, et leur disoit : Messieurs, tâchez de le fléchir... Jacques et son maître se mélèrent de la partie; tous à-la-fois conjuroient le paysan. Si j'ai jamais vu.... = Si vous avez jamais vu ! Mais vous n'y étiez pas. Dites si l'on a jamais vu. = Eh bien soit. Si l'on a jamais vu un homme confondu d'un refus, transporté qu'on voulût bien accepter son argent, c'étoit cet hôte; il embrassoit sa femme, il embrassoit son compère, il embrassoit Jacques et son maître, il crioit : Qu'on aille bien vite chasser de chez lui ces exécrables huissiers.

LE COMPÈRE.

Mon compère, convenez aussi...

L'HÔTE.

Je conviens que je gâte tout ; mais, compere, que veux-tu ? Comme je suis, me voilà. Nature m'a fait l'homme le plus dur et le plus tendre ; je ne sais ni accorder ni refuser.

LE COMPÈRE.

Ne pourriez-vous pas être autrement ?

L'HÔTE.

Je suis à l'âge où l'on ne se corrige guère ; mais si les premiers qui se sont adressés à moi m'avoient rabroué comme tu as fait, peut-être en serois-je devenu meilleur. Compère, je te remercie de ta leçon, peut-être en profiterai-je... Ma femme, va vîte, descends, et donne-lui ce qu'il lui faut. Que diable, marche donc, mordieu ! marche donc ; tu vas !... Ma femme, je te prie de te presser un peu, et de ne le pas faire attendre ; tu reviendras ensuite retrouver ces messieurs avec lesquels il me semble que tu te trouves bien...
La femme et le compère descendirent ; l'hôte resta encore un moment ; et lorsqu'il s'en fut allé, Jacques dit à son maître : Voilà un singulier homme ! Le ciel qui avoit envoyé ce mauvais temps qui nous retient ici, parce qu'il vouloit que vous entendissiez mes amours, que veut-il à présent ?

Le maître, en s'étendant dans son fauteuil, bâillant, frappant sur sa tabatière, répondit :

Jacques, nous avons plus d'un jour à vivre ensemble, à moins que....

JACQUES.

C'est-à-dire que pour aujourd'hui le ciel veut que je me taise, ou que ce soit l'hôtesse qui parle; c'est une bavarde qui ne demande pas mieux; qu'elle parle donc.

LE MAÎTRE.

Tu prends de l'humeur.

JACQUES.

C'est que j'aime à parler aussi.

LE MAÎTRE.

Ton tour viendra.

JACQUES.

Ou ne viendra pas.

Je vous entends, lecteur; voilà, dites-vous, le vrai dénouement du *Bourru bienfaisant*. Je le pense. J'aurois introduit dans cette pièce, si j'en avois été l'auteur, un personnage qu'on auroit pris pour épisodique, et qui ne l'auroit point été. Ce personnage se seroit montré quelquefois, et sa présence auroit été motivée. La première fois il seroit venu demander grâce; mais la crainte d'un mauvais accueil l'auroit fait sortir avant l'arrivée de Géronte. Pressé par l'irruption des huissiers dans sa maison, il auroit eu la seconde fois le courage d'attendre Géronte; mais celui-ci auroit refusé de le voir. Enfin, je l'aurois amené au dénouement, où il auroit fait exactement le rôle du paysan avec l'aubergiste ; il auroit eu, comme le paysan, une fille qu'il alloit placer chez une marchande de modes, un fils qu'il alloit retirer des écoles pour entrer en condition ; lui, il se seroit déterminé à mendier jusqu'à ce qu'il se fût ennuyé de vivre. On auroit vu le Bourru bienfaisant aux pieds de cet homme ; on auroit entendu le Bourru bienfaisant gourmandé comme il le méritoit ; il auroit été forcé de s'adresser à toute la famille qui l'auroit environné, pour fléchir son débiteur et le contraindre à accepter de nouveaux secours. Le Bourru bienfaisant auroit été puni ; il auroit promis de se corriger : mais dans le moment même il seroit revenu à son caractère, en s'impatientant contre les personnages en scène, qui se seroient fait des politesses pour rentrer dans la maison ; il auroit dit brusquement : *Que le diable emporte les cérém.....* Mais il se seroit arrêté court au milieu du mot, et d'un ton radouci il auroit dit à ses nièces : Allons, mes nièces, donnez-moi la main, et passons. = Et pour que ce personnage eût été lié au fond, vous en auriez fait un protégé du neveu de Géronte? = Fort bien ! = Et ç'auroit été à la prière du neveu que l'oncle auroit prêté son argent ? = A merveille ! = Et ce prêt auroit été un grief de l'oncle contre son neveu ? = C'est cela même. = Et le dénouement de cette pièce agréable n'auroit pas été une répétition générale, avec toute la famille en corps, de ce qu'il a fait auparavant avec chacun d'eux en particulier ? = Vous avez raison. = Et si je rencontre jamais M. Goldoni, je lui réciterai la scène de l'auberge. = Et vous ferez bien ; il est plus habile homme qu'il ne faut, pour en tirer bon parti.

L'hôtesse remonta, toujours avec Nicole entre ses bras, et dit : J'espère que vous aurez un bon dîner ; le braconier vient d'arriver ; le garde du seigneur ne tardera pas... Et, tout en parlant ainsi, elle prenoit une chaise. La voilà assise, et son récit qui commence.

L'HÔTESSE.

Il faut se méfier des valets ; les maîtres n'ont point de pires ennemis.....

JACQUES.

Madame, vous ne savez ce que vous dites ; il y en a de bons, il y en a de mauvais : et l'on compteroit peut-être plus de bons valets que de bons maîtres.

LE MAÎTRE.

Jacques, vous ne vous écoutez pas ; et vous commettez précisément la même indiscrétion qui vous a choqué.

JACQUES.

C'est que les maîtres....

LE MAÎTRE.

C'est que les valets...

Eh bien! lecteur, à quoi tient-il que je n'élève une violente querelle entre ces trois personnages? Que l'hôtesse ne soit prise par les épaules, et jetée hors de la chambre par Jacques; que Jacques ne soit pris par les épaules, et chassé par son maître; que l'un ne s'en aille d'un côté, l'autre d'un autre, et que vous n'entendiez ni l'histoire de l'hôtesse, ni la suite des amours de Jacques? Rassurez-vous, je n'en ferai rien. L'hôtesse reprit donc :

Il faut convenir que s'il y a de bien méchans hommes, il y a de bien méchantes femmes.

JACQUES.

Et qu'il ne faut pas aller loin pour les trouver.

L'HÔTESSE.

De quoi vous mêlez-vous? Je suis femme, il me convient de dire des femmes tout ce qu'il me plaira; je n'ai que faire de votre approbation.

JACQUES.

Mon approbation en vaut bien une autre.

L'HÔTESSE.

Vous avez là, monsieur, un valet qui fait l'entendu, et qui vous manque. J'ai des valets aussi, mais je voudrois bien qu'ils s'avisassent!...

LE MAÎTRE.

Jacques, taisez-vous, et laissez parler madame.

L'hôtesse, encouragée par ce propos de maître, se lève, entreprend Jacques, porte ses deux poings sur ses deux côtés, oublie qu'elle tient Nicole, la lâche, et voilà Nicole sur le carreau, froissée et se débattant dans son maillot, aboyant à tue-tête, l'hôtesse mêlant ses cris aux aboiemens de Nicole, Jacques mêlant ses éclats de rire aux aboiemens de Nicole et aux cris de l'hôtesse, et le maître de Jacques ouvrant sa tabatière, reniflant sa prise de tabac, et ne pouvant s'empêcher de sourire. Voilà toute l'hôtellerie en tumulte. == Nanon, Nanon, vîte, vîte, apportez la bouteille à l'eau-de-vie... Ma pauvre Nicole est morte... Démaillottez-la... Que vous êtes gauche ! == Je fais de mon mieux. == Comme elle crie ! Otez-vous de là, laissez-moi faire... Elle est morte ! Ris bien, grand nigaud ; il y a en effet de quoi rire... Ma pauvre Nicole est morte ! == Non, madame, non, je crois qu'elle en reviendra, la voilà qui remue.... Et Nanon, de frotter d'eau-de-vie le nez de la chienne, et de lui en faire avaler ; et l'hôtesse de se lamenter, de se déchaîner contre les valets impertinens ; et Nanon de dire : Tenez, madame, elle ouvre les yeux, la voilà qui vous regarde. == La pauvre bête, comme cela parle ! qui n'en seroit touché ? == Madame, caressez-la donc un peu ; répondez-lui donc quelque chose. == Viens, ma pauvre Nicole ; crie, mon enfant, crie si cela peut te soulager. Il y a un sort pour les bêtes comme pour les gens ; il envoie le bonheur à des fainéans hargneux, braillards et gourmands, le malheur à une autre qui sera la meilleure créature du monde. = Madame a bien raison, il n'y a point de justice ici-bas. = Taisez-vous, remmaillotez-la, portez-la sous mon oreiller, et songez qu'au moindre cri qu'elle fera, je m'en prends à vous. Viens, pauvre bête, que je t'embrasse encore une fois avant qu'on ne t'emporte. Approchez-la donc, sotte que vous êtes.... Ces chiens, cela est si bon ; cela vaut mieux....

JACQUES.

Que pères, mères, frères, sœurs, enfans, valets, époux....

L'HÔTESSE.

Mais oui, ne pensez pas rire ; cela est innocent, cela vous est fidèle, cela ne vous fait jamais de mal, au-lieu que le reste....

JACQUES.

Vive les chiens ! il n'y a rien de plus parfait sous le ciel.

L'HÔTESSE.

S'il y a quelque chose de plus parfait, du-moins ce n'est pas l'homme. Je voudrois bien que vous connussiez celui du meûnier, c'est l'amoureux de ma Nicole ; il n'y en a pas un parmi vous, tous tant que vous êtes, qu'il ne fît rougir de honte. Il vient, dès la pointe du jour, de plus d'une lieue ; il se plante devant cette fenêtre ; ce sont des soupirs, et des soupirs à faire pitié. Quelque temps qu'il fasse, il reste ; la pluie lui tombe sur le corps ; son corps s'enfonce dans le sable ; à peine lui voit-on les oreilles et le bout du nez. En feriez-vous autant pour la femme que vous aimeriez le plus ?

LE MAÎTRE.

Cela est très-galant.

JACQUES.

Mais aussi où est la femme aussi digne de ces soins que votre Nicole ?...

La passion de l'hôtesse pour les bêtes n'étoit pourtant pas sa passion dominante, comme on pourroit l'imaginer ; c'étoit celle de parler. Plus on avoit de plaisir et de patience à l'écouter, plus on avoit de mérite ; aussi ne se fit-elle pas prier pour reprendre l'histoire interrompue du mariage singulier ; elle y mit seulement pour condition que Jacques se tairoit. Le maître promit du silence pour Jacques. Jacques s'étala nonchalamment dans un coin, les yeux fermés, son bonnet renfoncé sur ses oreilles, et le dos à demi-tourné à l'hôtesse. Le maître toussa, cracha, se moucha, tira sa montre, vit l'heure qu'il étoit, tira sa tabatière, frappa sur le couvercle, prit sa prise de tabac ; et l'hôtesse se mit en devoir de goûter le plaisir délicieux de pérorer.

L'hôtesse alloit débuter, lorsqu'elle entendit sa chienne crier. Nanon, voyez donc à cette pauvre bête... Cela me trouble, je ne sais plus où j'en étois.

JACQUES.

Vous n'avez encore rien dit.

L'HÔTESSE.

Ces deux hommes avec lesquels j'étois en querelle pour ma pauvre Nicole, lorsque vous êtes arrivé, monsieur...

JACQUES.

Dites messieurs.

L'HÔTESSE.

Et pourquoi?

JACQUES.

C'est qu'on nous a traités jusqu'à présent avec cette politesse, et que j'y suis fait. Mon Maître m'appelle Jacques; les autres, Monsieur Jacques.

L'HÔTESSE.

Je ne vous appelle ni Jacques ni monsieur Jacques, je ne vous parle pas... (Madame ? = Qu'est-ce ? = La carte du numéro cinq. = = Voyez sur le coin de la cheminée.) = Ces deux hommes sont bons gentilshommes; ils viennent de Paris, et s'en vont à la terre du plus âgé.

JACQUES.

Qui sait cela?

L'HÔTESSE.

Eux qui le disent.

JACQUES.

Belle raison !..

Le maître fit un signe à l'hôtesse, sur lequel elle comprit que Jacques avoit la cervelle brouillée. L'hôtesse répondit au signe du maître par un mouvement compâtissant des épaules, et ajouta : A son âge ! cela est très-fâcheux.

JACQUES.

Très-fâcheux de ne savoir jamais où l'on va.

L'HÔTESSE.

Le plus âgé des deux s'appelle le marquis des Arcis. C'étoit un homme de plaisir, très-aimable, croyant peu à la vertu des femmes.

JACQUES.

Il avoit raison.

L'HÔTESSE.

Monsieur Jacques, vous m'interrompez.

JACQUES.

Madame l'hôtesse du Grand-cerf, je ne vous parle pas.

L'HÔTESSE.

Monsieur le marquis en trouva pourtant une assez bizarre pour lui tenir rigueur. Elle s'appeloit madame de la Pommeraye. C'étoit une veuve qui avoit des mœurs, de la naissance, de la fortune et de la hauteur. M. des Arcis rompit avec toutes ses connoissances, s'attacha uniquement à madame de la Pommeraye, lui fit sa cour avec la plus grande assiduité, tâcha par tous les sacrifices imaginables de lui prouver qu'il l'aimoit, lui proposa même de l'épouser : mais cette femme avoit été si malheureuse avec un premier mari, qu'elle... (Madame ? = Qu'est-ce ? = La clef du coffre à l'avoine. = Voyez au clou, et si elle n'y est pas, voyez au coffre.) quelle auroit mieux aimé s'exposer à toutes sortes de malheurs qu'au danger d'un second mariage.

JACQUES.

Ah! si cela avoit été écrit là-haut!

L'HÔTESSE.

Cette femme vivoit très − retirée. Le marquis étoit un ancien ami de son mari ; elle l'avoit reçu, et elle continuait de le recevoir. Si on lui pardonnoit son goût efféminé pour la galanterie, c'étoit ce qu'on appelle un homme d'honneur. La poursuite constante du marquis, secondée de ses qualités personnelles ; de sa jeunesse, de sa figure, des apparences de la passion la plus vraie, de la solitude ; du penchant à la tendresse, en un mot, de tout ce qui nous livre à la séduction des hommes..... (Madame ? = Qu'est-ce ? = C'est le courrier. = Mettez-le à la chambre verte, et servez-le à l'ordinaire.) eut son effet, et madame de la Pommeraye, après avoir lutté plusieurs mois contre le marquis, contre elle-même, exigé selon l'usage les sermens les plus solemnels, rendit heureux le marquis, qui auroit joui du sort le plus doux s'il avoit pû conserver pour sa maîtresse les sentimens qu'il avoit jurés et qu'on avoit pour lui. Tenez, monsieur, il n'y a que les femmes qui sachent aimer; les hommes n'y entendent rien..... (Madame ? = Qu'est-ce ? = Le Frère-Quêteur. = Donnez-lui douze sous pour ces messieurs qui sont ici, six sous pour moi, et qu'il aille dans les autres chambres.) Au bout de quelques années, le marquis commença à trouver la vie de madame de la Pommeraye trop unie. Il lui proposa de se répandre dans la société : elle y consentit ; à recevoir quelques femmes et quelques hommes : et elle y consentit ; à avoir un dîner-souper : et elle y consentit. Peu à peu il passa un jour, deux jours sans la voir ; peu-à-peu il manqua au dîner-souper qu'il avoit arrangé ; peu-à-peu il abrégea ses visites ; il eut des affaires qui l'appeloient : lorsqu'il arrivoit il disoit un mot, s'étaloit dans un fauteuil, prenoit une brochure, la jetoit, parloit à son chien, ou s'endormoit. Le soir, sa santé, qui devenoit misérable, vouloit qu'il se retirât de bonne heure : c'étoit l'avis de Tronchin. « C'est un grand homme que Tronchin ! Ma foi ! » je ne doute pas qu'il ne tire d'affaire notre amie » dont les autres désespéroient ». Et tout en parlant ainsi il prenoit sa canne et son chapeau, et s'en alloit, oubliant quelquefois de l'embrasser. Madame de la Pommeraye.... (Madame ? = Qu'est-ce ? = Le tonnellier. = Qu'il descende à la cave, et qu'il visite les deux piéces de vin.) = Madame de la Pommeraye pressentit qu'elle n'étoit plus aimée ; il fallut s'en assurer : et voici comment elle s'y prit... (Madame ? = J'y vais, j'y vais.)

L'hôtesse, fatiguée de ces interruptions, descendit, et prit apparemment les moyens de les faire cesser.

L'HÔTESSE.

Un jour, après dîner, elle dit au marquis : Mon ami, vous rêvez. = Vous rêvez aussi, marquise. = Il est vrai, et même assez tristement. = Qu'avez-vous ? = Rien. = Cela n'est pas vrai. Allons, marquise, dit-il en bâillant, racontez-moi cela ; cela vous désennuiera et moi. = Est-ce que vous vous ennuyez ? = Non ; c'est qu'il y a des jours.... = Où l'on s'ennuie. = Vous vous trompez, mon amie ; je vous jure que vous vous trompez ; c'est qu'en effet il y a des jours... On ne sait à quoi cela tient. = Mon ami, il y a long-temps que je suis tentée de vous faire une confidence ; mais je crains de vous affliger. = Vous pourriez m'affliger, vous ? = Peut-être ; mais le ciel m'est témoin de mon innocence.... =(Madame ? Madame ? Madame ? = Pour qui es pour quoi que ce soit je vous ai défendu de m'appeler; appelez mon mari. = Il est absent.) = Messieurs, je vous demande pardon, je suis à vous dans un moment.

Voilà l'hôtesse descendue, remontée, et reprenant son récit. = Cela s'est fait sans mon consentement, à mon insu, par une malédiction à laquelle toute l'espèce humaine est apparemment assujettie, puisque moi, moi-même, je n'y ai pas échappé. = Ah! c'est de vous... De quoi s'agit-il? = Marquis, il s'agit... Je suis désolée; je vais vous désoler : et, tout bien considéré, je crois qu'il vaut mieux que je me taise. = Non, mon amie, parlez; auriez-vous au fond de votre cœur un secret pour moi? La première de nos conventions ne fut-elle pas que nos âmes s'ouvriroient l'une à l'autre sans réserve? = Il est vrai, et voilà ce qui me pèse; c'est un reproche qui met le comble à un beaucoup plus important que je me fais. Est-ce que vous ne vous appercevez pas que je n'ai plus la même gaîté? J'ai perdu l'appétit; je ne bois et je ne mange que par raison; je ne saurois dormir. Nos sociétés les plus intimes me déplaisent. La nuit je m'interroge et je me dis : Est-ce qu'il est moins aimable? Non. Est-ce que vous avez à vous en plaindre? Non. Auriez-vous à lui reprocher quelques liaisons suspectes? Non. Est-ce que sa tendresse pour vous est diminuée? Non. Pourquoi votre ami étant le même, votre cœur est-il donc changé?

car il l'est : vous ne pouvez vous le cacher ; vous ne l'attendez plus avec la même impatience ; vous n'avez plus le même plaisir à le voir ; cette inquiétude quand il tardoit à revenir ; cette douce émotion au bruit de sa voiture, quand on l'annonçoit, quand il paroissoit, vous ne l'éprouvez plus. = Comment, madame !.... Alors la marquise de la Pommeraye se couvrit les yeux de ses mains, pencha la tête et se tut un moment, après lequel elle ajouta : Marquis, je me suis attendue à tout votre étonnement, à toutes les choses amères que vous m'allez dire. Marquis ! épargnez-moi.... Non, ne m'épargnez pas, dites-les-moi ; je les écouterai avec résignation, parce que je les mérite. Oui, mon cher marquis, il est vrai... Oui, je suis... Mais n'est-ce pas un assez grand malheur que la chose soit arrivée, sans y ajouter encore la honte, le mépris d'être fausse en vous le dissimulant ? Vous êtes le même, mais votre amie est changée ; votre amie vous révère, vous estime autant et plus que jamais ; mais... mais une femme accoutumée comme elle à examiner de près ce qui se passe dans les replis les plus secrets de son âme, et à ne s'en imposer sur rien, ne peut se cacher que l'amour en est sorti. La découverte est affreuse, mais elle n'en est pas moins réelle. La marquise de la Pommeraye, moi, moi, inconstante ! légère !.. Marquis, entrez en fureur, cherchez les noms les plus odieux, je me les suis donnés d'avance ; donnez-les moi, je suis préte à les accepter tous, tous, excepté celui d'une femme fausse, que vous m'épargnerez, je l'espère, car en vérité je ne le suis pas... (Ma femme? = Qu'est-ce? = Rien... = On n'a pas un moment de repos dans cette maison, même les jours qu'on n'a presque point de monde, et que l'on croit n'avoir rien à faire. Qu'une femme de mon état est à plaindre, sur-tout avec une bête de mari!) Cela dit, madame de la Pommeraye se renversa sur son fauteuil, et se mit à pleurer. Le marquis se précipita à ses genoux, et lui dit : Vous êtes une femme charmante, une femme adorable, une femme comme il n'y en a point. Votre franchise, votre honnêteté me confondent, et devroient me faire mourir de honte. Ah! quelle supériorité ce moment vous donne sur moi! Que je vous vois grande et que je me trouve petit! c'est vous qui avez parlé la première, et c'est moi qui fus coupable le premier. Mon amie, votre sincérité m'entraîne; je serois un monstre si elle ne m'entraînoit pas; et je vous avouerai que l'histoire de votre cœur est mot à mot l'histoire du mien. Tout ce que vous vous êtes dit, je me le suis dit; mais je me taisois, je souffrois, et je ne sais quand j'aurois eu le courage de parler. = Vrai, mon ami? = Rien de plus vrai; et il ne nous reste qu'à nous féliciter réciproquement d'avoir perdu en même temps le sentiment fragile et trompeur qui nous unissoit. = En effet, quel malheur que mon amour eût duré lorsque le vôtre auroit cessé ! == Où que ce fût en moi qu'il eût cessé le premier. == Vous avez raison, je le sens. == Jamais vous ne m'avez paru aussi aimable, aussi belle que dans ce moment; et si l'expérience du passé ne m'avoit rendu circonspect, je croirois vous aimer plus que jamais... Et le marquis en lui parlant ainsi lui prenoit les mains, et les lui baisoit... (Ma femme ? == Qu'est-ce ? == Le marchand de paille. == Vois sur le registre. == Et le registre ?... reste, reste, je l'ai.) Madame de la Pommeraye renfermant en elle-même le dépit mortel dont elle étoit déchirée, reprit la parole et dit au marquis : Mais, marquis, qu'allons-nous devenir ? == Nous ne nous en sommes imposés ni l'un ni l'autre ; vous avez droit à toute mon estime ; je ne crois pas avoir entièrement perdu le droit que j'avois à la vôtre : nous continuerons de nous voir, nous nous livrerons à la confiance de la plus tendre amitié. Nous nous serons épargné tous ces ennuis, toutes ces petites perfidies, tous ces reproches, toute cette humeur, qui accompagnent communément les passions qui finissent ; nous serons uniques dans notre espèce. Vous recouvrerez toute votre liberté, vous me rendrez la mienne ; nous voyagerons dans le monde ; je serai le confident de vos conquêtes ; je ne vous célerai rien des miennes, si j'en fais quelques-unes, ce dont je doute fort, car vous m'avez rendu difficile. Cela sera délicieux ! Vous m'aiderez de vos conseils, je ne vous refuserai pas les miens dans les circonstances périlleuses où vous croirez en avoir besoin. Qui sait ce qui peut arriver?

JACQUES.

Personne.

LE MARQUIS.

Il est très-vraisemblable que plus j'irai, plus vous gagnerez aux comparaisons, et que je vous reviendrai plus passionné, plus tendre, plus convaincu que jamais que madame de la Pommeraye étoit la seule femme faite pour mon bonheur; et après ce retour, il y a tout à parier que je vous resterai jusqu'à la fin de ma vie. = S'il arrivoit qu'à votre retour vous ne me trouvassiez plus? car enfin, marquis, on n'est pas toujours juste; et il ne seroit pas impossible que je me prisse de goût, de fantaisie, de passion même pour un autre qui ne vous vaudroit pas. = J'en serois assurément désolé; mais je n'aurois point à me plaindre; je ne m'en prendrois qu'au sort qui nous auroit séparés lorsque nous étions unis, et qui nous rapprocheroit lorsque nous ne pourrions plus l'être......
Après cette conversation, ils se mirent à moraliser sur l'inconstance du cœur humain, sur la frivolité des sermens, sur les liens du mariage.... (Madame? = Qu'est-ce? = Le coche.) Messieurs, dit, l'hôtesse, il faut que je vous quitte. Ce soir, lorsque toutes mes affaires seront faites, je revien-

drai, et je vous acheverai cette aventure, si vous en êtes curieux.... = (Madame?.... Ma femme? Notre hôtesse?.... On y va, on y va.)

L'hôtesse partie, le maître dit à son valet : Jacques, as-tu remarqué une chose?

JACQUES.

Quelle?

LE MAÎTRE.

C'est que cette femme raconte beaucoup mieux qu'il ne convient à une femme d'auberge.

JACQUES.

Il est vrai. Les fréquentes interruptions des gens de cette maison m'ont impatienté plusieurs fois.

LE MAÎTRE.

Et moi aussi.

Et vous, lecteur, parlez sans dissimulation ; car vous voyez que nous sommes en beau train de franchise ; voulez-vous que nous laissions là cette élégante et prolixe bavarde d'hôtesse, et que nous reprenions les amours de Jacques? Pour moi, je ne tiens à rien. Lorsque cette femme remontera, Jacques le bavard ne demande pas mieux que de reprendre son rôle, et de lui fermer la porte au nez ; il en sera quitte pour lui dire par le trou de la serrure : Bon soir, madame ; mon maître dort; je vais me coucher : il faut remettre le reste à notre passage.

Le premier serment que se firent deux êtres de chair, ce fut au pied d'un rocher qui tomboit en poussière; ils attestèrent de leur constance un ciel qui n'est pas un instant le même; tout passoit en eux et autour d'eux, et ils croyoient leurs cœurs affranchis de vicissitudes. O enfans, toujours enfans!.... Je ne sais de qui sont ces réflexions, de Jacques, de son maître ou de moi; il est certain qu'elles sont de l'un des trois, et qu'elles furent précédées et suivies de beaucoup d'autres qui nous auroient menés, Jacques, son maître et moi, jusqu'au souper, jusqu'après le souper, jusqu'au retour de l'hôtesse, si Jacques n'eût dit à son maître: Tenez, monsieur, toutes ces grandes sentences que vous venez de débiter à propos de botte, ne valent pas une vieille fable des écraignes de mon village.

LE MAÎTRE.

Et quelle est cette fable?

JACQUES.

C'est la fable de la Gaine et du Coutelet. Un jour la Gaine et le Coutelet se prirent de querelle; le Coutelet dit à la Gaine: Gaine ma mie, vous êtes une friponne, car tous les jours vous recevez de nouveaux Coutelets.... La Gaine répondit au Coutelet: Mon ami Coutelet, vous êtes un fripon, car tous les jours vous changez de Gaine.... = Gaine, ce n'est pas là ce que vous m'avez promis. = Coutelet, vous m'avez trompée le premier.... = Ce débat s'étoit élevé à table ; Cil, qui étoit assis entre la Gaine et le Coutelet, prit la parole, et leur dit : Vous, Gaine, et vous, Coutelet, vous fîtes bien de changer, puisque changement vous duisoit; mais vous eûtes tort de vous promettre que vous ne changeriez pas. Coutelet, ne voyois-tu pas que Dieu te fit pour aller à plusieurs Gaines ; et toi, Gaine, pour recevoir plus d'un Coutelet ? Vous regardiez comme fous certains Coutelets qui faisoient vœu de se passer à forfait de Gaines, et comme folles certaines Gaines qui faisoient vœu de se fermer pour tout Coutelet: et vous ne pensiez pas que vous étiez presque aussi fous lorsque vous juriez, toi Gaine, de t'en tenir à un seul Coutelet ; toi, Coutelet, de t'en tenir à une seule Gaine.

Ici le maître dit à Jacques : Ta fable n'est pas trop morale ; mais elle est gaie. Tu ne sais pas la singulière idée qui me passe par la tête. Je te marie avec notre hôtesse ; et je cherche comment un mari auroit fait, lorsqu'il aime à parler, avec une femme qui ne déparle pas.

JACQUES.

Comme j'ai fait les douze premières années de ma vie, que j'ai passées chez mon grand-père et ma grand'mère.

LE MAÎTRE.

Comment s'appeloient-ils ? Quelle étoit leur profession ?

JACQUES.

Ils étoient brocanteurs. Mon grand-père Jason eut plusieurs enfans. Toute la famille étoit sérieuse ; ils se levoient, ils s'habilloient, ils alloient à leurs affaires ; ils revenoient, ils dînoient, ils retournoient sans avoir dit un mot. Le soir, ils se jetoient sur des chaises ; la mère et les filles filoient, cousoient, tricotoient sans mot dire ; les garçons se reposoient ; le père lisoit l'Ancien Testament.

LE MAÎTRE.

Et toi, que faisois-tu ?

JACQUES.

Je courois dans la chambre avec un bâillon.

LE MAÎTRE.

Avec un bâillon !

JACQUES.

Oui, avec un bâillon, et c'est à ce maudit bâillon que je dois la rage de parler. La semaine se passoit quelquefois sans qu'on eût ouvert la bouche dans la maison des Jasons. Pendant toute sa vie, qui fut longue, ma grand'mère n'avoit dit que *chapeaux à vendre*, et mon grand-père, qu'on voyoit dans les inventaires, droit, les mains sous sa redingotte, n'avoit dit qu'*un sou*. Il y avoit des jours où il étoit tenté de ne pas croire à la Bible.

LE MAÎTRE.

Et pourquoi ?

JACQUES.

A cause des redites qu'il regardoit comme un bavardage indigne de l'Esprit Saint. Il disoit que les rediseurs sont des sots, qui prennent ceux qui les écoutent pour des sots.

LE MAÎTRE.

Jacques, si pour te dédommager du long silence que tu as gardé pendant les douze années du bâillon chez ton grand-père, et pendant que l'hôtesse a parlé....

JACQUES.

Je reprenois l'histoire de mes amours?

LE MAÎTRE.

Non; mais une autre sur laquelle tu m'as laissé, celle du camarade de ton capitaine.

JACQUES.

Oh! mon maître, la cruelle mémoire que vous avez!

LE MAÎTRE.

Non, Jacques, mon petit Jacques....

JACQUES.

De quoi riez-vous?

LE MAÎTRE.

De ce qui me fera rire plus d'une fois; c'est de te voir dans ta jeunesse chez ton grand-père avec le bâillon.

JACQUES.

Ma grand'mère me l'ôtoit lorsqu'il n'y avoit plus personne; et lorsque mon grand-père s'en appercevoit, il n'en étoit pas plus content; il lui disoit: Continuez, et cet enfant sera le plus effréné bavard qui ait encore existé. Sa prédiction s'est accomplie.

LE MAÎTRE.

Allons, mon Jacques, mon petit Jacques, l'histoire du camarade de ton capitaine.

JACQUES.

Je ne m'y refuserai pas; mais vous ne la croirez point.

LE MAÎTRE.

Elle est donc bien merveilleuse?

JACQUES.

Non, c'est qu'elle est déjà arrivée à un autre, à un militaire français, appelé, je crois, monsieur de Guerchy.

LE MAÎTRE.

Eh bien! je dirai comme un poëte françois, qui avoit fait une assez bonne épigramme, disoit à quelqu'un qui se l'attribuoit en sa présence: Pourquoi monsieur ne l'auroit-il pas faite? je l'ai bien faite, moi.... Pourquoi l'histoire de Jacques ne seroit-elle pas arrivée au camarade de son capitaine, puisqu'elle est bien arrivée au militaire françois de Guerchy ? Mais en me la racontant, tu feras d'une pierre deux coups, tu m'apprendras l'aventure de ces deux personnages, car je l'ignore.

JACQUES.

Tant mieux ! mais jurez-le-moi.

LE MAÎTRE.

Je te le jure.

Lecteur, je serois bien tenté d'exiger de vous le même serment ; mais je vous ferai seulement remarquer dans le caractère de Jacques une bizarrerie qu'il tenoit apparemment de son grand-père Jason, le brocanteur silencieux ; c'est que Jacques au rebours des bavards, quoiqu'il aimât beaucoup à dire, avoit en aversion les redites. Aussi, disoit-il quelquefois à son maître : Monsieur me prépare le plus triste avenir ; que deviendrai-je quand je n'aurai plus rien à dire ? = Tu recommenceras. = Jacques, recommencer ! Le contraire est écrit là-haut ; et s'il m'arrivoit de recommencer, je ne pourrois m'empêcher de m'écrier : Ah ! si ton grand-père t'entendoit !.... et je regretterois le bâillon.

JACQUES.

Dans le temps qu'on jouoit aux jeux de hasard aux foires de St.-Germain et de St.-Laurent,...

LE MAÎTRE.

Mais c'est à Paris, et le camarade de ton capitaine étoit commandant d'une place frontière.

JACQUES.

Pour dieu, monsieur, laissez-moi dire....
Plusieurs officiers entrèrent dans une boutique, et y trouvèrent un autre officier qui causoit avec la maîtresse de la boutique. L'un deux proposa à celui-ci de jouer au passe-dix ; car il faut que vous sachiez qu'après la mort de mon capitaine, son camarade, devenu riche, étoit aussi devenu joueur. Lui donc, ou M. de Guerchy, accepte. Le sort met le cornet à la main de son adversaire qui passe, passe, passe, que cela ne finissoit point. Le jeu s'étoit échauffé, et l'on avoit joué le tout, le tout du tout, les petites moitiés, les grandes moitiés, le grand tout, le grand tout du tout, lorsqu'un des assistans s'avisa de dire à M. de Guerchy, ou au camarade de mon capitaine, qu'il feroit bien de s'en tenir là et de cesser de jouer, parce qu'on en savoit plus que lui. Sur ce propos, qui n'étoit qu'une plaisanterie, le camarade de mon capitaine, ou M. de Guerchy, crut qu'il avoit affaire à un filou ; il mit subitement la main à sa poche, en tira un couteau bien pointu ; et lorsque son antagoniste porta la main sur les dés pour les placer dans le cornet, il lui plante le couteau dans la main, et la lui cloue sur la table, en lui disant : Si les dés sont pipés, vous êtes un fripon ; s'ils sont bons, j'ai tort.... Les dés se trouvèrent bons. M. de Guerchy dit : J'en suis très-fâché, et j'offre telle réparation qu'on voudra.... Ce ne fut pas

le propos du camarade de mon capitaine ; il dit : j'ai perdu mon argent ; j'ai percé la main à un galant homme : mais en revanche j'ai recouvré le plaisir de me battre tant qu'il me plaira.... L'officier cloué se retire et va se faire panser. Lorsqu'il est guéri, il vient trouver l'officier cloueur et lui demande raison ; celui-ci, ou M. de Guerchy, trouve la demande juste. L'autre, le camarade de mon capitaine, jette les bras à son cou, et lui dit : Je vous attendois avec une impatience que je ne saurois vous exprimer.... Ils vont sur le pré ; le cloueur, M. de Guerchy, ou le camarade de mon capitaine, reçoit un bon coup d'épée au travers du corps ; le cloué le relève, le fait porter chez lui, et lui dit : Monsieur, nous nous reverrons.... M. de Guerchy ne répondit rien ; le camarade de mon capitaine lui répondit : Monsieur, j'y compte bien. Ils se battent une seconde, une troisiéme, jusqu'à huit ou dix fois, et toujours le cloueur reste sur la place. C'étoient tous les deux des officiers de distinction, tous les deux gens de mérite ; leur aventure fit grand bruit ; le ministère s'en mêla. L'on retint l'un à Paris, et l'on fixa l'autre à son poste. M. de Guerchy se soumit aux ordres de la cour ; le camarade de mon capitaine en fut désolé ; et telle est la différence de deux hommes braves par caractère, mais dont l'un est sage, et l'autre a un grain de folie.

Jusqu'ici l'aventure de M. de Guerchy et du camarade de mon capitaine leur est commune : c'est la même ; et voilà la raison pour laquelle je les ai nommés tous deux, entendez-vous, mon maître ? Ici je vais les séparer et je ne vous parlerai plus que du camarade de mon capitaine, parce que le reste n'appartient qu'à lui. Ah ! monsieur, c'est ici que vous allez voir combien nous sommes peu maîtres de nos destinées, et combien il y a de choses bizarres écrites sur le grand rouleau !

Le camarade de mon capitaine, ou le cloueur, sollicite la permission de faire un tour dans sa province : il l'obtint. Sa route étoit par Paris. Il prend place dans une voiture publique. A trois heures du matin, cette voiture passe devant l'opéra ; on sortoit du bal. Trois ou quatre jeunes étourdis masqués projettent d'aller déjeûner avec les voyageurs; on arrive au point du jour à la déjeûnée. On se regarde. Qui fut bien étonné ? Ce fut le cloué de reconnoître son cloueur. Celui-ci présente la main, l'embrasse et lui témoigne combien il est enchanté d'une si heureuse rencontre ; à l'instant ils passent derrière une grange, mettent l'épée à la main, l'un en redingotte, l'autre en domino ; le cloueur ou le camarade de mon capitaine, est encore jeté sur le carreau. Son adversaire envoie à son secours, se met à table avec ses amis et le reste de la carossée, boit et mange gaîment. Les uns se disposoient à suivre leur route, et les autres à retourner dans la capitale, en masque et sur des chevaux de poste, lorsque l'hôtesse reparut et mit fin au récit de Jacques.

La voilà remontée, et je vous préviens, lecteur, qu'il n'est plus en mon pouvoir de la renvoyer. = Pourquoi donc ? = C'est qu'elle se présente avec deux bouteilles de Champagne, une dans chaque main, et qu'il est écrit là-haut que tout orateur qui s'adressera à Jacques avec cet exorde s'en fera nécessairement écouter.

Elle entre, pose ses deux bouteilles sur la table, et dit : Allons, monsieur Jacques, faisons la paix... L'hôtesse n'étoit pas de la première jeunesse ; c'étoit une femme grande et replette, ingambe, de bonne mine, pleine d'embonpoint, la bouche un peu grande, mais de belles dents, des joues larges, des yeux à fleur de tête, le front quarré, la plus belle peau, la physionomie ouverte, vive et gaie, les bras un peu forts, mais les mains superbes, des mains à peindre ou à modeler. Jacques la prit par le milieu du corps, et l'embrassa fortement ; sa rancune n'avoit jamais tenu contre du bon vin et une belle femme ; cela étoit écrit là-haut de lui, de vous lecteur, de moi et de beaucoup d'autres. Monsieur, dit-elle au maître, est-ce que vous nous laisserez aller tout seuls ? Voyez, eussiez-vous encore cent lieues à faire, vous n'en boirez pas de meilleur de toute la route.... En parlant ainsi elle avoit placé une des deux bouteilles entre ses genoux, et elle en tiroit le bouchon ; ce fut avec une adresse singulière qu'elle en couvrit le goulot avec le pouce, sans laisser échapper une goutte de vin. Allons, dit-elle à Jacques, vîte, vîte, votre verre.... Jacques approche son verre; l'hôtesse, en écartant son pouce un peu de côté, donne vent à la bouteille, et voilà le visage de Jacques tout couvert de mousse. Jacques s'étoit prêté à cette espiéglerie, et l'hôtesse de rire, et Jacques et son maître de rire. On but quelques rasades les unes sur les autres pour s'assurer de la sagesse de la bouteille, puis l'hôtesse dit : Dieu merci ! ils sont tous dans leurs lits, on ne m'interrompra plus, et je puis reprendre mon récit.... Jacques, en la regardant avec des yeux dont le vin de Champagne avoit augmenté la vivacité naturelle, lui dit ou à son maître : Notre hôtesse a été belle comme un ange; qu'en pensez-vous, monsieur ?

LE MAÎTRE.

A été ! Pardieu, Jacques, c'est qu'elle l'est encore !

JACQUES.

Monsieur, vous avez raison; c'est que je ne la compare pas à une autre femme, mais à elle-même quand elle étoit jeune.

L'HÔTESSE.

Je ne vaux pas grand'chose à présent; c'est lorsqu'on m'auroit prise entre les deux premiers doigts de chaque main qu'il me falloit voir ! On se détournoit de quatre lieues pour séjourner ici. Mais laissons là les bonnes et les mauvaises têtes que j'ai tournées, et revenons à madame de la Pommeraye.

JACQUES.

Si nous buvions d'abord un coup aux mauvaises têtes que vous avez tournées, ou à ma santé ?

L'HÔTESSE.

Très-volontiers; il y en avoit qui en valoient la peine, en comptant ou sans compter la vôtre. Savez-vous que j'ai été pendant dix ans la ressource des militaires, en tout bien et tout honneur ? J'en ai obligé nombre qui auroient eu bien de la peine à faire leur campagne sans moi. Ce sont de braves gens, je n'ai à me plaindre d'aucun, ni eux de moi. Jamais de billets ; ils m'ont fait quelquefois attendre ; au bout de deux, de trois, de quatre ans, mon argent m'est revenu.... Et puis la voilà qui se met à faire l'énumération des officiers qui lui avoient fait l'honneur de puiser dans sa bourse, et monsieur un tel, colonel du régiment de ***, et monsieur un tel, capitaine au régiment de *** ; et voilà Jacques qui se met à faire un cri : Mon capitaine ! mon pauvre capitaine ! vous l'avez connu ?

L'HÔTESSE.

Si je l'ai connu ! un grand homme, bien fait,

un peu sec ; l'air noble et sévère, le jarret bien tendu, deux petits points rouges à la tempe droite. Vous avez donc servi ?

JACQUES.

Si j'ai servi !

L'HÔTESSE.

Je vous en aime davantage ; il doit vous rester de bonnes qualités de votre premier état. Buvons à la santé de votre capitaine.

JACQUES.

S'il est encore vivant.

L'HÔTESSE.

Mort ou vivant, qu'est-ce que cela fait ? Est-ce qu'un militaire n'est pas fait pour être tué ? Est-ce qu'il ne doit pas être enragé après dix siéges et cinq ou six batailles, de mourir au milieu de cette canaille de gens noirs ?.... Mais revenons à notre histoire, et buvons encore un coup.

LE MAÎTRE.

Ma foi, notre hôtesse, vous avez raison.

L'HÔTESSE.

Je suis bien aise que vous pensiez ainsi.

LE MAÎTRE.

Car votre vin est excellent.

L'HÔTESSE.

Ah ! c'est de mon vin que vous parliez ? Eh

bien ! vous avez encore raison. Vous rappelez-vous où nous en étions?..

LE MAÎTRE.

Oui, à la conclusion de la plus perfide des confidences.

L'HÔTESSE.

M. le marquis des Arcis et madame de la Pommeraye s'embrassèrent, enchantés l'un de l'autre, et se séparèrent. Plus la dame s'étoit contrainte en sa présence, plus sa douleur fut violente quand il fut parti. Il n'est donc que trop vrai, s'écria-t-elle, il ne m'aime plus !.... Je ne vous ferai point le détail de toutes nos extravagances quand on nous délaisse, vous en seriez trop vains. Je vous ai dit que cette femme avoit de la fierté; mais elle étoit bien autrement vindicative. Lorsque les premières fureurs furent calmées, et qu'elle jouit de toute la tranquillité de son indignation, elle songea à se venger, mais à se venger d'une manière cruelle, d'une manière à effrayer tous ceux qui seroient tentés à l'avenir de séduire et de tromper une honnête femme. Elle s'est vengée, elle s'est cruellement vengée; sa vengeance a éclaté et n'a corrigé personne; nous n'en avons pas été depuis moins vilainement séduites et trompées.

JACQUES.

Bon pour les autres, mais vous !.....

L'HÔTESSE.

Hélas ! moi toute la première. Oh ! que nous sommes sottes ! Encore si ces vilains hommes gagnoient au change !... Mais laissons cela? Que fera-t-elle? Elle n'en sait encore rien ; elle y rêvera ; elle y rêve.

JACQUES.

Si tandis qu'elle y rêve....

L'HÔTESSE.

C'est bien dit. Mais nos deux bouteilles sont vides.... Jean ? = Madame. = Deux bouteilles, de celles qui sont au fond, derrière les fagots. = J'entends.... = A force d'y rêver, voici ce qui lui vint en idée. Madame de la Pommeraye avoit autrefois connu une femme de province qu'un procès avoit appelée à Paris, avec sa fille jeune, belle et bien élevée. Elle avoit appris que cette femme, ruinée par la perte de son procès, en avoit été réduite à tenir tripot. On s'assembloit chez elle, on jouoit, on soupoit, et communément un ou deux des convives restoient, passoient la nuit avec madame et mademoiselle, à leur choix. Elle mit un de ses gens en quête de ces créatures. On les déterra, on les invita à faire visite à madame de la Pommeraye, qu'elles se rappeloient à peine. Ces femmes, qui avoient pris le nom de madame et de mademoiselle d'Aisnon, ne se firent pas attendre ; dès le lendemain, la mère se rendit chez madame de la Pommeraye. Après les premiers complimens, madame de la Pommeraye demanda à la d'Aisnon ce qu'elle avoit fait, ce qu'elle faisoit depuis la perte de son procès. Pour vous parler avec sincérité, lui répondit la d'Aisnon, je fais un métier périlleux, infâme, peu lucratif, et qui me déplaît; mais la nécessité contraint la loi. J'étois presque résolue à mettre ma fille à l'opéra, mais elle n'a qu'une petite voix de chambre, et n'a jamais été qu'une danseuse médiocre. Je l'ai promenée pendant et après mon procès chez des magistrats, chez des grands, chez des prélats, chez des financiers, qui s'en sont accommodés pour un terme et qui l'ont laissée là. Ce n'est pas qu'elle ne soit belle comme un ange, qu'elle n'ait de la finesse, de la grâce; mais aucun esprit de libertinage, rien de ces talens propres à réveiller la langueur d'hommes blasés. Mais ce qui nous a le plus nui, c'est qu'elle s'étoit entêtée d'un petit abbé de qualité, impie, incrédule, dissolu, hypocrite, anti-philosophe, que je ne vous nommerai pas; mais c'est le dernier de ceux qui, pour arriver à l'épiscopat, ont pris la route qui est en même temps la plus sûre et qui demande le moins de talent. Je ne sais ce qu'il faisoit entendre à ma fille, à qui il venoit lire tous les matins les feuillets de son dîner, de son souper, de sa rapsodie. Sera-t-il évêque, ne le sera-t-il pas ? Heureusement ils se sont brouillés. Ma fille lui ayant demandé un jour, s'il connoissoit ceux contre lesquels il écrivoit, et l'abbé lui ayant répondu que non; s'il avoit d'autres sentimens que ceux qu'il ridiculisoit, et l'abbé lui ayant répondu que non, elle se laissa emporter à sa vivacité, et lui représenta que son rôle étoit celui du plus faux des hommes..... Madame de la Pommeraye lui demanda si elles étoient fort connues. = Beaucoup trop, malheureusement. = A ce que je vois, vous ne tenez point à votre état ? = Aucunement; et ma fille me proteste tous les jours que la condition la plus malheureuse lui paroît préférable à la sienne ; elle en est d'une mélancolie qui achève d'éloigner d'elle.... = Si je me mettois en tête de vous faire à l'une et à l'autre le sort le plus brillant, vous y consentiriez donc ? = A bien moins. Mais il s'agit de savoir si vous pouvez me promettre de vous conformer à la rigueur des conseils que je vous donnerai. = Quels qu'ils soient vous pouvez y compter. = Et vous serez à mes ordres quand il me plaira ? = Nous les attendrons avec impatience. = Cela me suffit ; retournez-vous-en : vous ne tarderez pas à les recevoir. En attendant, défaites-vous de vos meubles, vendez tout, ne réservez pas même vos robes, si vous en avez de voyantes : cela ne quadreroit point à mes vues.

Jacques qui commençoit à s'intéresser, dit à

l'hôtesse : Et si nous buvions à la santé de madame de la Pommeraye.

L'HÔTESSE.

Volontiers.

JACQUES.

Et à celle de madame d'Aisnon ?

L'HÔTESSE.

Tope.

JACQUES.

Et vous ne refuserez pas celle de mademoiselle d'Aisnon, qui a une jolie voix de chambre, peu de talent pour la danse, et une mélancolie qui la réduit à la triste nécessité d'accepter un nouvel amant tous les soirs.

L'HÔTESSE.

Ne riez pas, c'est la plus cruelle chose. Si vous saviez le supplice quand on n'aime pas !...

JACQUES.

A mademoiselle d'Aisnon, à cause de son supplice.

L'HÔTESSE.

Allons.

JACQUES.

Notre hôtesse, aimez-vous votre mari ?

L'HÔTESSE.

Pas autrement.

JACQUES.

Vous êtes donc bien à plaindre; car il me semble d'une belle santé.

L'HÔTESSE.

Tout ce qui reluit n'est pas or.

JACQUES.

A la belle santé de notre hôte.

L'HÔTESSE.

Buvez tout seul.

LE MAÎTRE.

Jacques, Jacques, mon ami, tu te presses beaucoup.

L'HÔTESSE.

Ne craignez rien, monsieur, il est loyal; et demain il n'y paroîtra pas.

JACQUES.

Puisqu'il n'y paroîtra pas demain, et que je ne fais pas ce soir grand cas de ma raison, mon maître, ma belle hôtesse, encore une santé qui me tient fort à cœur, c'est celle de l'abbé de mademoiselle d'Aisnon.

L'HÔTESSE.

Fi donc, monsieur Jacques; un hypocrite, un ambitieux, un ignorant, un calomniateur, un intolérant: car c'est comme cela qu'on appelle, je crois, ceux qui égorgeroient volontiers quiconque ne pense point comme eux.

LE MAÎTRE.

C'est que vous ne savez pas, notre hôtesse, que Jacques que voilà est une espèce de philosophe, et qu'il fait un cas infini de tous ces petits imbéciles qui se déshonorent eux-mêmes et la cause qu'ils défendent si mal. Il dit que son capitaine les appeloit le contre-poison des Huet, des Nicole, des Bossuet. Il n'entendoit rien à cela, ni vous non plus... Votre mari est-il couché ?

L'HÔTESSE.

Il y a belle heure !

LE MAÎTRE.

Et il vous laisse causer comme cela ?

L'HÔTESSE.

Nos maris sont aguerris..... Madame de la Pommeraye monte dans son carrosse, court les faubourgs les plus éloignés du quartier de la d'Aisnon, loue un petit appartement en maison honnête, dans le voisinage de la paroisse, le fait meubler le plus succinctement possible, invite la d'Aisnon et sa fille à dîner, et les instale, ou le jour même ou quelques jours après, leur laissant un précis de la conduite qu'elles ont à tenir.

JACQUES.

Notre hôtesse, nous avons oublié la santé de

madame de la Pommeraye, celle du marquis des Arcis ; ah ! cela n'est pas honnête.

L'HÔTESSE.

Allez, allez, monsieur Jacques, la cave n'est pas vide..... Voici ce précis, ou ce que j'en ai retenu :

« Vous ne fréquenterez point les promenades
» publiques ; car il ne faut pas qu'on vous dé-
» couvre.

» Vous ne recevrez personne, pas même vos
» voisins et voisines, parce qu'il faut que vous
» affectiez la plus profonde retraite.

» Vous prendrez, dès demain, l'habit de dé-
» votes, parce qu'il faut qu'on vous croie telles.

» Vous n'aurez chez vous que des livres de
» dévotion, parce qu'il ne faut rien autour de
» vous qui puisse vous trahir.

» Vous serez de la plus grande assiduité aux
» offices de la paroisse, jours de fêtes et jours
» ouvrables.

» Vous vous intriguerez pour avoir entrée au
» parloir de quelque couvent ; le bavardage de
» ces recluses ne nous sera pas inutile.

» Vous ferez connoissance étroite avec le curé
» et les prêtres de la paroisse, parce que je puis
» avoir besoin de leur témoignage.

» Vous n'en recevrez d'habitude aucun.

» Vous irez à confesse et vous approcherez des
» sacremens au-moins deux fois le mois.

» Vous reprendrez votre nom de famille, parce
» qu'il est honnête, et qu'on fera tôt ou tard des
» informations dans votre province.

» Vous ferez de temps-en-temps quelques petites
» aumônes, et vous n'en recevrez point, sous
» quelque prétexte que ce puisse être. Il faut
» qu'on ne vous croie ni pauvres ni riches.

» Vous filerez, vous coudrez, vous tricoterez,
» vous broderez, et vous donnerez aux dames de
» charité votre ouvrage à vendre.

» Vous vivrez de la plus grande sobriété : deux
» petites portions d'auberge ; et puis c'est tout.

» Votre fille ne sortira jamais sans vous, ni
» vous sans elle. De tous les moyens d'édifier à
» peu de frais vous n'en négligerez aucun.

» Sur-tout jamais chez vous, je vous le répète,
» ni prêtres, ni moines, ni dévotes.

» Vous irez dans les rues les yeux baissés ; à
» l'église, vous ne verrez que Dieu ».

J'en conviens, cette vie est austère, mais elle
ne durera pas, et je vous en promets la plus si-
gnalée récompense. Voyez, consultez-vous ; si
cette contrainte vous paroît au-dessus de vos forces, avouez-le-moi ; je n'en serai ni offensée, ni
surprise. J'oubliois de vous dire qu'il seroit à propos que vous vous fissiez un verbiage de la mysti-
cité, et que l'histoire de l'Ancien et du Nouveau
Testament vous devînt familière, afin qu'on vous
prenne pour des dévotes d'ancienne date. Faites-

vous Jansénistes ou Molinistes, comme il vous plaira; mais le mieux sera d'avoir l'opinion de votre curé. Ne manquez pas à tort et à travers, dans toute occasion, de vous déchaîner contre les philosophes; criez que Voltaire est l'anté-christ; sachez par cœur l'ouvrage de votre petit abbé, et colportez-le, s'il le faut.... Madame de la Pommeraye ajouta: Je ne vous verrai point chez vous; je ne suis pas digne du commerce d'aussi saintes femmes; mais n'en ayez aucune inquiétude: vous viendrez ici clandestinement quelquefois, et nous nous dédommagerons, en petit comité, de votre régime pénitent. Mais, tout en jouant la dévotion, n'allez pas vous en empêtrer. Quant aux dépenses de votre petit ménage, c'est mon affaire. Si mon projet réussit, vous n'aurez plus besoin de moi; s'il manque sans qu'il y ait de votre faute, je suis assez riche pour vous assurer un sort honnête et meilleur que l'état que vous m'aurez sacrifié. Mais sur-tout soumission, soumission absolue, illimitée à mes volontés, sans quoi je ne réponds de rien pour le présent, et ne m'engage à rien pour l'avenir.

LE MAÎTRE, en frappant sur sa tabatière et regardant à sa montre l'heure qu'il est:

Voilà une terrible tête de femme! Dieu me garde d'en rencontrer une pareille.

L'HÔTESSE.

Patience, patience, vous ne la connoissez pas encore.

JACQUES.

En attendant, ma belle, ma charmante hôtesse, si nous disions un mot à la bouteille ?

L'HÔTESSE.

Monsieur Jacques, mon vin de Champagne m'embellit à vos yeux.

LE MAÎTRE.

Je suis pressé depuis si long-temps de vous faire une question peut-être indiscrète, que je n'y saurois plus tenir.

L'HÔTESSE.

Faites votre question.

LE MAÎTRE.

Je suis sûr que vous n'êtes pas née dans une hôtellerie.

L'HÔTESSE.

Il est vrai.

LE MAÎTRE.

Que vous y avez été conduite d'un état plus élevé par des circonstances extraordinaires.

L'HÔTESSE.

J'en conviens.

LE MAÎTRE.

Et si nous suspendions un moment l'histoire de madame de la Pommeraye....

L'HÔTESSE.

Cela ne se peut. Je raconte volontiers les aventures des autres, mais non pas les miennes. Sachez seulement que j'ai été élevée à Saint-Cyr, où j'ai peu lu l'évangile, et beaucoup de romans. De l'abbaye royale à l'auberge que je tiens il y a loin.

LE MAÎTRE.

Il suffit ; prenez que je ne vous ai rien dit.

L'HÔTESSE.

Tandis que nos deux dévotes édifioient, et que la bonne odeur de leur piété et de la sainteté de leurs mœurs se répandoit à la ronde, madame de la Pommeraye observoit avec le marquis les démonstrations extérieures de l'estime, de l'amitié, de la confiance la plus parfaite. Toujours bien venu, jamais ni grondé, ni boudé, même après de longues absences : il lui racontoit toutes ses petites bonnes fortunes, et elle paroissoit s'en amuser franchement. Elle lui donnoit ses conseils dans les occasions d'un succès difficile ; elle lui jetoit quelquefois des mots de mariage, mais c'étoit d'un ton si désintéressé, qu'on ne pouvoit la soupçonner de parler pour elle. Si le marquis lui adressoit quelques-uns de ces propos tendres ou galans dont on ne peut guère se dispenser avec une femme qu'on a connue ; ou elle en sourioit, ou elle les laissoit tomber. A l'en croire, son cœur étoit paisible ; et, ce qu'elle n'auroit jamais imaginé, elle

Jacques le Fataliste. I

éprouvoit qu'un ami tel que lui suffisoit au bonheur de la vie ; et puis elle n'étoit plus de la première jeunesse, et ses goûts étoient bien émoussés. = Quoi ! vous n'avez rien à me confier ? = Non. = Mais le petit comte, mon amie, qui vous pressoit si vivement de mon règne ? = Je lui ai fermé ma porte, et je ne le vois plus. = C'est d'une bizarrerie ! Et pourquoi l'avoir éloigné ? = C'est qu'il ne me plaît pas. = Ah ! madame, je crois vous deviner : vous m'aimez encore. = Cela se peut. = Vous comptez sur un retour. = Pourquoi non ? = Et vous vous ménagez tous les avantages d'une conduite sans reproche. = Je le crois. = Et si j'avois le bonheur ou le malheur de reprendre, vous vous feriez au-moins un mérite du silence que vous garderiez sur mes torts. = Vous me croyez bien délicate et bien généreuse. = Mon amie, après ce que vous avez fait, il n'est aucune sorte d'héroïsme dont vous ne soyez capable. = Je ne suis pas trop fâchée que vous le pensiez. = Ma foi, je cours le plus grand danger avec vous, j'en suis sûr.

JACQUES.

Et moi aussi.

L'HÔTESSE.

Il y avoit environ trois mois qu'ils en étoient au même point, lorsque madame de la Pommeraye crut qu'il étoit temps de mettre en jeu ses grands ressorts. Un jour d'été qu'il faisoit beau et qu'elle attendoit le marquis à dîner, elle fit dire à la d'Aisnon et à sa fille de se rendre au jardin du Roi. Le marquis vint; on servit de bonne heure ; on dîna : on dîna gaîment. Après dîner, madame de la Pommeraye propose une promenade au marquis, s'il n'avoit rien de plus agréable à faire. Il n'y avoit ce jour-là ni opéra, ni comédie ; ce fut le marquis qui en fit la remarque ; et pour se dédommager d'un spectacle amusant par un spectacle utile, le hasard voulut que ce fût lui-même qui invita la marquise à aller voir le cabinet du Roi. Il ne fut pas refusé, comme vous pensez bien. Voilà les chevaux mis; les voilà partis; les voilà arrivés au jardin du Roi; et les voilà mêlés dans la foule, regardant tout, et ne voyant rien, comme les autres.

Lecteur, j'avois oublié de vous peindre le site des trois personnages dont il s'agit ici, Jacques, son maître et l'hôtesse ; faute de cette attention vous les avez entendus parler, mais vous ne les avez point vus ; il vaut mieux tard que jamais. Le maître, à gauche, en bonnet de nuit, en robe-de-chambre, étoit étalé nonchalamment dans un grand fauteuil de tapisserie, son mouchoir jeté sur le bras du fauteuil, et sa tabatière à la main. L'hôtesse sur le fond, en face de la porte, proche de la table, son verre devant elle. Jacques, sans chapeau, à sa droite, les deux coudes appuyés sur la table, et la tête penchée entre deux bouteilles ; deux autres étoient à terre à côté de lui.

Au sortir du cabinet, le marquis et sa bonne amie se promenèrent dans le jardin. Ils suivoient la première allée qui est à droite en entrant, proche l'école des arbres, lorsque madame de la Pommeraye fit un cri de surprise, en disant : Je ne me trompe pas, je crois que ce sont elles; oui, ce sont elles-mêmes. Aussi-tôt on quitte le marquis, et l'on s'avance à la rencontre de nos deux dévotes. La d'Aisnon fille étoit à ravir sous ce vêtement simple, qui, n'attirant point le regard, fixe l'attention toute entière sur la personne. = Ah! c'est vous, madame ? = Oui, c'est moi. = Et comment vous portez-vous, et qu'êtes-vous devenue depuis une éternité ? = Vous savez nos malheurs; il a fallu s'y résigner, et vivre retirées comme il convenoit à notre petite fortune; sortir du monde, quand on ne peut plus s'y montrer décemment. = Mais moi, me délaisser, moi qui ne suis pas du monde, et qui ai toujours le bon esprit de le trouver aussi maussade qu'il l'est! = Un des inconvéniens de l'infortune, c'est la méfiance qu'elle inspire : les indigens craignent d'être importuns. = Vous, importunes pour moi! ce soupçon est une bonne injure. = Madame, j'en suis tout-à-fait innocente; je vous ai rappelée dix fois à maman; mais elle me disoit : madame de la Pommeraye.... personne, ma fille, ne pense plus à nous. = Quelle injustice! Asseyons-nous, nous causerons. Voilà monsieur le marquis des Arcis ; c'est mon ami : et sa présence ne nous génera pas. Comme mademoiselle est grandie ! comme elle est embellie depuis que nous ne nous sommes vues ! Notre position a cela d'avantageux, qu'elle nous prive de tout ce qui nuit à la santé : voyez son visage, voyez ses bras ; voilà ce qu'on doit à la vie frugale et réglée, au sommeil, au travail, à la bonne conscience ; et c'est quelque chose... = On s'assit, on s'entretint d'amitié. La d'Aisnon mère parla bien, la d'Aisnon fille parla peu. Le ton de la dévotion fut celui de l'une et de l'autre, mais avec aisance et sans pruderie. Long-temps avant la chûte du jour, nos deux dévotes se levèrent. On leur représenta qu'il étoit encore de bonne heure ; la d'Aisnon mère dit assez haut, à l'oreille de madame de la Pommeraye, qu'elles avoient encore un exercice de piété à remplir, et qu'il leur étoit impossible de rester plus long-temps. Elles étoient déjà à quelque distance, lorsque madame de la Pommeraye se reprocha de ne leur avoir pas demandé leur demeure, et de ne leur avoir pas appris la sienne ; c'est une faute, ajouta-t-elle, que je n'aurois pas commise autrefois. Le marquis courut pour la réparer ; elles acceptèrent l'adresse de madame de la Pommeraye ; mais, quelles que furent les instances du marquis, il ne put obtenir la leur. Il n'osa pas leur offrir sa voiture, en avouant à madame de la Pommeraye qu'il en avoit été tenté.

Le marquis ne manqua pas de demander à madame de la Pommeraye ce que c'étoient que ces deux femmes. = Ce sont deux créatures plus heureuses que nous. Voyez la belle santé dont elles jouissent ! la sérénité qui règne sur leur visage ! l'innocence, la décence qui dictent leurs propos ! On ne voit point cela, on n'entend point cela dans nos cercles. Nous plaignons les dévôts ; les dévôts nous plaignent : et à tout prendre, je penche à croire qu'ils ont raison. = Mais, marquise, est-ce que vous seriez tentée de devenir dévote ? = Pourquoi pas ? = Prenez-y garde, je ne voudrois pas que notre rupture, si c'en est une, vous menât jusques-là. = Et vous aimeriez mieux que je r'ouvrisse ma porte au comte ? = Beaucoup mieux. = Et vous me le conseilleriez ? = Sans balancer.... = Madame de la Pommeraye dit au marquis ce qu'elle savoit du nom, de la province, du premier état et du procès des deux dévotes, y mettant tout l'intérêt et tout le pathétique possible ; puis elle ajouta : Ce sont deux femmes d'un mérite rare, la fille sur-tout. Vous concevez qu'avec une figure comme la sienne on ne manque de rien ici quand on veut en faire ressource ; mais elles ont préféré une honnête modicité à une aisance honteuse ; ce qui leur reste est si mince, qu'en vérité je ne sais comment elles font pour subsister. Cela travaille nuit et jour. Supporter l'indigence quand on y est né, c'est ce qu'une multitude d'hommes savent faire ; mais passer de l'opulence au plus étroit nécessaire, s'en contenter, y trouver la félicité, c'est ce que je ne comprends pas. Voilà à quoi sert la religion. Nos philosophes auront beau dire, la religion est une bonne chose. = Surtout pour les malheureux. = Et qui est-ce qui ne l'est pas plus ou moins ? = Je veux mourir si vous ne devenez dévote. = Le grand malheur ! Cette vie est si peu de chose quand on la compare à une éternité à venir ! = Mais vous parlez déjà comme un missionnaire. = Je parle comme une femme persuadée. Là, marquis, répondez-moi vrai ; toutes nos richesses ne seroient-elles pas de bien pauvres guenilles à nos yeux, si nous étions plus pénétrés de l'attente des biens et de la crainte des peines d'une autre vie ? Corrompre une jeune fille ou une femme attachée à son mari, avec la croyance qu'on peut mourir entre ses bras, et tomber tout-à-coup dans des supplices sans fin, convenez que ce seroit le plus incroyable délire. = Cela se fait cependant tous les jours. = C'est qu'on n'a point de foi, c'est qu'on s'étourdit. = C'est que nos opinions religieuses ont peu d'influence sur nos mœurs. Mais, mon amie, je vous jure que vous vous acheminez à toutes jambes au confessionnal. = C'est bien ce que je pourrois faire de mieux. = Allez, vous êtes folle ; vous avez encore une vingtaine d'années de jolis péchés à faire : n'y manquez pas ; ensuite vous vous en repentirez, et vous irez vous en vanter aux pieds du prêtre, si cela vous convient.... Mais voilà une conversation d'un tour bien sérieux; votre imagination se noircit furieusement, et c'est l'effet de cette abominable solitude où vous vous êtes renfoncée. Croyez-moi, rappelez au plus-tôt le petit comte; vous ne verrez plus ni diable, ni enfer, et vous serez charmante comme auparavant. Vous craignez que je ne vous le reproche si nous nous raccommodons jamais; mais d'abord nous ne nous raccommoderons peut-être pas; et par une appréhension bien ou mal fondée, vous vous privez du plaisir le plus doux : en vérité l'honneur de valoir mieux que moi ne vaut pas ce sacrifice. = Vous dites bien vrai, aussi n'est-ce pas là ce qui me retient.... Ils dirent encore beaucoup d'autres choses que je ne me rappelle pas.

JACQUES.

Notre hôtesse, buvons un coup : cela raffraîchit la mémoire.

L'HÔTESSE.

Buvons un coup.... Après quelques tours d'allées, madame de la Pommeraye et le marquis remontèrent en voiture. Madame de la Pommeraye dit : Comme cela me vieillit! quand cela vint à Paris, cela n'étoit pas plus haut qu'un chou. = Vous parlez de la fille de cette dame que nous avons trouvée à la promenade? =Oui. C'est comme dans un jardin où les roses fanées font place aux roses nouvelles. L'avez-vous regardée ? = Je n'y ai pas manqué. = Comment la trouvez-vous ? = C'est la tête d'une vierge de Raphaël sur le corps de sa Galathée ; et puis une douceur dans la voix ! = Une modestie dans le regard ! = Une bienséance dans le maintien ! = Une décence dans le propos qui ne m'a frappée dans aucune fille comme dans celle-là. Voilà l'effet de l'éducation. = Lorsqu'il est préparé par un bon naturel.

Le marquis déposa madame de la Pommeraye à sa porte, et madame de la Pommeraye n'eut rien de plus pressé que de témoigner à nos deux dévotes combien elle étoit satisfaite de la manière dont elles avoient rempli leur rôle.

JACQUES.

Si elles continuent comme elles ont débuté, monsieur le marquis des Arcis, fussiez-vous le diable, vous ne vous en tirerez pas.

LE MAÎTRE.

Je voudrois bien savoir quel est leur projet.

JACQUES.

Moi, j'en serois bien fâché : cela gâteroit tout.

L'HÔTESSE.

De ce jour, le marquis devint plus assidu

chez madame de la Pommeraye , qui s'en apperçut sans lui en demander la raison. Elle ne lui parloit jamais la première des deux dévotes; elle attendoit qu'il entamât ce texte : ce que le marquis faisoit toujours d'impatience, et avec une indifférence mal simulée.

LE MARQUIS.

Avez-vous vu vos amies ?

Mad. DE LA POMMERAYE.

Non.

LE MARQUIS.

Savez-vous que cela n'est pas trop bien ? Vous êtes riche : elles sont dans le mal-aise ; et vous ne les invitez pas même à manger quelquefois !

Mad. DE LA POMMERAYE.

Je me croyois un peu mieux connue de monsieur le marquis. L'amour autrefois me prêtoit des vertus ; aujourd'hui l'amitié me prête des défauts. Je les ai invitées dix fois sans avoir pu les obtenir une. Elles refusent de venir chez moi, par des idées singulières ; et quand je les visite, il faut que je laisse mon carrosse à l'entrée de la rue, et que j'aille en déshabillé , sans rouge et sans diamans. Il ne faut pas trop s'étonner de leur circonspection : un faux rapport suffiroit pour aliéner l'esprit d'un certain nombre de personnes bienfaisantes, et les priver de leurs secours. Marquis ! le bien apparemment coûte beaucoup à faire.

LE MARQUIS.

Sur-tout aux dévots.

Mad. DE LA POMMERAYE.

Puisque le plus léger prétexte suffit pour les en dispenser, si l'on savoit que j'y prends intérêt, bientôt on diroit : madame de la Pommeraye les protège : elles n'ont besoin de rien.... Et voilà les charités supprimées.

LE MARQUIS.

Les charités !

Mad. DE LA POMMERAYE.

Oui, monsieur, les charités !

LE MARQUIS.

Vous les connoissez, et elles en sont aux charités ?

Mad. DE LA POMMERAYE.

Encore une fois, marquis, je vois bien que vous ne m'aimez plus, et qu'une partie de votre estime s'en est allée avec votre tendresse. Et qui est-ce qui vous a dit que, si ces femmes étoient dans le besoin des aumônes de la paroisse, c'étoit de ma faute ?

LE MARQUIS.

Pardon, madame, mille pardons, j'ai tort.

Mais quelle raison de se refuser à la bienveillance d'une amie?

Mad. DE LA POMMERAYE.

Ah! marquis, nous sommes bien loin, nous autres gens du monde, de connoître les délicatesses scrupuleuses des âmes timorées. Elles ne croient pas pouvoir accepter les secours de toute personne indistinctement.

LE MARQUIS.

C'est nous ôter le meilleur moyen d'expier nos folles dissipations.

Mad. DE LA POMMERAYE.

Point du tout. Je suppose, par exemple, que M. le marquis des Arcis fût touché de compassion pour elles, que ne fait-il passer ces secours par des mains plus dignes?

LE MARQUIS.

Et moins sûres.

Mad. DE LA POMMERAYE.

Cela se peut.

LE MARQUIS.

Dites-moi, si je leur envoyois une vingtaine de louis, croyez-vous qu'elles les refuseroient?

Mad. DE LA POMMERAYE.

J'en suis sûre; et ce refus vous sembleroit déplacé dans une mère qui a un enfant charmant?

LE MARQUIS.

Savez-vous que j'ai été tenté de les aller voir ?

Mad. DE LA POMMERAYE.

Je le crois. Marquis, marquis, prenez garde à vous ; voilà un mouvement de compassion bien subit et bien suspect.

LE MARQUIS.

Quoi qu'il en soit, m'auroient-elles reçu ?

Mad. DE LA POMMERAYE.

Non certes ! Avec l'éclat de votre voiture, de vos habits, de vos gens, et les charmes de la jeune personne, il n'en falloit pas davantage pour apprêter au caquet des voisins, des voisines, et les perdre.

LE MARQUIS.

Vous me chagrinez ; car certes, ce n'étoit pas mon dessein. Il faut donc renoncer à les secourir et à les voir.

Mad. DE LA POMMERAYE.

Je le crois.

LE MARQUIS.

Mais si je leur faisois passer mes secours par votre moyen ?

Mad. DE LA POMMERAYE.

Je ne crois pas ces secours-là assez purs pour m'en charger.

LE MARQUIS.

Voilà qui est cruel!

Mad. DE LA POMMERAYE.

Oui, cruel : c'est le mot.

LE MARQUIS.

Quelle vision! marquise, vous vous moquez. Une jeune fille que je n'ai jamais vue qu'une fois....

Mad. DE LA POMMERAYE.

Mais du petit nombre de celles qu'on n'oublie pas quand on les a vues.

LE MARQUIS.

Il est vrai que ces figures-là vous suivent.

Mad. DE LA POMMERAYE.

Marquis, prenez garde à vous; vous vous préparez des chagrins; et j'aime mieux avoir à vous en garantir que d'avoir à vous en consoler. N'allez pas confondre celle-ci avec celles que vous avez connues : cela ne se ressemble pas ; on ne les tente pas, on ne les séduit pas, on n'en approche pas, elles n'écoutent pas, on n'en vient pas à bout.

Après cette conversation, le marquis se rappela tout-à-coup qu'il avoit une affaire pressée; il se leva brusquement, et sortit soucieux.

Pendant un assez long intervalle de temps, le

marquis ne passa presque pas un jour sans voir madame de la Pommeraye ; mais il arrrivoit, il s'asséyoit, il gardoit le silence ; madame de la Pommeraye parloit seule ; le marquis, au bout d'un quart d'heure, se levoit et s'en alloit.

Il fit ensuite une éclipse de près d'un mois, après laquelle il reparut ; mais triste, mais mélancolique, mais défait. La marquise, en le voyant, lui dit : Comme vous voilà fait ! d'où sortez-vous ? Est-ce que vous avez passé tout ce temps en petite maison ?

LE MARQUIS.

Ma foi, à-peu-près. De désespoir je me suis précipité dans un libertinage affreux.

Mad. DE LA POMMERAYE.

Comment ! de désespoir !

LE MARQUIS.

Oui, de désespoir...

Après ce mot il se mit à se promener en long et en large sans mot dire ; il alloit aux fenêtres, il regardoit le ciel, il s'arrêtoit devant madame de la Pommeraye ; il alloit à la porte, il appeloit ses gens à qui il n'avoit rien à dire ; il les renvoyoit ; il rentroit ; il revenoit à madame de la Pommeraye, qui travailloit sans l'appercevoir; il vouloit parler, il n'osoit ; enfin madame de la Pommeraye en eut pitié, et lui dit : Qu'avez-vous ? On est un mois sans vous voir ; vous reparaissez avec un visage de déterré ; et vous rodez comme une âme en peine.

LE MARQUIS.

Je n'y puis plus tenir, il faut que je vous dise tout. J'ai été vivement frappé de la fille de votre amie ; j'ai tout, mais tout fait pour l'oublier ; et plus j'ai fait, plus je m'en suis souvenu. Cette créature angélique m'obsède ; rendez-moi un service important.

Mad. DE LA POMMERAYE.

Quel ?

LE MARQUIS.

Il faut absolument que je la revoie, et que je vous en aie l'obligation. J'ai mis mes grisons en campagne. Toute leur venue, toute leur allée est de chez elles à l'église, et de l'église chez elles. Dix fois je me suis présenté à pied sur leur chemin ; elles ne m'ont seulement pas apperçu ; je me suis planté sur leur porte inutilement. Elles m'ont d'abord rendu libertin comme un sapajou, puis dévot comme un ange ; je n'ai pas manqué la messe une fois depuis quinze jours. Ah ! mon amie, quelle figure ! qu'elle est belle ! . . .

Madame de la Pommeraye savoit tout cela. C'est-à-dire, répondit-elle au marquis, qu'après avoir tout mis en œuvre pour guérir, vous n'avez rien omis pour devenir fou, et que c'est le dernier parti qui vous a réussi ?

LE MARQUIS.

Et réussi, je ne saurois vous exprimer à quel point. N'aurez-vous pas compassion de moi, et ne vous devrai-je pas le bonheur de la revoir ?

Mad. DE LA POMMERAYE.

La chose est difficile, et je m'en occuperai, mais à une condition; c'est que vous laisserez ces infortunées en repos, et que vous cesserez de les tourmenter. Je ne vous célerai point qu'elles m'ont écrit de votre persécution avec amertume, et voilà leur lettre......

La lettre qu'on donnoit à lire au marquis avoit été concertée entre elles. C'étoit la d'Aisnon fille qui paroissoit l'avoir écrite par ordre de sa mère : et l'on y avoit mis, d'honnête, de doux, de touchant, d'élégance et d'esprit, tout ce qui pouvoit renverser la tête du marquis. Aussi en accompagnoit-il chaque mot d'une exclamation ; pas une phrase qu'il ne relût ; il pleuroit de joie ; il disoit à madame de la Pommeraye : Convenez donc, madame, qu'on n'écrit pas mieux que cela. = J'en conviens. = Et qu'à chaque ligne on se sent pénétré d'admiration et de respect pour des femmes de ce caractère ! = Cela devroit être. = Je vous tiendrai ma parole ; mais songez, je vous en supplie, à ne pas manquer à la vôtre.

Mad. DE LA POMMERAYE.

En vérité, marquis, je suis aussi folle que vous.

Il faut que vous ayez conservé un terrible empire sur moi ; cela m'effraie.

LE MARQUIS.

Quand la reverrai-je ?

Mad. DE LA POMMERAYE.

Je n'en sais rien. Il faut s'occuper premièrement du moyen d'arranger la chose, et d'éviter tout soupçon. Elles ne peuvent ignorer vos vues ; voyez la couleur que ma complaisance auroit à leurs yeux, si elles s'imaginoient que j'agis de concert avec vous... Mais, marquis, entre nous, qu'ai-je besoin de cet embarras-là ? Que m'importe que vous aimiez, que vous n'aimiez pas ? que vous extravaguiez ? Démélez votre fusée vous-même. Le rôle que vous me faites faire est aussi trop singulier.

LE MARQUIS.

Mon amie, si vous m'abandonnez, je suis perdu ! Je ne vous parlerai point de moi, puisque je vous offenserois ; mais je vous conjurerai par ces intéressantes et dignes créatures qui vous sont si chères : vous me connoissez ; épargnez-leur toutes les folies dont je suis capable. J'irai chez elles ; oui, j'irai, je vous en préviens ; je forcerai leur porte, j'entrerai malgré elles, je m'asséyrai, je ne sais ce que je dirai, ce que je ferai ; car que n'ayez-vous point à craindre de l'état violent où je suis ?...

Vous remarquerez, messieurs, dit l'hôtesse, que depuis le commencement de cette aventure jusqu'à ce moment, le marquis des Arcis n'avoit pas dit un mot qui ne fût un coup de poignard dirigé au cœur de madame de la Pommeraye. Elle étouffoit d'indignation et de rage ; aussi répondit-elle au marquis, d'une voix tremblante et entrecoupée :

Mais vous avez raison. Ah ! si j'avois été aimée comme cela, peut-être que... Passons là-dessus... Ce n'est pas pour vous que j'agirai, mais je me flatte du-moins, monsieur le marquis, que vous me donnerez du temps.

LE MARQUIS.

Le moins, le moins que je pourrai.

JACQUES.

Ah ! notre hôtesse, quel diable de femme ! Lucifer n'est pas pire. J'en tremble ; et il faut que je boive un coup pour me rassurer.... Est-ce que vous me laisserez boire tout seul?

L'HÔTESSE.

Moi, je n'ai pas peur.... Madame de la Pommeraye disoit : Je souffre, mais je ne souffre pas seule. Cruel homme, j'ignore quelle sera la durée de mon tourment ; mais j'éterniserai le tien... Elle tint le marquis près d'un mois dans l'attente de l'entrevue qu'elle avoit promise, c'est-à-dire, qu'elle lui laissa tout le temps de pâtir, de se bien enivrer, et que sous prétexte d'adoucir la longueur du délai, elle lui permit de l'entretenir de sa passion.

LE MAÎTRE.

Et de la fortifier en en parlant.

JACQUES.

Quelle femme! quel diable de femme! Notre hôtesse, ma frayeur redouble.

L'HÔTESSE.

Le marquis venoit donc tous les jours causer avec madame de la Pommeraye, qui achevoit de l'irriter, de l'endurcir et de le perdre par les discours les plus artificieux. Il s'informoit de la patrie, de la naissance, de l'éducation, de la fortune et du désastre de ces femmes; il y revenoit sans cesse, et ne se croyoit jamais assez instruit et touché. La marquise lui faisoit remarquer le progrès de ses sentimens, et lui en familiarisoit le terme, sous prétexte de lui en inspirer de l'effroi. Marquis, lui disoit-elle, prenez-y garde, cela vous mènera loin; il pourroit arriver un jour que mon amitié, dont vous faites un étrange abus, me n'excusât ni à mes yeux ni aux vôtres. Ce n'est pas que tous les jours on ne fasse de plus grandes folies. Marquis, je crains fort que vous n'obteniez cette fille qu'à des conditions qui jusqu'à présent n'ont pas été de votre gout.

Lorsque madame de la Pommeraye crut le marquis bien préparé pour le succès de son dessein, elle arrangea avec les deux femmes qu'elles viendroient dîner chez elle; et avec le marquis que, pour leur donner le change, il les surprendroit en habit de campagne : ce qui fut exécuté.

On en étoit au second service lorsqu'on annonça le marquis. Le marquis, madame de la Pommeraye et les deux d'Aisnon, jouèrent supérieurement l'embarras. Madame, dit-il à madame de la Pommeraye, j'arrive de ma terre ; il est trop tard pour aller chez moi où l'on ne m'attend que ce soir, et je me suis flatté que vous ne me refuseriez pas à dîner... Et tout en parlant, il avoit pris une chaise, et s'étoit mis à table. On avoit disposé le couvert de manière qu'il se trouvât à côté de la mère et en face de la fille. Il remercia d'un clin-d'œil madame de la Pommeraye de cette attention délicate. Après le trouble du premier instant, nos deux dévotes se rassurèrent. On causa, on fut même gai. Le marquis fut de la plus grande attention pour la mère, et de la politesse la plus réservée pour la fille. C'étoit un amusement secret, bien plaisant pour ces trois femmes, que le scrupule du marquis à ne rien dire, à ne se rien permettre qui pût les effaroucher. Elles eurent l'inhumanité de le faire parler dévotion pendant trois heures de suite, et madame de la Pommeraye lui disoit : Vos discours font merveilleusement l'éloge de vos parens ; les premières leçons qu'on en reçoit ne s'effacent jamais. Vous entendez toutes les subtilités de l'amour divin, comme si vous n'aviez été qu'à saint François-de-Sales pour toute nourriture. N'auriez-vous pas été un peu quiétiste ? = Je ne m'en souviens plus... = Il est inutile de dire que nos dévotes mirent dans la conversation tout ce qu'elles avoient de grâces, d'esprit, de séduction et de finesse. On toucha en passant le chapitre des passions, et mademoiselle Duquénoi (c'étoit son nom de famille) prétendit qu'il n'y en avoit qu'une seule de dangereuse. Le marquis fut de son avis. Entre les six et sept les deux femmes se retirèrent, sans qu'il fût possible de les arrêter, madame de la Pommeraye prétendant avec madame Duquénoi qu'il falloit aller de préférence à son devoir, sans quoi il n'y auroit presque point de journée dont la douceur ne fût altérée par le remords. Les voilà parties au grand regret du marquis, et le marquis en tête-à-tête avec madame de la Pommeraye.

Mad. DE LA POMMERAYE.

Eh bien ! marquis, ne faut-il pas que je sois bien bonne ? Trouvez-moi à Paris une autre femme qui en fasse autant.

LE MARQUIS, en se jetant à ses genoux.

J'en conviens ; il n'y en a pas une qui vous ressemble. Votre bonté me confond ; vous êtes la seule véritable amie qu'il y ait au monde.

Mad. DE LA POMMERAYE.

Etes-vous bien sûr de sentir toujours également le prix de mon procédé ?

LE MARQUIS.

Je serois un monstre d'ingratitude, si j'en rabattois.

Mad. DE LA POMMERAYE.

Changeons de texte. Quel est l'état de votre cœur ?

LE MARQUIS.

Faut-il vous l'avouer franchement ? il faut que j'aie cette fille-là, ou que j'en périsse.

Mad. DE LA POMMERAYE.

Vous l'aurez sans-doute, mais il faut savoir comme quoi.

LE MARQUIS.

Nous verrons.

Mad. DE LA POMMERAYE.

Marquis, marquis, je vous connois, je les connois : tout est vu...

Le marquis fut environ deux mois sans se montrer chez madame de la Pommeraye ; et voici ses démarches dans cet intervalle. Il fit connoissance avec le confesseur de la mère et de la fille. C'étoit un ami du petit abbé dont je vous ai parlé. Ce prêtre, après avoir mis toutes les difficultés hypocrites qu'on peut apporter à une intrigue malhonnête, et vendu le plus chèrement qu'il lui fut possible la sainteté de son ministère, se prêta à tout ce que le marquis voulut.

La première scélératesse de l'homme de Dieu, ce fut d'aliéner la bienveillance du curé, et de lui persuader que ces deux protégées de madame de la Pommeraye obtenoient de la paroisse une aumône dont elles privoient des indigens plus à plaindre qu'elles. Son but étoit de les amener à ses vues par la misère.

Ensuite il travailla au tribunal de la confession à jeter la division entre la mère et la fille. Lorsqu'il entendoit la mère se plaindre de sa fille, il aggravoit les torts de celle-ci, et irritoit le ressentiment de l'autre. Si c'étoit la fille qui se plaignît de sa mère, il lui insinuoit que la puissance des pères et mères sur leurs enfans étoit limitée, et que, si la persécution de sa mère étoit poussée jusqu'à un certain point, il ne seroit peut-être pas impossible de la soustraire à une autorité tyrannique. Puis il lui donnoit pour pénitence de revenir à confesse.

Une autre fois il lui parloit de ses charmes, mais lestement : c'étoit un des plus dangereux présens que Dieu pût faire à une femme; de l'impression qu'en avoit éprouvée un honnête homme qu'il ne nommoit pas, mais qui n'étoit pas difficile à deviner. Il passoit de-là à la miséricorde infinie du ciel et à son indulgence pour des fautes que certaines circonstances nécessitoient ; à la foiblesse de la nature, dont chacun trouve l'excuse en soi-même ; à la violence et à la généralité de certains penchans, dont les hommes les plus saints n'étoient pas exempts. Il lui demandoit ensuite si elle n'avoit point de désirs, si le tempérament ne lui parloit pas en rêves, si la présence des hommes ne la troubloit pas. Ensuite, il agitoit la question si une femme devoit céder ou résister à un homme passionné, et laisser mourir et damner celui pour qui le sang de Jésus-Christ a été versé ; et il n'osoit la décider. Puis il poussoit de profonds soupirs, il levoit les yeux au ciel, il prioit pour la tranquillité des âmes en peine.... La jeune fille le laissoit aller. Sa mère et madame de la Pommeraye, à qui elle rendoit fidèlement les propos du directeur, lui suggéroient des confidences qui toutes tendoient à l'encourager.

JACQUES.

Votre madame de la Pommeraye est une méchante femme.

LE MAÎTRE.

Jacques, c'est bientôt dit. Sa méchanceté, d'où lui vient-elle ? Du marquis des Arcis. Rends celui-ci tel qu'il avoit juré et qu'il devoit être, et trouve-moi quelque défaut dans madame de la Pommeraye. Quand nous serons en route, tu l'accuseras, et je me chargerai de la défendre. Pour ce prêtre vil et séducteur, je te l'abandonne.

JACQUES.

C'est un si méchant homme, que je crois que de cette affaire-ci je n'irai plus à confesse. Et vous, notre hôtesse ?

L'HÔTESSE.

Pour moi je continuerai mes visites à mon vieux curé, qui n'est pas curieux, et qui n'entend que ce qu'on lui dit.

JACQUES.

Si nous buvions à la santé de votre vieux curé ?

L'HÔTESSE.

Pour cette fois-ci je vous ferai raison ; car c'est un bon homme qui, les dimanches et jours de fêtes, laisse danser les filles et les garçons, et qui permet aux hommes et aux femmes de venir chez moi, pourvu qu'ils n'en sortent pas ivres. A mon curé !

JACQUES.

A votre curé !

L'HÔTESSE.

Nos femmes ne doutoient pas qu'incessamment l'homme de Dieu ne hasardât de remettre une lettre à sa pénitente : ce qui fut fait ; mais avec quel ménagement ! Il ne savoit de qui elle étoit ; il ne doutoit point que ce ne fût de quelque âme bienfaisante et charitable qui avoit découvert leur misère, et qui leur proposoit des secours; il en remettoit assez souvent de pareilles. Au demeurant vous êtes sage, madame votre mère est prudente, et j'exige que vous ne l'ouvriez qu'en sa présence. Mademoiselle Duquênoi accepta la lettre et la remit à sa mère, qui la fit passer sur-le-champ à madame de la Pommeraye. Celle-ci, munie de ce papier, fit venir le prêtre, l'accabla des reproches qu'il méritoit, et le menaça de le déférer à ses supérieurs, si elle entendoit encore parler de lui.

Dans cette lettre, le marquis s'épuisoit en éloges de sa propre personne, en éloges de mademoiselle Duquênoi; peignoit sa passion aussi violente qu'elle l'étoit, et proposoit des conditions fortes, même un enlèvement.

Après avoir fait la leçon au prêtre, madame de la Pommeraye appela le marquis chez elle; lui représenta combien sa conduite étoit peu digne d'un galant homme; jusqu'où elle pouvoit être compromise; lui montra sa lettre, et protesta que, malgré la tendre amitié qui les unissoit, elle ne pouvoit se dispenser de la produire au tribunal des loix, ou de la remettre à madame Duquênoi, s'il arrivoit quelqu'aventure éclatante à sa fille. Ah! marquis, lui dit-elle, l'amour vous corrompt; vous êtes mal né, puisque le faiseur de grandes choses ne vous en inspire que d'avilissantes. Et que vous ont fait ces pauvres femmes, pour ajouter l'ignominie à la misère ? Faut-il que, parce que cette fille est belle, et veut rester vertueuse, vous en deveniez le persécuteur ? Est-ce à vous à lui faire détester un des plus beaux présens du ciel ? Par où ai-je mérité, moi, d'être votre complice ? Allons, marquis, jetez-vous à mes pieds, demandez-moi pardon, et faites serment de laisser mes tristes amies en repos.... Le marquis lui promit de ne plus rien entreprendre sans son aveu; mais qu'il falloit qu'il eût cette fille à quelque prix que ce fût.

Le marquis ne fut point du tout fidèle à sa parole. La mère étoit instruite; il ne balança pas à s'adresser à elle. Il avoua le crime de son projet; il offrit une somme considérable, des espérances que le temps pourroit amener; et sa lettre fut accompagnée d'un écrin de riches pierreries.

Les trois femmes tinrent conseil. La mère et la fille inclinoient à accepter; mais ce n'étoit pas là le compte de madame de la Pommeraye. Elle revint sur la parole qu'on lui avoit donnée; elle menaça de tout révéler; et au grand regret de nos deux dévotes, dont la jeune détacha de ses oreilles des girandoles qui lui alloient si bien, l'écrin et la lettre furent renvoyés avec une réponse pleine de fierté et d'indignation.

Madame de la Pommeraye se plaignit au marquis du peu de fond qu'il y avoit à faire sur ses promesses. Le marquis s'excusa sur l'impossibilité de lui proposer une commission si indécente. Marquis, marquis, lui dit madame de la Pommeraye, je vous ai déjà prévenu, et je vous le répète : vous n'en êtes pas où vous voudriez ; mais il n'est plus temps de vous prêcher, ce seroient paroles perdues : il n'y a plus de ressources.... Le marquis avoua qu'il le pensoit comme elle, et lui demanda la permission de faire une dernière tentative ; c'étoit d'assurer des rentes considérables sur les deux têtes, de partager sa fortune avec les deux femmes, et de les rendre propriétaires à vie d'une de ses maisons à la ville, et d'une autre à la campagne. Faites, lui dit la marquise ; je n'interdis que la violence ; mais croyez, mon ami, que l'honneur, et la vertu quand elle est vraie, n'ont point de prix aux yeux de ceux qui ont le bonheur de les posséder. Vos nouvelles offres ne réussiront pas mieux que les précédentes : je connois ces femmes, et j'en ferois la gageure.

Les nouvelles propositions sont faites. Autre conciliabule des trois femmes. La mère et la fille attendoient en silence la décision de madame de la Pommeraye. Celle-ci se promena un moment sans parler. Non, non, dit-elle, cela ne suffit pas à mon cœur ulcéré.... Et aussi-tôt elle prononça le refus ; et aussi-tôt ces deux femmes fondirent en larmes, se jetèrent à ses pieds, et lui représentèrent combien il étoit affreux pour elles de repousser une fortune immense, qu'elles pouvoient

surface ; la vérité de cette nuit, la variété des objets et des scènes qu'on y discernoit, le bruit et le silence, le mouvement et le repos, l'esprit des incidens, la grace, l'élégance, l'action des figures, la vigueur de la couleur, la pureté du dessein, mais sur-tout l'harmonie et le sortilège de l'ensemble : rien de négligé, rien de confus; c'est la loi de la nature riche sans profusion, et produisant les plus grands phénomènes avec la moindre quantité de dépense. Il y a des nuées; mais un ciel, qui devient orageux ou qui va cesser de l'être, n'en assemble pas davantage. Elles s'étendent ou se ramassent et se meuvent ; mais c'est le vrai mouvement, l'ondulation réelle qu'elles ont dans l'atmosphère : elles obscursissent; mais la mesure de cette obscurité est juste ; C'est ainsi que nous avons vu cent fois l'astre de la nuit en percer l'épaisseur. C'est ainsi que nous avons vu sa lumière affoiblie et pâle, trembler et vaciller sur les eaux. Ce n'est point un port de mer que l'artiste a voulu peindre....
« L'artiste »!... Oui, mon ami, l'*artiste*....Mon secret m'est échappé; et il n'est plus temps de recourir après : entraîné par le charme du clair de lune de Vernet, j'ai oublié que je vous avois fait un conte jusqu'à-présent, et que je m'étois supposé devant la nature (et l'illusion étoit facile); puis tout-à-coup je me suis retrouvé de la campagne au Salon.... « Quoi ! me direz-vous,

» l'instituteur, ces deux petits élèves, le déjeûner
» sur l'herbe, le pâté, sont imaginés »... *È vero...*
« Ces différens sites sont des tableaux de Ver-
» net.»?... *Tu l'hai detto...*« Et c'est pour rompre
» l'ennui et la monotonie des descriptions que
» vous en avez fait des paysages réels, et que
» vous avez encadré des paysages dans des en-
» tretiens ?...». *A maraviglia; bravo; ben sentito.*
Ce n'est donc plus de la nature, c'est de l'art ;
ce n'est plus de Dieu, c'est de Vernet que je
vais vous parler.

Ce n'est point, vous disois-je, un port de mer
qu'il a voulu peindre. On ne voit pas ici plus
de bâtimens qu'il n'en faut pour enrichir et animer la scène. C'est l'intelligence et le goût ; c'est
l'art qui les a distribués pour l'effet ; mais l'effet
est produit, sans que l'art s'apperçoive. Il y a
des incidens, mais pas plus que l'espace et le
moment de la composition n'en exigent. C'est,
vous le répéterai-je, la richesse et la parcimo-
nie de nature toujours économe, et jamais avare
ni pauvre. Tout est vrai. On le sent. On n'ac-
cuse, on ne desire rien, on jouit également de
tout. J'ai ouï dire à des personnes qui avoient
fréquenté long-temps les bords de la mer, qu'elles
reconnoissoient sur cette toile, ce ciel, ces nuées,
ce temps, toute cette composition.

SEPTIÈME TABLEAU. Ce n'est donc plus à

l'abbé que je m'adresse, c'est à vous. La lune élevée sur l'horizon est à demi-cachée dans des nuées épaisses et noires : un ciel tout-à-fait orageux et obscur, occupe le centre de ce tableau, et teint de sa lumière pâle et foible, et le rideau qui l'offusque, et la surface de la mer qu'elle domine. On voit, à droite, une fabrique; proche de cette fabrique, sur un plan plus avancé sur le devant, les débris d'un pilotis; un peu plus vers la gauche et le fond, une nacelle, à la proue de laquelle un marinier tient une torche allumée; cette nacelle vogue vers le pilotis : plus encore sur le fond, et presque en pleine mer, un vaisseau à la voile, et faisant route vers la fabrique; puis, une étendue de mer obscure illimitée. Tout-à-fait à gauche, des rochers escarpés, au pied de ces rochers, un massif de pierre, une espèce d'esplanade d'où l'on descend de face et de côté, vers la mer; sur l'espace qu'elle enceint à gauche contre les rochers, une tente dressée; au-dehors de cette tente, une tonne, sur laquelle deux matelots, l'un assis par-devant, l'autre accoudé par-derrière, et tous les deux regardant vers un brasier allumé à terre, sur le milieu de l'esplanade. Sur ce brasier, une marmite suspendue par des chaînes de fer, à une espèce de trépied. Devant cette marmite, un matelot, accroupi et vu par le dos; plus, vers sa gauche, une femme accroupie et vue de profil. Contre le mur vertical qui forme le derrière de la fontaine, debout, le dos appuyé contre ce mur, deux figures charmantes pour la grace, le naturel, le caractère, la position, la mollesse, l'une d'homme, l'autre de femme. C'est un époux peut-être et sa jeune épouse; ce sont deux amans; un frère et sa sœur. Voilà à-peu-près toute cette prodigieuse composition. Mais que signifient mes expressions exagérées et froides, mes lignes sans chaleur et sans vie, ces lignes que je viens de tracer les unes au-dessous des autres? Rien, mais rien du tout; il faut voir la chose. Encore oubliois-je de dire que sur les dégrés de l'esplanade il y a des commerçans, des marins occupés à rouler, à porter, agissans, de repos; et tout-à-fait sur la gauche et les derniers dégrés, des pêcheurs à leurs filets.

Je ne sais ce que je louerai de préférence dans ce morceau. Est-ce le reflet de la lune sur ces eaux ondulantes? Sont-ce ces nuées sombres et chargées et leur mouvement? Est-ce ce vaisseau qui passe au-devant de l'astre de la nuit, et qui le renvoie et l'attache à son immense éloignement? Est-ce la réflexion dans le fluide de la petite torche que ce marin tient à l'extrémité de la nacelle? Sont-ce les deux figures adossées à la fontaine? Est-ce le brasier dont la lueur rougeâtre se propage sur tous les objets environnans, sans détruire l'harmonie? Est-ce l'effet total de cette nuit? Est-ce cette belle masse de lumière qui

JACQUES.

La chienne! la coquine! l'enragée! et pourquoi aussi s'attacher à une pareille femme?

LE MAÎTRE.

Et pourquoi aussi la séduire et s'en détacher?

L'HÔTESSE.

Pourquoi cesser de l'aimer sans rime ni raison?

JACQUES, *montrant le ciel du doigt.*

Ah! mon maître!

LE MARQUIS.

Pourquoi, marquise, ne vous mariez-vous pas aussi?

Mad. DE LA POMMERAYE.

A qui, s'il vous plaît?

LE MARQUIS.

Au petit comte; il a de l'esprit, de la naissance, de la fortune.

Mad. DE LA POMMERAYE.

Et qui est-ce qui me répondra de sa fidélité? C'est vous, peut-être.

LE MARQUIS.

Non; mais il me semble qu'on se passe aisément de la fidélité d'un mari.

Mad. DE LA POMMERAYE.

D'accord; mais je serois peut-être assez bizarre pour m'en offenser; et je suis vindicative.

LE MARQUIS.

Eh bien ! vous vous vengeriez; cela s'en va sans dire. C'est que nous prendrions un hôtel commun, et que nous formerions tous quatre la plus agréable société.

Mad. DE LA POMMERAYE.

Tout cela est fort beau; mais je ne me marie pas. Le seul homme que j'aurois peut-être été tentée d'épouser...

LE MARQUIS.

C'est moi ?

Mad. DE LA POMMERAYE.

Je puis vous l'avouer à présent sans conséquence.

LE MARQUIS.

Et pourquoi ne me l'avoir pas dit ?

Mad. DE LA POMMERAYE.

Par l'événement, j'ai bien fait. Celle que vous allez avoir vous convient de tout point mieux que moi.

L'HÔTESSE.

Madame de la Pommeraye mit à ses informations toute l'exactitude et la célérité qu'elle voulut.

Elle produisit au marquis les attestations les plus flatteuses ; il y en avoit de Paris ; il y en avoit de la province. Elle exigea du marquis encore une quinzaine, afin qu'il s'examinât de rechef. Cette quinzaine lui parut éternelle ; enfin la marquise fut obligée de céder à son impatience et à ses prières. La première entrevue se fait chez ses amies ; on y convient de tout ; les bans se publient ; le contrat se passe ; le marquis fait présent à madame de la Pommeraye d'un superbe diamant ; et le mariage est consommé.

JACQUES.

Quelle trame et quelle vengeance !

LE MAÎTRE.

Elle est incompréhensible.

JACQUES.

Délivrez-moi du souci de la première nuit des nôces, et jusqu'à présent je n'y vois pas un grand mal.

LE MAÎTRE.

Tais-toi, nigaud.

L'HÔTESSE.

La nuit des nôces se passa fort bien.

JACQUES.

Je croyois....

L'HÔTESSE.

Croyez à ce que votre maître vient de vous

dire... Et en parlant ainsi elle sourioit ; et en souriant, elle passoit sa main sur le visage de Jacques, et lui serroit le nez... Mais ce fut le lendemain...

JACQUES.

Le lendemain, ne fut-ce pas comme la veille ?

L'HÔTESSE.

Pas tout-à-fait. Le lendemain, madame de la Pommeraye écrivit au marquis un billet qui l'invitoit à se rendre chez elle au plus-tôt, pour affaire importante. Le marquis ne se fit pas attendre.

On le reçut avec un visage où l'indignation se peignoit dans toute sa force ; le discours qu'on lui tint ne fut pas long ; le voici : « Marquis, lui
» dit-elle, apprenez à me connoître. Si les autres
» femmes s'estimoient assez pour éprouver mon
» ressentiment, vos semblables seroient moins
» communs. Vous aviez acquis une honnête fem-
» me que vous n'avez pas su conserver ; cette
» femme, c'est moi ; elle s'est vengée en vous en
» faisant épouser une digne de vous. Sortez de
» chez moi, et allez-vous-en rue Traversière, à
» l'hôtel de Hambourg, où l'on vous apprendra le
» sale métier que votre femme et votre belle-
» mère ont exercé pendant dix ans, sous le nom de
» d'Aisnon ».

La surprise et la consternation de ce pauvre marquis ne peuvent se rendre. Il ne savoit qu'en penser ; mais son incertitude ne dura que le temps d'aller d'un bout de la ville à l'autre. Il ne rentra point chez lui de tout le jour ; il erra dans les rues. Sa belle-mère et sa femme eurent quelque soupçon de ce qui s'étoit passé. Au premier coup de marteau la belle-mère se sauva dans son appartement, et s'y enferma à la clef; sa femme l'attendit seule. A l'approche de son époux elle lut sur son visage la fureur qui le possédoit. Elle se jeta à ses pieds, la face collée contre le parquet, sans mot dire. Retirez-vous, lui dit-il, infâme ! loin de moi... Elle voulut se relever ; mais elle retomba sur son visage, les bras étendus à terre entre les pieds du marquis. Monsieur, lui dit-elle, foulez-moi aux pieds, écrâsez-moi, car je l'ai mérité ; faites de moi tout ce qu'il vous plaira ; mais épargnez ma mère... = Retirez-vous, reprit le marquis ; retirez-vous ! c'est assez de l'infamie dont vous m'avez couvert; épargnez-moi un crime... = La pauvre créature resta dans l'attitude où elle étoit, et ne lui répondit rien. Le marquis étoit assis dans un fauteuil, la tête enveloppée de ses bras, et le corps à demi penché sur les pieds de son lit, hurlant par intervalles, sans la regarder : Retirez-vous !... Le silence et l'immobilité de la malheureuse le surprirent ; il lui répéta d'une voix plus forte encore : Qu'on se retire ; est-ce que vous ne m'entendez pas ?... Ensuite il se baissa, la poussa durement, et reconnoissant qu'elle étoit sans sentiment et presque sans vie, il la prit par le milieu du corps, l'étendit sur un canapé, attacha un moment sur elle des regards où se peignoient alternativement la commisération et le courroux. Il sonna : des valets entrèrent ; on appela ses femmes, à qui il dit : Prenez votre maîtresse qui se trouve mal ; portez-la dans son appartement, et secourez-la... Peu d'instans après il envoya secrètement savoir de ses nouvelles. On lui dit qu'elle étoit revenue de son premier évanouissement ; mais que, les défaillances se succédant rapidement, elles étoient si fréquentes et si longues qu'on ne pouvoit lui répondre de rien. Une ou deux heures après il renvoya secrètement savoir son état. On lui dit qu'elle suffoquoit, et qu'il lui étoit survenu une espèce de hocquet qui se faisoit entendre jusques dans les cours. A la troisième fois, c'étoit sur le matin, on lui rapporta qu'elle avoit beaucoup pleuré, que le hocquet s'étoit calmé, et qu'elle paroissoit s'assoupir.

Le jour suivant, le marquis fit mettre ses chevaux à sa chaise, et disparut pendant quinze jours, sans qu'on sût ce qu'il étoit devenu. Cependant, avant que de s'éloigner, il avoit pourvu à tout ce qui étoit nécessaire à la mère et à la fille, avec ordre d'obéir à madame comme à lui-même.

Pendant cet intervalle, ces deux femmes restèrent l'une en présence de l'autre, sans presque se parler, la fille sanglottant, poussant quelquefois des cris, s'arrachant les cheveux, se tordant les bras, sans que sa mère osât s'approcher d'elle et la consoler. L'une montroit la figure du désespoir, l'autre la figure de l'endurcissement. La fille vingt fois dit à sa mère : Maman, sortons d'ici ; sauvons-nous. Autant de fois la mère s'y opposa, et lui répondit : Non, ma fille, il faut rester ; il faut voir ce que cela deviendra : cet homme ne nous tuera pas... Eh! plût à Dieu, lui répondoit sa fille, qu'il l'eût déjà fait !... Sa mère lui repliquoit : Vous feriez mieux de vous taire, que de parler comme une sotte.

A son retour, le marquis s'enferma dans son cabinet, et écrivit deux lettres, l'une à sa femme, l'autre à sa belle-mère. Celle-ci partit dans la même journée, et se rendit au couvent des carmélites de la ville prochaine, où elle est morte il y a quelques jours. Sa fille s'habilla, et se traîna dans l'appartement de son mari où il lui avoit apparemment enjoint de venir. Dès la porte, elle se jeta à genoux. Levez-vous, lui dit le marquis... Au-lieu de se lever, elle s'avança vers lui sur ses genoux ; elle trembloit de tous ses membres ; elle étoit échevelée ; elle avoit le corps un peu penché, les bras portés de son côté, la tête relevée, le regard attaché sur ses yeux, et le visage inondé de pleurs. Il me semble, lui dit-elle, un sanglot séparant chacun de ses mots, que votre cœur justement irrité s'est radouci, et que peut-être avec le temps j'obtiendrai miséricorde. Monsieur, de grâce, ne vous hâtez pas de me pardonner. Tant de filles honnêtes sont devenues de malhonnêtes femmes, que peut-être serai-je un exemple contraire. Je ne suis pas encore digne que vous vous rapprochiez de moi ; attendez, laissez-moi seulement l'espoir du pardon. Tenez-moi loin de vous ; vous verrez ma conduite ; vous la jugerez : trop heureuse mille fois, trop heureuse si vous daignez quelquefois m'appeler ! Marquez-moi le recoin obscur de votre maison où vous permettez que j'habite ; j'y resterai sans murmure. Ah ! si je pouvois m'arracher le nom et le titre qu'on m'a fait usurper, et mourir après, à l'instant vous seriez satisfait ! Je me suis laissé conduire par foiblesse, par séduction, par autorité, par menaces, à une action infâme ; mais ne croyez pas, monsieur, que je sois méchante : je ne le suis pas, puisque je n'ai pas balancé à paroître devant vous quand vous m'avez appelée, et que j'ose à présent lever les yeux sur vous et vous parler. Ah ! si vous pouviez lire au fond de mon cœur, et voir combien mes fautes passées sont loin de moi ; combien les mœurs de mes pareilles me sont étrangères ! La corruption s'est posée sur moi ; mais elle ne s'y est point attachée. Je me connois, et une justice que je me rends, c'est que par mes goûts, par mes sentimens, par mon caractère, j'étois née digne de l'honneur de vous appartenir. Ah ! s'il m'eût été libre de vous voir, il n'y avoit qu'un mot à dire, et je crois que j'en aurois eu le courage. Monsieur, disposez de moi comme il vous plaira; faites entrer vos gens; qu'ils me dépouillent, qu'ils me jettent la nuit dans la rue : je souscris à tout. Quel que soit le sort que vous me préparez, je m'y soumets : le fond d'une campagne, l'obscurité d'un cloître peut me dérober pour jamais à vos yeux : parlez, et j'y vais. Votre bonheur n'est point perdu sans ressource, et vous pourrez m'oublier.... Levez-vous, lui dit doucement le marquis; je vous ai pardonné : au moment même de l'injure j'ai respecté ma femme en vous; il n'est pas sorti de ma bouche une parole qui l'ait humiliée, ou du-moins je m'en repens, et je proteste qu'elle n'en entendra plus aucune qui l'humilie, si elle se souvient qu'on ne peut rendre son époux malheureux sans le devenir. Soyez honnête, soyez heureuse, et faites que je le sois. Levez-vous, je vous en prie, ma femme, levez-vous et embrassez-moi; madame la marquise, levez-vous, vous n'êtes pas à votre place; madame des Arcis, levez-vous.... = Pendant qu'il parloit ainsi, elle étoit restée le visage caché dans ses mains, et la tête appuyée sur les genoux du marquis; mais au mot de ma femme, au mot de madame des Arcis, elle se leva brusquement, et se précipita sur le marquis; elle le tenoit embrassé, à moitié suffoquée par la douleur

et par la joie; puis elle se séparoit de lui, se jetoit à terre, et lui baisoit les pieds. = Ah! lui disoit le marquis, je vous ai pardonné; je vous l'ai dit; et je vois que vous n'en croyez rien. = Il faut, lui répondoit-elle, que cela soit, et que je ne le croie jamais. = Le marquis ajoutoit : En vérité je crois que je ne me repens de rien; et que cette Pommeraye, au-lieu de se venger, m'aura rendu un grand service. Ma femme, allez vous habiller, tandis qu'on s'occupera à faire vos malles. Nous partons pour ma terre, où nous resterons jusqu'à ce que nous puissions reparoître ici sans conséquence pour vous et pour moi....
Ils passèrent presque trois ans de suite absens de la capitale.

JACQUES.

Et je gagerais bien que ces trois ans s'écoulèrent comme un jour; et que le marquis des Arcis fut un des meilleurs maris et eut une des meilleures femmes qu'il y eût au monde.

LE MAÎTRE.

Je serois de moitié; mais en vérité je ne sais pourquoi; car je n'ai point été satisfait de cette fille pendant tout le cours des menées de la dame de la Pommeraye et de sa mère. Pas un instant de crainte, pas le moindre signe d'incertitude, pas un remords; je l'ai vue se prêter, sans aucune répugnance, à cette longue horreur. Tout ce qu'on a voulu d'elle, elle n'a jamais hésité de le faire ; elle va à confesse ; elle communie ; elle joue la religion et ses ministres. Elle m'a semblé aussi fausse, aussi méprisable, aussi méchante que les deux autres.... Notre hôtesse, vous narrez assez bien ; mais vous n'êtes pas encore profonde dans l'art dramatique. Si vous vouliez que cette jeune fille intéressât, il falloit lui donner de la franchise, et nous la montrer victime innocente et forcée de sa mère et de la Pommeraye ; il falloit que les traitemens les plus cruels l'entraînassent, malgré qu'elle en eût, à concourir à une suite de forfaits continus pendant une année ; il falloit préparer ainsi le raccommodement de cette femme avec son mari. Quand on introduit un personnage sur la scène, il faut que son rôle soit un ; or je vous demanderai, notre charmante hôtesse, si la fille qui complote avec deux scélérates est bien la femme suppliante que nous avons vue aux pieds de son mari ? Vous avez péché contre les règles d'Aristote, d'Horace, de Vida et de le Bossu.

L'HÔTESSE.

Je ne connois ni bossu ni droit : je vous ai dit la chose comme elle s'est passée, sans en rien omettre, sans y rien ajouter. Et qui sait ce qui se passoit au fond du cœur de cette jeune fille ; et si, dans les momens où elle nous paroissoit agir le plus lestement, elle n'étoit pas secrètement dévorée de chagrin.

JACQUES.

Notre hôtesse, pour cette fois, il faut que je sois de l'avis de mon maître qui me le pardonnera; car cela m'arrive si rarement ; de son Bossu, que je ne connois point; et de ces autres messieurs qu'il a cités, et que je ne connois pas davantage. Si mademoiselle Duquênoi, ci-devant la d'Aisnon, avoit été une jolie enfant, il y auroit paru.

L'HÔTESSE.

Jolie enfant ou non, tant y a que c'est une excellente femme; que son mari est avec elle content comme un roi; et qu'il ne la troqueroit pas contre une autre.

LE MAÎTRE.

Je l'en félicite : il a été plus heureux que sage.

L'HÔTESSE.

Et moi, je vous souhaite une bonne nuit. Il est tard, et il faut que je sois la dernière couchée et la première levée. Quel maudit métier! Bon soir, messieurs, bon soir. Je vous avois promis, je ne sais plus à propos de quoi, l'histoire d'un mariage saugrenu : et je crois vous avoir tenu parole. Monsieur Jacques, je crois que vous n'aurez pas de peine à vous endormir; car vos yeux sont plus d'à-demi-fermés. Bon soir, monsieur Jacques.

LE MAÎTRE.

Eh bien ! notre hôtesse, il n'y a donc pas moyen de savoir vos aventures ?

L'HÔTESSE.

Non.

JACQUES.

Vous avez un furieux goût pour les contes !

LE MAÎTRE.

Il est vrai ; ils m'instruisent et m'amusent. Un bon conteur est un homme rare.

JACQUES.

Et voilà tout juste pourquoi je n'aime pas les contes, à moins que je ne les fasse.

LE MAÎTRE.

Tu aimes mieux parler mal que te taire.

JACQUES.

Il est vrai.

LE MAÎTRE.

Et moi, j'aime mieux entendre mal parler que de ne rien entendre.

JACQUES.

Cela nous met tous deux fort à notre aise.

Je ne sais où l'hôtesse, Jacques et son maître avoient mis leur esprit, pour n'avoir pas trouvé une seule des choses qu'il y avoit à dire en faveur de mademoiselle Duquênoi. Est-ce que cette fille comprit rien aux artifices de la dame de la Pommeraye, avant le dénouement? Est-ce qu'elle n'auroit pas mieux aimé accepter les offres que la main du marquis, et l'avoir pour amant que pour époux? Est-ce qu'elle n'étoit pas continuellement sous les menaces et le despotisme de la marquise? Peut-on la blâmer de son horrible aversion pour un état infâme? et si l'on prend le parti de l'en estimer davantage, peut-on exiger d'elle bien de la délicatesse, bien du scrupule, dans le choix des moyens de s'en tirer?

Et vous croyez, lecteur, que l'apologie de madame de la Pommeraye est plus difficile à faire? Il vous auroit été peut-être plus agréable d'entendre là-dessus Jacques et son maître; mais ils avoient à parler de tant d'autres choses plus intéressantes, qu'ils auroient vraisemblablement négligé celle-ci. Permettez donc que je m'en occupe un moment.

Vous entrez en fureur au nom de madame de la Pommeraye, et vous vous écriez : Ah! la femme horrible! ah! l'hypocrite! ah! la scélérate!... Point d'exclamation, point de courroux, point de partialité : raisonnons. Il se fait tous les jours des actions plus noires, sans aucun génie. Vous pouvez haïr; vous pouvez redouter madame de la Pommeraye : mais vous ne la mépriserez pas. Sa vengeance est atroce; mais elle n'est souillée d'aucun motif d'intérêt. On ne vous a pas dit qu'elle avoit jeté au nez du marquis le beau diamant dont il lui avoit fait présent; mais elle le fit : je le sais par les voies les plus sûres. Il ne s'agit ni d'augmenter sa fortune, ni d'acquérir quelques titres d'honneur. Quoi ! si cette femme en avoit fait autant, pour obtenir à un mari la récompense de ses services ; si elle s'étoit prostituée à un ministre ou même à un premier commis, pour un cordon ou pour une colonelle ; au dépositaire de la feuille des Bénéfices, pour une riche abbaye : cela vous paroîtroit tout simple, l'usage seroit pour vous : et lorsqu'elle se venge d'une perfidie, vous vous révoltez contre elle au-lieu de voir que son ressentiment ne vous indigne que parce que vous êtes incapable d'en éprouver un aussi profond, ou que vous ne faites presqu'aucun cas de la vertu des femmes. Avez-vous un peu réfléchi sur les sacrifices que madame de la Pommeraye avoit faits au marquis ? Je ne vous dirai pas que sa bourse lui avoit été ouverte en toute occasion, et que pendant plusieurs années il n'avoit eu d'autre maison, d'autre table que la sienne : cela vous feroit hocher de la tête ; mais elle s'étoit assujettie à toutes ses fantaisies, à tous ses goûts; pour lui plaire elle avoit renversé le plan de sa vie. Elle jouissoit de la plus haute considération dans le monde, par la pureté de ses mœurs : et elle s'étoit rabaissée sur la ligne commune. On dit d'elle, lorsqu'elle eut agréé l'hommage du marquis des Arcis : Enfin

cette merveilleuse madame de la Pommeraye s'est
donc faite comme une d'entre nous.... Elle avoit
remarqué autour d'elle les souris ironiques ; elle
avoit entendu les plaisanteries : et souvent elle en
avoit rougi et baissé les yeux ; elle avoit avalé tout
le calice de l'amertume préparé aux femmes dont la
conduite réglée a fait trop long-temps la satire
des mauvaises mœurs de celles qui les entourent;
elle avoit supporté tout l'éclat scandaleux par lequel on se venge des imprudentes bégueules qui
affichent de l'honnêteté. Elle étoit vaine ; et elle
seroit morte de douleur plutôt que de promener
dans le monde , après la honte de la vertu abandonnée , le ridicule d'une délaissée. Elle touchoit
au moment où la perte d'un amant ne se répare
plus. Tel étoit son caractère , que cet événement
la condamnoit à l'ennui et à la solitude. Un homme
en poignarde un autre pour un geste , pour un dé-
menti ; et il ne sera pas permis à une honnête femme
perdue , déshonorée , trahie , de jeter le traître
entre les bras d'une courtisane ? Ah ! lecteur,
vous êtes bien léger dans vos éloges, et bien sévère dans votre blâme. Mais , me direz-vous, c'est
plus encore la manière que la chose que je reproche à la marquise. Je ne me fais pas à un ressentiment d'une si longue tenue ; à un tissu de
fourberies , de mensonges, qui dure près d'un an.
Ni moi non plus , ni Jacques , ni son maître , ni
l'hôtesse. Mais vous pardonnez tout à un premier

mouvement ; et je vous dirai que, si le premier mouvement des autres est court, celui de madame de la Pommeraye et des femmes de son caractère est long. Leur âme reste quelquefois toute leur vie comme au premier moment de l'injure ; et quel inconvénient, quelle injustice y a-t-il à cela ? Je n'y vois que des trahisons moins communes ; et j'approuverois fort une loi qui condamneroit aux courtisanes celui qui auroit séduit et abandonné une honnête femme, l'homme commun aux femmes communes...

Tandis que je disserte, le maître de Jacques ronfle comme s'il m'avoit écouté ; et Jacques, à qui les muscles des jambes refusoient le service, rode dans la chambre, en chemise, et pieds nus, culbute tout ce qu'il rencontre, et réveille son maître qui lui dit d'entre ses rideaux : Jacques, tu es ivre. = Ou peu s'en faut. = A quelle heure as-tu résolu de te coucher ? = Tout-à-l'heure, monsieur ; c'est qu'il y a.... c'est qu'il y a.... = Qu'est-ce qu'il y a ? = Dans cette bouteille un reste qui s'éventeroit. J'ai en horreur les bouteilles en vidange ; cela me reviendroit en tête, quand je serois couché ; et il n'en faudroit pas davantage pour m'empêcher de fermer l'œil. Notre hôtesse est par ma foi une excellente femme, et son vin de Champagne un excellent vin ; ce seroit dommage de le laisser éventer.... Le voilà bientôt à couvert.... et il ne s'éventera plus.... Et tout en balbutiant, Jacques, en chemise, et piéds nus, avoit sablé deux ou trois rasades sans ponctuation, comme il s'exprimoit, c'est-à-dire, de la bouteille au verre, du verre à la bouche. Il y a deux versions sur ce qui suivit après qu'il eût éteint les lumières. Les uns prétendent qu'il se mit à tâtonner le long des murs sans pouvoir retrouver son lit, et qu'il disoit : Ma foi, il n'y est plus, ou, s'il y est, il est écrit là-haut que je ne le retrouverai pas ; dans l'un et l'autre cas il faut s'en passer ; et qu'il prit le parti de s'étendre sur des chaises. D'autres, qu'il étoit écrit là-haut qu'il s'embarrasseroit les pieds dans les chaises, qu'il tomberoit sur le carreau, et qu'il y resteroit. De ces deux versions, demain, après-demain, vous choisirez, à tête reposée, celle qui vous conviendra le mieux.

Nos deux voyageurs, qui s'étoient couchés tard et la tête un peu chaude de vin, dormirent la grasse matinée, Jacques à terre ou sur des chaises, selon la version que vous aurez préférée, son maître plus à son aise dans son lit. L'hôtesse monta, et leur annonça que la journée ne seroit pas belle ; mais que, quand le temps leur permettroit de continuer leur route, ils risqueroient leur vie ou seroient arrêtés par le gonflement des eaux du ruisseau qu'ils auroient à traverser; et que plusieurs hommes de cheval, qui n'avoient pas voulu l'en croire, avoient été forcés de rebrousser chemin. Le maître dit à Jacques : Jacques, que ferons-nous ? Jacques répondit : Nous déjeûnerons d'abord avec notre hôtesse : ce qui nous avisera. L'hôtesse jura que c'étoit sagement pensé. On servit à déjeûner. L'hôtesse ne demandoit pas mieux que d'être gaie ; le maître de Jacques s'y seroit prêté ; mais Jacques commençoit à souffrir ; il mangea de mauvaise grâce, il ne but pas, il se tut. Ce dernier symptôme étoit sur-tout fâcheux : c'étoit la suite de la mauvaise nuit qu'il avoit passée, et du mauvais lit qu'il avoit eu. Il se plaignoit de douleurs dans les membres ; sa voix rauque annonçoit un mal de gorge. Son maître lui conseilla de se coucher : il n'en voulut rien faire. L'hôtesse lui proposoit une soupe à l'oignon. Il demanda qu'on fît du feu dans la chambre, car il ressentoit du frisson ; qu'on lui préparât de la tisanne, et qu'on lui apportât une bouteille de vin blanc : ce qui fut exécuté sur-le-champ. Voilà l'hôtesse partie, et Jacques en tête-à-tête avec son maître. Celui-ci alloit à la fenêtre, disoit : Quel diable de temps ! regardoit à sa montre (car c'étoit la seule en qui il eût confiance) quelle heure il étoit, prenoit sa prise de tabac, recommençoit la même chose d'heure en heure, s'écriant à chaque fois : Quel diable de temps ! se tournant vers Jacques et ajoutant : La belle occasion pour reprendre et achever l'histoire de tes amours ! mais on parle mal d'amour et d'autre chose quand on souffre. Vois, tâte-toi, si tu peux continuer, continue ; si-non, bois ta tisanne, et dors.

Jacques prétendit que le silence lui étoit malsain ; qu'il étoit un animal jaseur ; et que ce principal avantage de sa condition, celui qui le touchoit le plus, c'étoit la liberté de se dédommager des douze années de bâillon qu'il avoit passées chez son grand-père, à qui Dieu fasse miséricorde.

LE MAÎTRE.

Parle donc, puisque cela nous fait plaisir à tous deux. Tu en étois à je ne sais quelle proposition mal-honnête de la femme du chirurgien ; il s'agissoit, je crois, d'expulser celui qui servoit au château, et d'y installer son mari.

JACQUES.

M'y voilà ; mais un moment, s'il vous plaît. Humectons.

Jacques remplit un grand gobelet de tisanne, y versa un peu de vin blanc, et l'avala. C'étoit une recette qu'il tenoit de son capitaine, et que M. Tissot, qui la tenoit de Jacques, recommande dans son traité des maladies populaires. Le vin blanc, disoient Jacques et M. Tissot, fait pisser, est diurétique, corrige la fadeur de la tisanne, et soutient le ton de l'estomac et des intestins. Son verre de tisanne bu, Jacques continua :

Me voilà sorti de la maison du chirurgien, monté dans la voiture, arrivé au château, et entouré de tous ceux qui l'habitoient.

LE MAÎTRE.

Est-ce que tu y étois connu ?

JACQUES.

Assurément ! Vous rappelleriez-vous une certaine femme à la cruche d'huile ?

LE MAÎTRE.

Fort bien !

JACQUES.

Cette femme étoit la commissionnaire de l'intendant et des domestiques. Jeanne avoit prôné dans le château l'acte de commisération que j'avois exercé envers elle ; ma bonne œuvre étoit parvenue aux oreilles du maître : on ne lui avoit pas laissé ignorer les coups de pieds et de poings dont elle avoit été récompensée la nuit sur le grand chemin. Il avoit ordonné qu'on me découvrît et qu'on me transportât chez lui. M'y voilà. On me regarde, on m'interroge, on m'admire. Jeanne m'embrassoit et me remercioit. Qu'on le loge commodément, disoit le maître à ses gens, et qu'on ne le laisse manquer de rien ; au chirurgien de la maison : Vous le visiterez assidûment... Tout fut exécuté de point en point. Eh bien ! mon maître, qui sait ce qui est écrit là-haut ? Qu'on dise à présent que c'est bien ou mal fait de donner son argent; que c'est un malheur d'être assommé...Sans ces deux événemens, M. Desglands n'auroit jamais entendu parler de Jacques.

LE MAÎTRE.

M. Desglands, seigneur de Miremont! C'est au château de Miremont que tu es? chez mon vieil ami, le père de M. Desforges, l'intendant de la province?

JACQUES.

Tout juste. Et la jeune brune à la taille légère, aux yeux noirs....

LE MAÎTRE.

Est Denise, la fille de Jeanne?

JACQUES.

Elle-même.

LE MAÎTRE.

Tu as raison, c'est une des plus belles et des plus honnêtes créatures qu'il y ait à vingt lieues à la ronde. Moi, et la plupart de ceux qui fréquentoient le château de Desglands, avoient tout mis en œuvre inutilement pour la séduire; et il n'y en avoit pas un de nous qui n'eût fait de grandes sottises pour elle, à condition d'en faire une petite pour lui.

Jacques cessant ici de parler, son maître lui dit : A quoi penses-tu? Que fais-tu?

JACQUES.

Je fais ma prière.

LE MAÎTRE.

Est-ce que tu pries?

JACQUES.

Quelquefois.

LE MAÎTRE.

Et que dis-tu?

JACQUES.

Je dis : « Toi qui as fait le grand rouleau, quel » que tu sois, et dont le doigt a tracé toute l'écri- » ture qui est là-haut, tu as su de tous les temps » ce qu'il me falloit; que ta volonté soit faite. » *Amen* ».

LE MAÎTRE.

Est-ce que tu ne ferois pas aussi bien de te taire?

JACQUES.

Peut-être que oui, peut-être que non. Je prie à tout hasard; et quoi qu'il m'avînt, je ne m'en réjouirois ni m'en plaindrois, si je me possédois; mais c'est que je suis inconséquent et violent, que j'oublie mes principes ou les leçons de mon capitaine, et que je ris et pleure comme un sot.

LE MAÎTRE.

Est-ce que ton capitaine ne pleuroit point, ne rioit jamais?

JACQUES.

Rarement... Jeanne m'amena sa fille un matin; et s'adressant d'abord à moi, elle me dit : Monsieur, vous voilà dans un beau château, où vous serez un peu mieux que chez votre chirurgien. Dans les commencemens sur-tout; oh! vous serez soigné à ravir; mais je connois les domestiques, il y a assez long-temps que je le suis ; peu-à-peu leur beau zèle se ralentira. Les maîtres ne penseront plus à vous; et si votre maladie dure, vous serez oublié, mais si parfaitement oublié, que s'il vous prenoit fantaisie de mourir de faim, cela vous réussirait.... Puis se tournant vers sa fille : Ecoute, Denise, lui dit-elle, je veux que tu visites cet honnête homme-là quatre fois par jour : le matin, à l'heure du dîner, sur les cinq heures, et à l'heure du souper. Je veux que tu lui obéisses comme à moi. Voilà qui est dit, et n'y manque pas.

LE MAÎTRE.

Sais-tu ce qui lui est arrivé à ce pauvre Desglands ?

JACQUES.

Non, monsieur; mais, si les souhaits que j'ai faits pour sa prospérité n'ont pas été remplis, ce n'est pas faute d'avoir été sincères. C'est lui qui me donna au commandeur de la Boulaye, qui périt en passant à Malte; c'est le commandeur de la Boulaye qui me donna à son frère aîné le capitaine, qui est peut-être mort à présent de la fistule; c'est ce capitaine qui me donna à son frère le plus jeune, l'avocat-général de Toulouse, qui devint fou, et que la famille fit enfermer. C'est

M. Pascal, avocat-général de Toulouse, qui me donna au comte de Tourville, qui aima mieux laisser croître sa barbe sous un habit de capucin que d'exposer sa vie ; c'est le comte de Tourville qui me donna à la marquise du Belloy, qui s'est sauvée à Londres avec un étranger ; c'est la marquise du Belloy qui me donna à un de ses cousins, qui s'est ruiné avec les femmes, et qui a passé aux îles ; c'est ce cousin-là qui me recommanda à un monsieur Hérissant, usurier de profession, qui faisoit valoir l'argent de M. Rusai, docteur de Sorbonne, qui me fit entrer chez mademoiselle Isselin, que vous entreteniez, et qui me plaça chez vous, à qui je devrai un morceau de pain sur mes vieux jours ; car vous me l'avez promis si je vous restois attaché : et il n'y a pas d'apparence que nous nous séparions. Jacques a été fait pour vous, et vous fûtes fait pour Jacques.

LE MAÎTRE.

Mais, Jacques, tu as parcouru bien des maisons en assez peu de temps.

JACQUES.

Il est vrai ; on m'a renvoyé quelquefois.

LE MAÎTRE.

Pourquoi ?

JACQUES.

C'est que je suis né bavard, et que tous ces

gens-là vouloient qu'on se tût. Ce n'étoit pas comme vous, qui me remercieriez demain si je me taisois. J'avois tout juste le vice qui vous convenoit. Mais qu'est-ce donc qui est arrivé à M. Desglands ? dites-moi cela, tandis que je m'apprêterai un coup de tisanne.

LE MAÎTRE.

Tu as demeuré dans son château, et tu n'as jamais entendu parler de son emplâtre !

JACQUES.

Non.

LE MAÎTRE.

Cette aventure-là sera pour la route ; l'autre est courte. Il avoit fait sa fortune au jeu. Il s'attacha à une femme que tu auras pu voir dans son château, femme d'esprit, mais sérieuse, taciturne, originale et dure. Cette femme lui dit un jour : Ou vous m'aimez mieux que le jeu, et en ce cas donnez-moi votre parole d'honneur que vous ne jouerez jamais ; ou vous aimez mieux le jeu que moi, et en ce cas ne me parlez plus de votre passion, et jouez tant qu'il vous plaira... Desglands donna sa parole d'honneur qu'il ne joueroit plus. = Ni gros ni petit jeu. = Ni gros ni petit jeu. Il y avoit environ dix ans qu'ils vivoient ensemble dans le château que tu connois, lorsque Desglands, appelé à la ville par une affaire d'intérêt, eut le malheur de rencontrer chez son notaire une de ses anciennes connoissances de breland, qui l'entraîna à dîner dans un tripot où il perdit en une seule séance tout ce qu'il possédoit. Sa maîtresse fut inflexible ; elle étoit riche; elle fit à Desglands une pension modique, et se sépara de lui pour toujours.

JACQUES.

J'en suis fâché, c'étoit un galant homme.

LE MAÎTRE.

Comment va la gorge ?

JACQUES.

Mal.

LE MAÎTRE.

C'est que tu parles trop, et que tu ne bois pas assez.

JACQUES.

C'est que je n'aime pas la tisanne ; et que j'aime à parler.

LE MAÎTRE.

Eh bien ! Jacques, te voilà chez Desglands, près de Denise, et Denise autorisée par sa mère à te faire au-moins quatre visites par jour. La coquine ! préférer un Jacques !

JACQUES.

Un Jacques ! un Jacques, monsieur, est un homme comme un autre.

LE MAÎTRE.

Jacques, tu te trompes, un Jacques n'est point un homme comme un autre.

JACQUES.

C'est quelquefois mieux qu'un autre.

LE MAÎTRE.

Jacques, vous vous oubliez. Reprenez l'histoire de vos amours, et souvenez-vous que vous n'êtes et que vous ne serez jamais qu'un Jacques.

JACQUES.

Si, dans la chaumière où nous trouvâmes les coquins, Jacques n'avoit pas valu un peu mieux que son maître.....

LE MAÎTRE.

Jacques, vous êtes un insolent; vous abusez de ma bonté. Si j'ai fait la sottise de vous tirer de votre place, je saurai bien vous y remettre. Jacques, prenez votre bouteille et votre coquemard, et descendez là-bas.

JACQUES.

Cela vous plaît à dire, monsieur; je me trouve bien ici, et je ne descendrai pas là-bas.

LE MAÎTRE.

Je te dis que tu descendras.

JACQUES.

Je suis sûr que vous ne dites pas vrai. Comment, monsieur, après m'avoir accoutumé pendant dix ans à vivre de pair à compagnon....

LE MAÎTRE.

Il me plaît que cela cesse.

JACQUES.

Après avoir souffert toutes mes impertinences...

LE MAÎTRE.

Je n'en veux plus souffrir.

JACQUES.

Après m'avoir fait asseoir à table à côté de vous, m'avoir appelé votre ami...

LE MAÎTRE.

Vous ne savez pas ce que c'est que le nom d'ami donné par un supérieur à son subalterne.

JACQUES.

Quand on sait que tous vos ordres ne sont que des clous à soufflet, s'ils n'ont été ratifiés par Jacques ; après avoir si bien accolé votre nom au mien, que l'un ne va jamais sans l'autre, et que tout le monde dit Jacques et son maître ; tout-à-coup il vous plaira de les séparer ! Non, monsieur, cela ne sera pas. Il est écrit là-haut que tant que Jacques vivra, que tant que son maître vivra; et même après qu'ils seront morts tous deux, on dira Jacques et son maître.

LE MAÎTRE.

Et je dis, Jacques, que vous descendrez, et que vous descendrez sur-le-champ, parce que je vous l'ordonne.

JACQUES.

Monsieur, commandez-moi toute autre chose, si vous voulez que je vous obéisse.

Ici le maître de Jacques se leva, le prit à la boutonnière, et lui dit gravement : Descendez.

Jacques lui répondit froidement : Je ne descends pas.

Le maître le secouant fortement, lui dit : Descendez, maroufle ! obéissez-moi.

Jacques lui répliqua plus froidement encore : Maroufle tant qu'il vous plaira ; mais le maroufle ne descendra pas. Tenez, monsieur, ce que j'ai à la tête, comme on dit, je ne l'ai pas au talon. Vous, vous échauffez inutilement, Jacques restera où il est, et ne descendra pas.

Et puis Jacques et son maître, après s'être modérés jusqu'à ce moment, s'échappent tous les deux à-la-fois, et se mettent à crier à tue-tête : Tu descendras. Je ne descendrai pas. Tu descendras. Je ne descendrai pas.

A ce bruit l'hôtesse monta, et s'informa de ce que c'étoit ; mais ce ne fut pas dans le premier instant qu'on lui répondit ; on continua à crier : Tu descendras. Je ne descendrai pas. Ensuite le maître, le cœur gros, se promenant dans la chambre, disoit en grommelant : A-t-on jamais rien vu de pareil ? = L'hôtesse ébahie et debout : Eh bien ! messieurs, de quoi s'agit-il ? = Jacques, sans s'émouvoir, à l'hôtesse : C'est mon maître à qui la tête tourne ; il est fou. = Le maître : C'est bête que tu veux dire ? = Jacques : Tout comme il vous plaira. = Le maître à l'hôtesse : L'avez-vous entendu ? = L'hôtesse : Il a tort ; mais la paix, la paix ; parlez l'un ou l'autre, et que je sache ce dont il s'agit. = Le maître à Jacques : Parle, maroufle. = Jacques à son maître : Parlez vous-même. = L'hôtesse à Jacques : Allons, monsieur Jacques, parlez, votre maître vous l'ordonne ; après tout, un maître est un maître... = Jacques expliqua la chose à l'hôtesse. L'hôtesse, après avoir entendu, leur dit : Messieurs, voulez-vous m'accepter pour arbitre ? = Jacques et son maître, tous les deux à-la-fois : Très-volontiers, très-volontiers, notre hôtesse. = Et vous vous engagez d'honneur à exécuter ma sentence ? = Jacques et son maître : D'honneur, d'honneur..... = Alors l'hôtesse s'asséyant sur la table, et prenant le ton et le maintien d'un grave magistrat, dit :

« Ouï la déclaration de monsieur Jacques, et
» d'après des faits tendant à prouver que son maître

» est un bon, un très-bon, un trop bon maître ;
» et que Jacques n'est point un mauvais servi-
» teur, quoiqu'un peu sujet à confondre la pos-
» session absolue et inamovible avec la conces-
» sion passagère et gratuite, j'annulle l'égalité qui
» s'est établie entre eux par le laps de temps, et
» la recrée sur-le-champ. Jacques descendra ; et
» quand il aura descendu, il remontera ; il ren-
» trera dans toutes les prérogatives dont il a joui
» jusqu'à ce jour. Son maître lui tendra la main,
» et lui dira d'amitié : Bon jour, Jacques ; je suis
» bien aise de vous revoir..... Jacques lui ré-
» pondra : Et moi, monsieur, je suis enchanté de
» vous retrouver..... Et je défends qu'il soit
» jamais question entre eux de cette affaire, et
» que la prérogative de maître et de serviteur soit
» agitée à l'avenir. Voulons que l'un ordonne et
» que l'autre obéisse, chacun de son mieux ; et
» qu'il soit laissé entre ce que l'un peut et ce
» que l'autre doit, la même obscurité que ci-
» devant ».

En achevant ce prononcé qu'elle avoit pillé dans quelqu'ouvrage du temps, publié à l'occasion d'une querelle toute pareille, et où l'on avoit entendu de l'une des extrémités du royaume à l'autre, le maître crier à son serviteur : Tu descendras ! Et le serviteur crier de son côté : Je ne descendrai pas ! Allons, dit-elle à Jacques, vous, donnez-moi le bras sans parlementer davantage.......

Jacques s'écria douloureusement : Il étoit donc écrit là-haut que je descendrais !.... = L'hôtesse à Jacques : Il étoit écrit là-haut qu'au moment où l'on prend maître, on descendra, on montera, on avancera, on reculera, on restera, et cela sans qu'il soit jamais libre aux pieds de se refuser aux ordres de la tête. Qu'on me donne le bras, et que mon ordre s'accomplisse..... = Jacques donna le bras à l'hôtesse ; mais à peine eurent-ils passé le seuil de la chambre, que le maître se précipita sur Jacques, et l'embrassa ; quitta Jacques pour embrasser l'hôtesse ; et les embrassant l'un et l'autre, il disoit : Il est écrit là-haut que je ne me déferai jamais de cet original-là, et que tant que je vivrai il sera mon maître et que je serai son serviteur..... L'hôtesse ajouta ; Et qu'à vue de pays, vous ne vous en trouverez pas plus mal tous deux.

L'hôtesse, après avoir appaisé cette querelle, qu'elle prit pour la première, et qui n'étoit pas la centième de la même espèce, et réinstallé Jacques à sa place, s'en alla à ses affaires, et le maître dit à Jacques : A présent que nous voilà de sang-froid et en état de juger sainement, ne conviendras-tu pas.....

JACQUES.

Je conviendrai que quand on a donné sa parole d'honneur, il faut la tenir ; et puisque nous avons promis au juge sur notre parole d'honneur de ne pas revenir sur cette affaire, il n'en faut plus parler.

LE MAÎTRE.

Tu as raison.

JACQUES.

Mais sans revenir sur cette affaire, ne pourrions-nous pas en prévenir cent autres par quelqu'arrangement raisonnable ?

LE MAÎTRE.

J'y consens.

JACQUES.

Stipulons, 1.° qu'attendu qu'il est écrit là-haut que je vous suis essentiel, et que je sens, que je sais que vous ne pouvez pas vous passer de moi, j'abuserai de ces avantages toutes et quantes fois que l'occasion s'en présentera.

LE MAÎTRE.

Mais, Jacques, on n'a jamais rien stipulé de pareil.

JACQUES.

Stipulé ou non stipulé, cela s'est fait de tous les temps, se fait aujourd'hui, et se fera tant que le monde durera. Croyez-vous que les autres n'aient pas cherché comme vous à se soustraire à ce décret, et que vous serez plus habile qu'eux ? Défaites-vous de cette idée, et soumettez-vous à la loi d'un besoin dont il n'est pas en votre pouvoir de vous affranchir.

Stipulons, 2.° qu'attendu qu'il est aussi impossible à Jacques de ne pas connoître son ascendant et sa force sur son maître, qu'à son maître de méconnoître sa foiblesse et de se dépouiller de son indulgence, il faut que Jacques soit insolent, et que, pour la paix, son maître ne s'en apperçoive pas. Tout cela s'est arrangé à notre insu, tout cela fut scellé là-haut au moment où la nature fit Jacques et son maître. Il fut arrêté que vous auriez le titre, et que j'aurois la chose. Si vous vouliez vous opposer à la volonté de nature, vous n'y feriez que de l'eau claire.

LE MAÎTRE.

Mais, à ce compte, ton lot vaudrait mieux que le mien.

JACQUES.

Qui vous le dispute?

LE MAÎTRE.

Mais, à ce compte, je n'ai qu'à prendre ta place et te mettre à la mienne.

JACQUES.

Savez-vous ce qui en arriveroit? Vous y perdriez le titre, et vous n'auriez pas la chose. Restons comme nous sommes, nous sommes fort bien tous deux; et que le reste de notre vie soit employé à faire un proverbe.

LE MAÎTRE.

Quel proverbe?

JACQUES.

Jacques mène son maître. Nous serons les premiers dont on l'aura dit; mais on le répétera de mille autres qui valent mieux que vous et moi.

LE MAÎTRE.

Cela me semble dur, très-dur.

JACQUES.

Mon maître, mon cher maître, vous allez regimber contre un aiguillon qui n'en piquera que plus vivement. Voilà donc qui est convenu entre nous.

LE MAÎTRE.

Et que fait notre consentement à une loi nécessaire?

JACQUES.

Beaucoup. Croyez-vous qu'il soit inutile de savoir une bonne fois, nettement, clairement, à quoi s'en tenir? Toutes nos querelles ne sont venues jusqu'à présent que parce que nous ne nous étions pas encore bien dit, vous, que vous vous appelleriez mon maître, et que c'est moi qui serois le vôtre. Mais voilà qui est entendu; et nous n'avons plus qu'à cheminer en conséquence.

LE MAÎTRE.

Mais où diable as-tu appris tout cela?

JACQUES.

Dans le grand livre. Ah! mon maître, on a beau réfléchir, méditer, étudier dans tous les livres du monde, on n'est jamais qu'un petit clerc quand on n'a pas lu dans le grand livre...

L'après-dîner, le soleil s'éclaircit. Quelques voyageurs assurèrent que le ruisseau étoit guéable. Jacques descendit; son maître paya l'hôtesse très-largement. Voilà à la porte de l'auberge un assez grand nombre de passagers que le mauvais temps y avoit retenus, se préparant à continuer leur route; parmi ces passagers, Jacques et son maître, l'homme au mariage saugrenu et son compagnon. Les piétons ont pris leurs bâtons et leurs bissacs; d'autres s'arrangent dans leurs fourgons ou leurs voitures; les cavaliers sont sur leurs chevaux, et boivent le vin de l'étrier. L'hôtesse affable tient une bouteille à la main, présente des verres, et les remplit, sans oublier le sien; on lui dit des choses obligeantes; elle y répond avec politesse et gaîté. On pique des deux, on se salue, et l'on s'éloigne.

Il arriva que Jacques et son maître, le marquis des Arcis et son compagnon de voyage, avoient la même à route à faire. De ces quatre personnages il n'y a que ce dernier qui ne vous soit pas connu. Il avoit à peine atteint l'âge de vingt-deux ou de vingt-trois ans. Il étoit d'une timidité qui se peignoit sur son visage ; il portoit sa tête un peu penchée sur l'épaule gauche ; il étoit silencieux, et n'avoit presqu'aucun usage du monde. S'il faisoit la révérence, il inclinoit la partie supérieure de son corps sans remuer ses jambes ; assis, il avoit le tic de prendre les basques de son habit, et de les croiser sur ses cuisses ; de tenir ses mains dans les fentes, et d'écouter ceux qui parloient, les yeux presque fermés. A cette allure singulière Jacques le déchiffra ; et s'approchant de l'oreille de son maître, il lui dit : Je gage que ce jeune homme a porté l'habit de moine ? = Et pourquoi cela, Jacques ? = Vous verrez.

Nos quatre voyageurs allèrent de compagnie, s'entretenant de la pluie, du beau temps, de l'hôtesse, de l'hôte, de la querelle du marquis des Arcis, au sujet de Nicole. Cette chienne affamée et mal-propre venoit sans cesse s'essuyer à ses bas ; après l'avoir inutilement chassée plusieurs fois avec sa serviette, d'impatience il lui avoit détaché un assez violent coup de pied.... Et voilà tout de suite la conversation tournée sur cet attachement singulier des femmes pour les animaux. Chacun en dit son avis. Le maître de Jacques, s'adressant à Jacques, lui dit : Et toi, Jacques, qu'en penses-tu ?

Jacques demanda à son maître s'il n'avoit pas remarqué que, quelle que fût la misère des petites gens, n'ayant pas de pain pour eux, ils avoient tous des chiens; s'il n'avoit pas remarqué que ces chiens, étant tous instruits à faire des tours, à marcher à deux pattes, à danser, à rapporter, à sauter pour le roi, pour la reine, à faire le mort, cette éducation les avoit rendus les plus malheureuses bêtes du monde. D'où il conclut que tout homme vouloit commander à un autre; et que l'animal se trouvant dans la société immédiatement au-dessous de la classe des derniers citoyens commandés par toutes les autres classes, ils prenoient un animal pour commander aussi à quelqu'un? Eh bien! dit Jacques, chacun a son chien. Le ministre est le chien du roi, le premier commis est le chien du ministre, la femme est le chien du mari, ou le mari le chien de la femme; Favori est le chien de celle-ci, et Thibaud est le chien de l'homme du coin. Lorsque mon maître me fait parler quand je voudrois me taire, ce qui, à la vérité, m'arrive rarement, continua Jacques; lorsqu'il me fait taire quand je voudrois parler, ce qui est très-difficile; lorsqu'il me demande l'histoire de mes amours, et que j'aimerois mieux causer d'autre chose; lorsque j'ai commencé l'histoire de mes amours, et qu'il l'interrompt: que suis-je autre chose que son chien? les hommes foibles sont les chiens des hommes fermes.

LE MAÎTRE.

Mais, Jacques, cet attachement pour les animaux, je ne le remarque pas seulement dans les petites gens ; je connois de grandes dames entourées d'une meute de chiens, sans compter les chats, les perroquets, les oiseaux.

JACQUES.

C'est leur satire et celle de ce qui les entoure. Elles n'aiment personne ; personne ne les aime : et elles jettent aux chiens un sentiment dont elles ne savent que faire.

LE MARQUIS DES ARCIS.

Aimer les animaux ou jeter son cœur aux chiens, cela est singulièrement vû.

LE MAÎTRE.

Ce qu'on donne à ces animaux-là suffiroit à la nourriture de deux ou trois malheureux.

JACQUES.

A présent en êtes-vous surpris ?

LE MAÎTRE.

Non.

Le marquis des Arcis tourna les yeux sur Jacques, sourit de ses idées ; puis, s'adressant à son maître, il lui dit : Vous avez là un serviteur qui n'est pas ordinaire.

LE MAÎTRE.

Un serviteur ! vous avez bien de la bonté : c'est

Jacques le Fataliste. M

moi qui suis le sien ; et peu s'en est fallu que ce matin, pas plus tard, il ne me l'ait prouvé en forme.

Tout en causant on arriva à la couchée, et l'on fit chambrée commune. Le maître de Jacques et le marquis des Arcis soupèrent ensemble. Jacques et le jeune homme furent servis à part. Le maître ébaucha en quatre mots au marquis l'histoire de Jacques et son tour de tête fataliste. Le marquis parla du jeune homme qui le suivoit. Il avoit été Prémontré. Il étoit sorti de sa maison par une aventure bizarre ; des amis le lui avoient recommandé ; et il en avoit fait son secrétaire en attendant mieux. Le maître de Jacques dit : Cela est plaisant. = Le marquis des Arcis : Et que trouvez-vous de plaisant à cela ? = Je parle de Jacques. = A peine sommes-nous entrés dans le logis que nous venons de quitter, que Jacques m'a dit à voix basse : Monsieur, regardez bien ce jeune homme, je gagerois qu'il a été moine. = Le marquis : Il a rencontré juste, je sais sur quoi. Vous couchez-vous de bonne heure ? = Non, pas ordinairement ; et ce soir j'en suis d'autant moins pressé que nous n'avons fait que demi-journée. = Le marquis des Arcis : Si vous n'avez rien qui vous occupe plus utilement ou plus agréablement, je vous raconterai l'histoire de mon secrétaire ; elle n'est pas commune. = Le maître : Je l'écouterai volontiers. =

Je vous entends, lecteur; vous me dites : Et les amours de Jacques ?.... Croyez-vous que je n'en sois pas aussi curieux que vous ? Avez-vous oublié que Jacques aimoit à parler, et sur-tout à parler de lui ; manie générale des gens de son état ; manie qui les tire de leur abjection, qui les place dans la tribune, et qui les transforme tout-à-coup en personnages intéressans ? Quel est, à votre avis, le motif qui attire la populace aux exécutions publiques ? L'inhumanité ? Vous vous trompez : le peuple n'est point inhumain ; ce malheureux autour de l'échafaud duquel il s'attroupe, il l'arracheroit des mains de la justice s'il le pouvoit. Il va chercher en Grève une scène qu'il puisse raconter à son retour dans le fauxbourg ; celle-là ou une autre, cela lui est indifférent, pourvu qu'il fasse un rôle, qu'il rassemble ses voisins, et qu'il s'en fasse écouter. Donnez au boulevard une fête amusante ; et vous verrez que la place des exécutions sera vide. Le peuple est avide de spectacles, et y court, parce qu'il est amusé quand il en jouit, et qu'il est encore amusé par le récit qu'il en fait quand il en est revenu. Le peuple est terrible dans sa fureur ; mais elle ne dure pas. Sa misère propre l'a rendu compatissant ; il détourne les yeux du spectacle d'horreur qu'il est allé chercher ; il s'attendrit, il s'en retourne en pleurant.... Tout ce que je vous débite là, lecteur, je le tiens de Jacques, je vous l'avoue, parce que je n'aime pas à me faire hon-

neur de l'esprit d'autrui. Jacques ne connoissoit ni
le nom de vice, ni le nom de vertu; il prétendoit
qu'on étoit heureusement ou malheureusement né.
Quand il entendoit prononcer les mots récompen-
ses ou châtimens, il haussoit les épaules. Selon lui
la récompense étoit l'encouragement des bons ; le
châtiment, l'effroi des méchans. Qu'est-ce autre
chose, disoit-il, s'il n'y a point de liberté, et
que notre destinée soit écrite là-haut? Il croyoit
qu'un homme s'acheminoit aussi nécessairement
à la gloire ou à l'ignominie, qu'une boule qui auroit
la conscience d'elle-même suit la pente d'une montagne ; et que, si l'enchaînement des causes et des
effets qui forment la vie d'un homme depuis le premier instant de sa naissance jusqu'à son dernier
soupir nous étoit connu , nous resterions con-
vaincus qu'il n'a fait que ce qu'il étoit nécessaire
de faire. Je l'ai plusieurs fois contredit, mais sans
avantage et sans fruit. En effet, que répliquer à
celui qui vous dit : Quelle que soit la somme des
élémens dont je suis composé, je suis un ; or une
cause une n'a qu'un effet; j'ai toujours été une
cause une ; je n'ai donc jamais eu qu'un effet à
produire ; ma durée n'est donc qu'une suite d'effets
nécessaires. C'est ainsi que Jacques raisonnoit d'a-
près son capitaine. La distinction d'un monde physique et d'un monde moral lui sembloit vide de
sens. Son capitaine lui avoit fourré dans la tête
toutes ces opinions qu'il avoit puisées, lui, dans

son Spinosa qu'il savoit par cœur. D'après ce système, on pourroit imaginer que Jacques ne se réjouissoit, ne s'affligeoit de rien ; cela n'étoit pourtant pas vrai. Il se conduisoit à-peu-près comme vous et moi. Il remercioit son bienfaiteur, pour qu'il lui fît encore du bien. Il se mettoit en colère contre l'homme injuste ; et quand on lui objectoit qu'il ressembloit alors au chien qui mord la pierre qui l'a frappé : nenni ; disoit-il, la pierre mordue par le chien ne se corrige pas ; l'homme injuste est modifié par le bâton. Souvent il étoit inconséquent comme vous et moi, et sujet à oublier ses principes, excepté dans quelques circonstances où sa philosophie le dominoit évidemment ; c'étoit alors qu'il disoit : Il falloit que cela fût, car cela étoit écrit là-haut. Il tâchoit à prévenir le mal ; il étoit prudent avec le plus grand mépris pour la prudence. Lorsque l'accident étoit arrivé, il en revenoit à son refrein ; et il étoit consolé. Du reste bon homme, franc, honnête, brave, attaché, fidèle, très-têtu, encore plus bavard, et affligé comme vous et moi d'avoir commencé l'histoire de ses amours sans presque aucun espoir de la finir. Ainsi je vous conseille, lecteur, de prendre votre parti ; et au défaut des amours de Jacques, de vous accommoder des aventures du secrétaire du marquis des Arcis. D'ailleurs, je le vois, ce pauvre Jacques, le cou entortillé d'un large mouchoir ; sa gourde, ci-devant pleine de bon vin, ne con-

-tenant que de la tisanne; toussant, jurant contre l'hôtesse qu'ils ont quittée, et contre son vin de Champagne, ce qu'il ne feroit pas s'il se ressouvenoit que tout est écrit là-haut, même son rhume. Et puis, lecteur, toujours des contes d'amour; un, deux, trois, quatre contes d'amour que je vous ai faits; trois ou quatre autres contes d'amour qui vous reviennent encore : ce sont beaucoup de contes d'amour. Il est vrai d'un autre côté que, puisqu'on écrit pour vous, il faut ou se passer de votre applaudissement, ou vous servir à votre goût, et que vous l'avez bien décidé pour les contes d'amour. Toutes vos nouvelles en vers ou en prose sont des contes d'amour; presque tous vos poëmes, élégies, églogues, idylles, chansons, épîtres, comédies, tragédies, opéra, sont des contes d'amour. Presque toutes vos peintures et vos sculptures ne sont que des contes d'amour. Vous êtes aux contes d'amour pour toute nourriture depuis que vous existez, et vous ne vous en lassez point. L'on vous tient à ce régime et l'on vous y tiendra long-temps encore, hommes et femmes, grands et petits enfans, sans que vous vous en lassiez. En vérité cela est merveilleux. Je voudrois que l'histoire du secrétaire du marquis des Arcis fût encore un conte d'amour; mais j'ai peur qu'il n'en soit rien, et que vous n'en soyez ennuyé. Tant pis pour le marquis des Arcis, pour le maître de Jacques, pour vous, lecteur, et pour moi.

Il vient un moment où presque toutes les jeunes filles et les jeunes garçons tombent dans la mélancolie ; ils sont tourmentés d'une inquiétude vague qui se promène sur tout, et qui ne trouve rien qui la calme. Ils cherchent la solitude ; ils pleurent ; le silence des cloîtres les touche ; l'image de la paix qui semble régner dans les maisons religieuses les séduit. Ils prennent pour la voix de Dieu qui les appelle à lui les premiers efforts d'un tempérament qui se développe : et c'est précisément lorsque la nature les sollicite, qu'ils embrassent un genre de vie contraire au vœu de la nature. L'erreur ne dure pas ; l'expression de la nature devient plus claire : on la reconnoît ; et l'être sequestré tombe dans les regrets, la langueur, les vapeurs, la folie ou le désespoir.... Tel fut le préambule du marquis des Arcis. Dégoûté du monde à l'âge de dix-sept ans, Richard (c'est le nom de mon secrétaire) se sauva de la maison paternelle, et prit l'habit de Prémontré.

LE MAÎTRE.

De Prémontré ? Je lui en sais gré. Ils sont blancs comme des cygnes, et Saint-Norbert qui les fonda n'omit qu'une chose dans ses constitutions....

LE MARQUIS DES ARCIS.

D'assigner un vis-à-vis à chacun de ses religieux.

LE MAÎTRE.

Si ce n'étoit pas l'usage des amours d'aller tout

nus, ils se déguiseroient en Prémontrés. Il règne dans cet Ordre une politique singulière. On vous permet la duchesse, la marquise, la comtesse, la présidente, la conseillère, même la financière, mais point la bourgeoise ; quelque jolie que soit la marchande, vous verrez rarement un Prémontré dans une boutique.

LE MARQUIS DES ARCIS.

C'est ce que Richard m'avoit dit. Richard auroit fait ses vœux après les deux ans de noviciat, si ses parens ne s'y étoient opposés. Son père exigea qu'il rentreroit dans la maison, et que là il lui seroit permis d'éprouver sa vocation, en observant toutes les règles de la vie monastique pendant une année : traité qui fut fidèlement rempli de part et d'autre. L'année d'épreuve, sous les yeux de sa famille, écoulée, Richard demanda à faire ses vœux. Son père lui répondit : Je vous ai accordé une année pour prendre une dernière résolution, j'espère que vous ne m'en refuserez pas une pour la même chose ; je consens seulement que vous alliez la passer où il vous plaira. En attendant la fin de ce second délai, l'abbé de l'Ordre se l'attacha. C'est dans cet intervalle qu'il fut impliqué dans une de ces aventures qui n'arrivent que dans les couvens. Il y avoit alors à la tête d'une des maisons de l'Ordre un supérieur d'un caractère extraordinaire : il s'appeloit le Père Hudson. Le Père

Hudson avoit la figure la plus intéressante : un grand front, un visage ovale, un nez aquilin, de grands yeux bleus, de belles dents, le souris le plus fin, une tête couverte d'une forêt de cheveux blancs, qui ajoutoient la dignité à l'intérêt de sa figure ; de l'esprit, des connoissances, de la gaîté, le maintien et le propos le plus honnête, l'amour de l'ordre, celui du travail ; mais les passions les plus fougueuses, mais le goût le plus effréné des plaisirs et des femmes, mais le génie de l'intrigue porté au dernier point, mais les mœurs les plus dissolues, mais le despotisme le plus absolu dans sa maison. Lorsqu'on lui en donna l'administration, elle étoit infectée d'un jansénisme ignorant ; les études s'y faisoient mal, les affaires temporelles étoient en désordre, les devoirs religieux y étoient tombés en désuétude, les offices divins s'y célébroient avec indécence, les logemens superflus y étoient occupés par des pensionnaires dissolus. Le Père Hudson convertit ou éloigna les jansénistes, présida lui-même aux études, rétablit le temporel, remit la règle en vigueur, expulsa les pensionnaires scandaleux, introduisit dans la célébration des offices la régularité et la bienséance, et fit de sa communauté une des plus édifiantes. Mais cette austérité à laquelle il assujettissoit les autres, lui, s'en dispensoit ; ce joug de fer sous lequel il tenoit ses subalternes, il n'étoit pas assez dupe pour le partager ; aussi étoient-ils animés contre le Père

Hudson d'une fureur renfermée qui n'en étoit que plus violente et plus dangereuse. Chacun étoit son ennemi et son espion ; chacun s'occupoit en secret à percer les ténèbres de sa conduite ; chacun tenoit un état séparé de ses désordres cachés ; chacun avoit résolu de le perdre ; il ne faisoit pas une démarche qui ne fût suivie ; ses intrigues étoient à peine nouées, qu'elles étoient connues.

L'abbé de l'ordre avoit une maison attenante au monastère. Cette maison avoit deux portes, l'une qui s'ouvroit dans la rue, l'autre dans le cloître ; Hudson en avoit forcé les serrures ; l'abbatiale étoit devenue le réduit de ces scènes nocturnes, et le lit de l'abbé celui de ses plaisirs. C'étoit par la porte de la rue, lorsque la nuit étoit avancée, qu'il introduisoit lui-même, dans les appartemens de l'abbé, des femmes de toutes les conditions ; c'étoit là qu'on faisoit des soupers délicats. Hudson avoit un confessionnal, et il avoit corrompu toutes celles d'entre ses pénitentes qui en valoient la peine. Parmi ces pénitentes il y avoit une petite confiseuse qui faisoit bruit dans le quartier, par sa coquetterie et ses charmes ; Hudson, qui ne pouvoit fréquenter chez elle, l'enferma dans son sérail. Cette espèce de rapt ne se fit pas sans donner des soupçons aux parens et à l'époux. Ils lui rendirent visite. Hudson les reçut avec un air consterné. Comme ces bonnes gens étoient en train de lui exposer leur chagrin, la cloche sonne ; c'étoit à six heures du soir ; Hudson leur impose silence, ôte son chapeau, se lève, fait un signe de croix, et dit d'un ton affectueux et pénétré : *Angelus Domini nuntiavit Mariæ*.... Et voilà le père de la confiseuse et ses frères honteux de leur soupçon, qui disoient, en descendant l'escalier, à l'époux : Mon fils, vous êtes un sot... Mon frère, n'avez-vous point de honte ? Un homme qui dit l'*Angelus*, un saint !

Un soir, en hiver, qu'il s'en retournoit à son couvent, il fut attaqué par une de ces créatures qui sollicitent les passans ; elle lui paroît jolie : il la suit ; à peine est-il entré, que le guet survient. Cette aventure en auroit perdu un autre ; mais Hudson étoit homme de tête, et cet accident lui concilia la bienveillance et la protection du magistrat de police. Conduit en sa présence, voici comment il lui parla : Je m'appelle Hudson, je suis le supérieur de ma maison. Quand j'y suis entré tout étoit en désordre ; il n'y avoit ni science, ni discipline, ni mœurs ; le spirituel y étoit négligé jusqu'au scandale ; le dégât du temporel menaçoit la maison d'une ruine prochaine. J'ai tout rétabli ; mais je suis homme, et j'ai mieux aimé m'adresser à une femme corrompue, que de m'adresser à une honnête femme. Vous pouvez à présent disposer de moi comme il vous plaira.... Le magistrat lui recommanda d'être plus circonspect à l'avenir, lui promit le secret sur cette aventure, et lui témoigna le desir de le connoître plus intimement.

Cependant les ennemis dont il étoit environné avoient, chacun de leur côté, envoyé au général de l'Ordre des mémoires, où ce qu'ils savoient de la mauvaise conduite d'Hudson étoit exposé. La confrontation de ces mémoires en augmentoit la force. Le général étoit janséniste, et par conséquent disposé à tirer vengeance de l'espèce de persécution qu'Hudson avoit exercée contre les adhérens à ses opinions. Il auroit été enchanté d'étendre le reproche des mœurs corrompues d'un seul défenseur de la bulle et de la morale relâchée sur la secte entière. En conséquence il remit les différens mémoires des faits et gestes d'Hudson entre les mains de deux commissaires qu'il dépêcha secrètement, avec ordre de procéder à leur vérification et de la constater juridiquement ; leur enjoignant sur-tout de mettre à la conduite de cette affaire la plus grande circonspection, le seul moyen d'accabler subitement le coupable, et de le soustraire à la protection de la cour et du Mirepoix, aux yeux duquel le jansénisme étoit le plus grand de tous les crimes, et la soumission à la bulle *unigenitus*, la première des vertus. Richard, mon secrétaire, fut un des deux commissaires.

Voilà ces deux hommes partis du noviciat, installés dans la maison d'Hudson, et procédant sourdement aux informations. Ils eurent bientôt recueilli une liste de plus de forfaits qu'il n'en falloit pour mettre cinquante moines dans l'*in pace*. Leur séjour avoit été long, mais leur menée si adroite qu'il n'en étoit rien transpiré. Hudson, tout fin qu'il étoit, touchoit au moment de sa perte, qu'il n'en avoit pas le moindre soupçon. Cependant le peu d'attention de ces nouveaux venus à lui faire la cour, le secret de leur voyage, leurs sorties tantôt ensemble, tantôt séparés ; leurs fréquentes conférences avec les autres religieux, l'espèce de gens qu'ils visitoient et dont ils étoient visités, lui causèrent quelque inquiétude. Il les épia, il les fit épier ; et bientôt l'objet de leur mission fut évident pour lui. Il ne se déconcerta point ; il s'occupa profondément de la manière, non d'échapper à l'orage qui le menaçoit, mais de l'attirer sur la tête des deux commissaires : et voici le parti très-extraordinaire auquel il s'arrêta.

Il avoit séduit une jeune fille qu'il tenoit cachée dans un petit logement du fauxbourg Saint-Médard. Il court chez elle, et lui tient le discours suivant : Mon enfant, tout est découvert, nous sommes perdus ; avant huit jours vous serez renfermée, et j'ignore ce qu'il sera fait de moi. Point de désespoir, point de cris ; remettez-vous de votre trouble. Écoutez-moi, faites ce que je vous dirai, faites-le bien, je me charge du reste. Demain je pars pour la campagne. Pendant mon absence, allez trouver deux religieux que je vais vous nommer. (Et il lui nomma les deux commissaires,) Demandez à leur parler en secret. Seule avec eux, jetez-vous à leurs genoux, implorez leur secours, implorez leur justice, implorez leur médiation auprès du général, sur l'esprit duquel vous savez qu'ils peuvent beaucoup; pleurez, sanglotez, arrachez-vous les cheveux ; et en pleurant, sanglotant, vous arrachant les cheveux, racontez-leur toute notre histoire, et la racontez de la manière la plus propre à inspirer de la commisération pour vous, de l'horreur contre moi. = Comment, monsieur, je leur dirai.... = Oui, vous leur direz qui vous êtes, à qui vous appartenez, que je vous ai séduite au tribunal de la confession, enlevée d'entre les bras de vos parens, et reléguée dans la maison où vous êtes. Dites qu'après vous avoir ravi l'honneur et précipitée dans le crime, je vous ai abandonnée à la misère ; dites que vous ne savez plus que devenir. = Mais, Père.... = Exécutez ce que je vous prescris, et ce qui me reste à vous prescrire, ou résolvez votre perte et la mienne. Ces deux moines ne manqueront pas de vous plaindre, de vous assurer leur assistance, et de vous demander un second rendez-vous que vous leur accorderez. Ils s'informeront de vous et de vos parens, et comme vous ne leur aurez rien dit qui ne soit vrai, vous ne pouvez leur devenir suspecte. Après cette première et leur seconde entrevue, je vous prescrirai ce que vous aurez à faire à la troisième. Songez seulement à bien jouer votre rôle.

Tout se passa comme Hudson l'avoit imaginé.

Il fit un second voyage. Les deux commissaires en instruisent la jeune fille ; elle revint dans la maison. Ils lui redemandèrent le récit de sa malheureuse histoire. Tandis qu'elle racontoit à l'un, l'autre prenoit des notes sur ses tablettes. Ils gémirent sur son sort, l'instruisirent de la désolation de ses parens, qui n'étoit que trop réelle, et lui promirent sûreté pour sa personne et prompte vengeance de son séducteur ; mais à la condition qu'elle signeroit sa déclaration. Cette proposition parut d'abord la révolter ; on insista : elle consentit. Il n'étoit plus question que du jour, de l'heure, et de l'endroit où se dresseroit cet acte, qui demandoit du temps et de la commodité.... Où nous sommes, cela ne se peut ; si le prieur revenoit, et qu'il m'apperçût... Chez moi, je n'oserois vous le proposer.... Cette fille et les commissaires se séparèrent, s'accordant réciproquement du temps pour lever ces difficultés.

Dès le jour même, Hudson fut informé de ce qui s'étoit passé. Le voilà au comble de la joie ; il touche au moment de son triomphe ; bientôt il apprendra à ces blancs-becs à quel homme ils ont affaire. Prenez la plume, dit-il à la jeune fille, et donnez-leur rendez-vous dans l'endroit que je vais vous indiquer. Ce rendez-vous leur conviendra, j'en suis sûr. La maison est honnête, et la femme qui l'occupe jouit, dans son voisinage, et parmi les autres locataires, de la meilleure réputation.

Cette femme étoit cependant une de ces intrigantes secrètes qui jouent la dévotion, qui s'insinuent dans les meilleures maisons, qui ont le ton doux, affectueux, patelin, et qui surprennent la confiance des mères et des filles, pour les amener au désordre. C'étoit l'usage qu'Hudson faisoit de celle-ci ; c'étoit sa marcheuse ? Mit-il, ne mit-il pas l'intrigante dans le secret ? c'est ce que j'ignore.

En effet, les deux envoyés du général acceptent le rendez-vous. Les y voilà avec la jeune fille. L'intrigante se retire. On commençoit à verbaliser, lorsqu'il se fait un grand bruit dans la maison. = Messieurs, à qui en voulez-vous ? = Nous en voulons à la dame Simion. (C'étoit le nom de l'intrigante.) = Vous êtes à sa porte. On frappe violemment à sa porte. Messieurs, dit la jeune fille aux deux religieux, répondrai-je ? = Répondez. = Ouvrirai-je ? = Ouvrez.... Celui qui parloit ainsi étoit un commissaire avec lequel Hudson étoit en liaison intime ; car qui ne connoissoit-il pas ? Il lui avoit révélé son péril et dicté son rôle. Ah ! ah ! dit le commissaire en entrant, deux religieux en tête-à-tête avec une fille ! Elle n'est pas mal. = La jeune fille s'étoit si indécemment vêtue, qu'il étoit impossible de se méprendre à son état et à ce qu'elle pouvoit avoir à démêler avec deux moines dont le plus âgé n'avoit pas trente ans. Ceux-ci protestoient de leur innocence. Le commissaire ricanoit en passant la main sous le menton de la jeune fille qui s'étoit jetée à ses pieds et qui demandoit grâce. Nous sommes en lieu honnête, disoient les moines. = Oui, oui, en lieu honnête, disoit le commissaire. = Qu'ils étoient venus pour affaire importante. = L'affaire importante qui conduit ici, nous la connoissons. Mademoiselle, parlez. = Monsieur le commissaire, ce que ces messieurs vous assurent est la pure vérité..... = Cependant, le commissaire verbalisoit à son tour, et comme il n'y avoit rien dans son procès-verbal, que l'exposition pure et simple du fait, les deux moines furent obligés de signer. En descendant ils trouvèrent tous les locataires sur les paliers de leurs appartemens, à la porte de la maison une populace nombreuse, un fiacre, des archers qui les mirent dans le fiacre, au bruit confus de l'invective et des huées. Ils s'étoient couvert le visage de leurs manteaux, ils se désoloient. Le commissaire perfide s'écrioit : Eh! pourquoi, mes Pères, fréquenter ces endroits et ces créatures-là? Cependant ce ne sera rien; j'ai ordre de la police de vous déposer entre les mains de votre supérieur, qui est un galant homme, indulgent; il ne mettra pas à cela plus d'importance que cela ne vaut. Je ne crois pas qu'on en use dans vos maisons comme chez les cruels Capucins. Si vous aviez affaire à des Capucins, ma foi, je vous plaindrois.... Tandis que le commissaire leur parloit, le fiacre s'acheminoit vers le couvent, la foule grossissoit, l'entouroit, le précédoit, et le suivoit à toutes jambes. On entendoit ici : Qu'est-ce ?... Là : Ce sont des moines. = Qu'ont-ils fait ? = On les a pris chez des filles. = Des Prémontrés chez des filles ! = Et oui ; ils courent sur les brisées des Carmes et des Cordeliers.... Les voilà arrivés. Le commissaire descend, frappe à la porte, frappe encore, frappe une troisième fois ; enfin elle s'ouvre. On avertit le supérieur Hudson, qui se fait attendre une demi-heure au-moins, afin de donner au scandale tout son éclat. Il paroît enfin. Le commissaire lui parle à l'oreille ; le commissaire a l'air d'intercéder ; Hudson de rejeter durement sa prière ; enfin, celui-ci prenant un visage sévère et un ton ferme, lui dit : Je n'ai point de religieux dissolu dans ma maison ; ces gens-là sont deux étrangers qui me sont inconnus, peut-être deux coquins déguisés, dont vous pouvez faire tout ce qu'il vous plaira.... A ces mots, la porte se ferme ; le commissaire remonte dans la voiture, et dit à nos deux pauvres diables plus morts que vifs : J'y ai fait tout ce que j'ai pu ; je n'aurois jamais cru le Père Hudson si dur. Aussi, pourquoi diable aller chez des filles ? = Si celle avec laquelle vous nous avez trouvés en est une, ce n'est point le libertinage qui nous a menés chez elle. = Ah ! ah ! mes Pères ; et c'est à un vieux commissaire que vous dites cela ! Qui êtes-vous ?

= Nous sommes religieux ; et l'habit que nous portons est le nôtre. = Songez que demain il faudra que votre affaire s'éclaircisse ; parlez vrai : je puis peut-être vous servir. = Nous vous avons dit vrai.... Mais où allons-nous ! = Au petit châtelet. = Au petit châtelet ! = En prison ! = J'en suis désolé...

Ce fut en effet là que Richard et son compagnon furent déposés ; mais le dessein d'Hudson n'étoit pas de les y laisser. Il étoit monté en chaise de poste ; il étoit arrivé à Versailles ; il parloit au ministre ; il lui traduisoit cette affaire comme il lui convenoit. Voilà, monseigneur, à quoi l'on s'expose lorsqu'on introduit la réforme dans une maison dissolue, et qu'on en chasse les hérétiques. Un moment plus tard, j'étois perdu, j'étois déshonoré. La persécution n'en restera pas là ; toutes les horreurs dont il est possible de noircir un homme de bien, vous les entendrez ; mais j'espère, monseigneur, que vous vous rappellerez que notre général.... = Je sais, je sais, et je vous plains. Les services que vous avez rendus à l'église et à votre ordre, ne seront point oubliés. Les élus du seigneur ont de tous les temps été exposés à des disgrâces : ils ont su les supporter ; il faut savoir imiter leur courage. Comptez sur les bienfaits et la protection du roi. Les moines ! les moines ! je l'ai été, et j'ai connu par expérience ce dont ils sont capables. = Si le bonheur de l'église et de l'état vouloit que votre éminence me survécût, je persévérerois sans crainte. = Je ne tarderai pas à vous tirer de là. Allez. = Non, monseigneur, non, je ne m'éloignerai pas sans un ordre exprès qui délivre ces deux mauvais religieux... = Je vois que l'honneur de la religion et de votre habit vous touche au point d'oublier des injures personnelles ; cela est tout-à-fait chrétien, et j'en suis édifié sans en être surpris d'un homme tel que vous. Cette affaire n'aura point d'éclat. = Ah ! monseigneur, vous comblez mon âme de joie ! dans ce moment c'est tout ce que je redoutois. = Je vais travailler à cela.

Dès le soir même Hudson eut l'ordre d'élargissement, et le lendemain Richard et son compagnon, dès la pointe du jour, étoient à vingt lieues de Paris, sous la conduite d'un exempt qui les remit dans la maison professe. Il étoit aussi porteur d'une lettre qui enjoignoit au général de cesser de pareilles menées, et d'imposer la peine claustrale à nos deux religieux.

Cette aventure jeta la consternation parmi les ennemis d'Hudson ; il n'y avoit pas un moine dans sa maison, que son regard ne fît trembler. Quelques mois après il fut pourvu d'une riche abbaye. Le général en conçut un dépit mortel. Il étoit vieux, et il y avoit tout à craindre que l'abbé Hudson ne lui succédât. Il aimoit tendrement Richard. Mon pauvre ami, lui dit-il un jour, que deviendrois-tu si tu tombois sous l'autorité du scélérat Hudson ? J'en suis effrayé. Tu n'es point engagé ; si tu m'en croyois, tu quitterois l'habit. Richard suivit ce conseil, et revint dans la maison paternelle, qui n'étoit pas éloignée de l'abbaye possédée par Hudson.

Hudson et Richard fréquentant les mêmes maisons, il étoit impossible qu'ils ne se rencontrassent pas, et en effet ils se rencontrèrent. Richard étoit un jour chez la dame d'un château, situé entre Châlons et Saint-Dizier, mais plus près de Saint-Dizier que de Châlons, et à une portée de fusil de l'abbaye d'Hudson. La dame lui dit : Nous avons ici votre ancien prieur : il est très aimable, mais, au fond, quel homme est-ce ? = Le meilleur des amis, et le plus dangereux des ennemis. = Est-ce que vous ne seriez pas tenté de le voir ? = Nullement.... A peine eut-il fait cette réponse, qu'on entendit le bruit d'un cabriolet qui entroit dans les cours, et qu'on en vit descendre Hudson avec une des plus belles femmes du canton. Vous le verrez malgré que vous en ayez, lui dit la dame du château, car c'est lui.

La dame du château et Richard vont au-devant de la dame du cabriolet et de l'abbé Hudson. Les dames s'embrassent ; Hudson, en s'approchant de Richard, et le reconnoissant, s'ecrie : Eh ! c'est vous, mon cher Richard ? Vous avez voulu me perdre, je vous le pardonne ; pardonnez-moi votre visite au petit châtelet, et n'y pensons plus. = Convenez, monsieur l'abbé, que vous étiez un grand vaurien. = Cela se peut. = Que, si l'on vous avoit rendu justice, la visite au châtelet, ce n'est pas moi, que c'est vous qui l'auriez faite. = Cela se peut..... C'est, je crois, au péril que je courus alors, que je dois mes nouvelles mœurs. Ah ! mon cher Richard, combien cela m'a fait réfléchir, et que je suis changé ! = Cette femme avec laquelle vous êtes venu est charmante. = Je n'ai plus d'yeux pour ces attraits-là. = Quelle taille ! = Cela m'est devenu bien indifférent. = Quel embonpoint ! = On revient tôt ou tard d'un plaisir qu'on ne prend que sur le faîte d'un toit, au péril à chaque mouvement de se rompre le cou. = Elle a les plus belles mains du monde ! = J'ai renoncé à l'usage de ces mains-là. Une tête bien faite revient à l'esprit de son état, au seul vrai bonheur. = Et ces yeux qu'elle tourne sur vous à la dérobée ; convenez que vous, qui êtes connoisseur, vous n'en avez guère attaché de plus brillans et de plus doux. Quelle grâce, quelle légèreté et quelle noblesse dans sa démarche, dans son maintien ! = Je ne pense plus à ces vanités ; je lis l'écriture, je médite les pères. = Et de temps en temps les perfections de cette dame. Demeure-t-elle loin du Moncetz ? Son époux est-il jeune ?... = Hudson, impatienté de ces questions, et bien convaincu que Richard ne le prendroit pas pour un saint, lui dit

brusquement : mon cher Richard, vous vous f.....
de moi, et vous avez raison.

Mon cher lecteur, pardonnez-moi la propriété de cette expression; et convenez qu'ici comme dans une infinité de bons contes, tels, par exemple, que celui de la conversation de Piron et de feu l'abbé Vatri, le mot honnête gâteroit tout. = Qu'est-ce que c'est que cette conversation de Piron et de l'abbé Vatri ? = Allez la demander à l'éditeur de ses ouvrages, qui n'a pas osé l'écrire; mais qui ne se fera pas tirer l'oreille pour vous la dire.

Nos quatre personnages se rejoignirent au château; on dîna bien, on dîna gaîment, et sur le soir on se sépara avec promesse de se revoir.... Mais tandis que le marquis des Arcis causoit avec le maître de Jacques, Jacques, de son côté n'étoit pas muet avec monsieur le secrétaire Richard, qui le trouvoit un franc original, ce qui arriveroit plus souvent parmi les hommes, si l'éducation d'abord, ensuite le grand usage du monde, ne les usoient comme ces pièces d'argent qui, à force de circuler, perdent leur empreinte. Il étoit tard; la pendule avertit les maîtres et les valets qu'il étoit l'heure de se reposer, et ils suivirent son avis.

Jacques, en déshabillant son maître, lui dit : monsieur, aimez-vous les tableaux ?

LE MAÎTRE.

Oui, mais en récit; car en couleur et sur la

toile, quoique j'en juge aussi décidément qu'un amateur, je t'avouerai que je n'y entends rien du tout ; que je serois bien embarrassé de distinguer une école d'une autre ; qu'on me donneroit un Boucher pour un Rubens ou pour un Raphaël ; que je prendrois une mauvaise copie pour un sublime original ; que j'apprécierois mille écus une croûte de six francs, et six francs un morceau de mille écus ; et que je ne me suis jamais pourvu qu'au pont Notre-Dame, chez un certain Tremblin, qui étoit de mon temps la ressource de la misère ou du libertinage, et la ruine du talent des jeunes élèves de Vanloo.

JACQUES.

Et comment cela ?

LE MAÎTRE.

Qu'est-ce que cela te fait ? Raconte-moi ton tableau, et sois bref ; car je tombe de sommeil.

JACQUES.

Placez-vous devant la fontaine des Innocens ou proche la porte Saint-Denis ; ce sont deux accessoires qui enrichiront la composition.

LE MAÎTRE.

M'y voilà.

JACQUES.

Voyez au milieu de la rue un fiacre, la soupente cassée, et renversé sur le côté.

LE MAÎTRE.

Je le vois.

JACQUES.

Un moine et deux filles en sont sortis. Le moine s'enfuit à toutes jambes. Le cocher se hâte de descendre de son siége. Un caniche du fiacre s'est mis à la poursuite du moine, et l'a saisi par sa jaquette; le moine fait tous ses efforts pour se débarasser du chien. Une des filles, débraillée, la gorge découverte, se tient les côtés à force de rire. L'autre fille, qui s'est fait une bosse au front, est appuyée contre la portière, et se presse la tête à deux mains. Cependant la populace s'est attroupée, les polissons accourent et poussent des cris, les marchands et les marchandes ont bordé le seuil de leurs boutiques, et d'autres spectateurs sont à leurs fenêtres.

LE MAÎTRE.

Comment diable ! Jacques, ta composition est bien ordonnée, riche, plaisante, variée et pleine de mouvement. A notre retour à Paris, porte ce sujet à Fragonard; et tu verras ce qu'il en saura faire.

JACQUES.

Après ce que vous m'avez confessé de vos lumières en peinture, je puis accepter votre éloge sans baisser les yeux.

LE MAÎTRE.

Je gage que c'est une des aventures de l'abbé Hudson ?

JACQUES.

Il est vrai.

Lecteur, tandis que ces bonnes gens dorment, j'aurois une petite question à vous proposer à discuter sur votre oreiller : c'est ce qu'auroit été l'enfant né de l'abbé Hudson et de la dame de la Pommeraye ? = Peut-être un honnête homme. = Peut-être un sublime coquin. = Vous me direz cela demain matin.

Ce matin, le voilà venu, et nos voyageurs séparés ; car le marquis des Arcis ne suivoit plus la même route que Jacques et son maître. = Nous allons donc reprendre la suite des amours de Jacques ? = Je l'espère ; mais ce qu'il y a de bien certain, c'est que le maître sait l'heure qu'il est, qu'il a pris sa prise de tabac, et qu'il a dit à Jacques : Eh bien ! Jacques, tes amours ?

Jacques, au-lieu de répondre à cette question, disoit : N'est-ce pas le diable ! Du matin au soir ils disent du mal de la vie, et ils ne peuvent se résoudre à la quitter ! Serait-ce que la vie présente n'est pas, à tout prendre, une si mauvaise chose ; ou qu'ils en craignent une pire à venir ?

LE MAÎTRE.

C'est l'un et l'autre. A propos, Jacques, crois-tu à la vie à venir ?

JACQUES.

Je n'y crois ni décrois ; je n'y pense pas. Je jouis de mon mieux de celle qui nous a été accordée en avancement d'hoirie.

LE MAÎTRE.

Pour moi, je me regarde comme en chrysalide ; et j'aime à me persuader que le papillon, ou mon âme, venant un jour à percer sa coque, s'envolera à la justice divine.

JACQUES.

Votre image est charmante !

LE MAÎTRE.

Elle n'est pas de moi ; je l'ai lue ; je crois, dans un poëte italien appelé Dante, qui a fait un ouvrage intitulé : *La Comédie de l'Enfer, du Purgatoire et du Paradis.*

JACQUES.

Voilà un singulier sujet de comédie !

LE MAÎTRE.

Il y a, pardieu, de belles choses, sur-tout dans son enfer. Il enferme les hérésiarques dans des tombeaux de feu, dont la flamme s'échappe et porte le ravage au loin ; les ingrats, dans des niches où ils versent des larmes qui se glacent sur leurs visages ; et les paresseux, dans d'autres niches ; et il dit de ces derniers que le sang s'échappe de leurs veines, et qu'il est recueilli par des vers dédaigneux...... Mais à quel propos ta sortie contre notre mépris d'une vie que nous craignons de perdre ?

JACQUES.

A propos de ce que le secrétaire du marquis des Arcis m'a raconté du mari de la jolie femme au cabriolet ?

LE MAÎTRE.

Elle est veuve.

JACQUES.

Elle a perdu son mari dans un voyage qu'elle a fait à Paris ; et le diable d'homme ne vouloit pas entendre parler des sacremens. Ce fut la dame du château où Richard rencontra l'abbé Hudson qu'on chargea de le réconcilier avec le béguin.

LE MAÎTRE.

Que veux-tu dire avec ton béguin ?

JACQUES.

Le béguin est la coiffure qu'on met aux enfans nouveaux-nés !

LE MAÎTRE.

Je t'entends. Et comment s'y prit-elle pour l'embéguiner ?

JACQUES.

On fit cercle autour du feu. Le médecin, après avoir tâté le pouls du malade, qu'il trouva bien bas, vint s'asseoir à côté des autres. La dame dont il s'agit s'approcha de son lit, et lui fit plusieurs questions ; mais sans élever la voix plus qu'il ne le falloit pour que cet homme ne perdît pas un mot de ce qu'on avoit à lui faire entendre ; après quoi la conversation s'engagea entre la dame, le docteur et quelques-uns des autres assistans, comme je vais vous la rendre.

LA DAME.

Eh bien ! docteur, nous direz-vous des nouvelles de madame de Parme ?

LE DOCTEUR.

Je sors d'une maison où l'on m'a assuré qu'elle étoit si mal qu'on n'en espéroit plus rien.

LA DAME.

Cette princesse a toujours donné des marques de piété. Aussi-tôt qu'elle s'est sentie en danger, elle a demandé à se confesser et à recevoir ses sacremens.

LE DOCTEUR.

Le curé de Saint-Roch lui porte aujourd'hui une relique à Versailles ; mais elle arrivera trop tard.

LA DAME.

Madame Infante n'est pas la seule qui donne de ces exemples. M. le duc de Chevreuse, qui a été bien malade, n'a pas attendu qu'on lui proposât les sacremens ; il les a appelés de lui-même : ce qui a fait grand plaisir à sa famille.

LE DOCTEUR.

Il est beaucoup mieux.

UN DES ASSISTANS.

Il est certain que cela ne fait pas mourir, au contraire.

LA DAME.

En vérité, dès qu'il y a du danger on devroit satisfaire à ces devoirs-là. Les malades ne conçoivent pas apparemment combien il est dur pour ceux qui les entourent, et combien cependant il est indispensable de leur en faire la proposition.

LE DOCTEUR.

Je sors de chez un malade qui me dit il y a deux jours : Docteur, comment me trouvez-vous ? = Monsieur, la fièvre est forte, et les redoublemens fréquens. = Mais croyez-vous qu'il en survienne un bientôt ? = Non, je le crains seulement pour ce soir. = Cela étant, je vais faire avertir un certain homme avec lequel j'ai une petite affaire particulière, afin de la terminer pendant que j'ai encore toute ma tête... Il se confessa, il reçut tous ses sacremens. Je revins le soir, point de redoublement. Hier il étoit mieux ; aujourd'hui il est hors d'affaire. J'ai vu beaucoup de fois dans le courant de ma pratique cet effet-là des sacremens.

LE MALADE, à son domestique.

Apportez-moi mon poulet.

JACQUES.

On lui sert ; il veut le couper et n'en a pas la force ; on lui en dépèce l'aîle en petits morceaux ; il demande du pain, se jette dessus, fait des efforts pour en mâcher une bouchée, qu'il ne sauroit avaler, et qu'il rend dans sa serviette ; il demande du vin pur ; il y mouille les bords de ses lèvres, et dit : Je me porte bien..... Oui, mais une demi-heure après il n'étoit plus.

LE MAÎTRE.

Cette dame s'y étoit pourtant assez bien prise... Et tes amours ?

JACQUES.

Et la condition que vous avez acceptée ?

LE MAÎTRE.

J'entends..... Tu es installé au château de Desglands, et la vieille commissionnaire Jeanne a ordonné à sa jeune fille Denise de te visiter quatre fois le jour, et de te soigner. Mais avant que d'aller en avant, dis-moi, Denise avoit-elle son pucelage ?

JACQUES, en toussant.

Je le crois.

LE MAÎTRE.

Et toi ?

JACQUES.

Le mien, il y avoit beaux jours qu'il couroit les champs.

LE MAÎTRE.

Tu n'en étois donc pas à tes premières amours ?

JACQUES.

Pourquoi donc ?

LE MAÎTRE.

C'est qu'on aime celle à qui on le donne, comme on est aimé de celle à qui on le ravit.

JACQUES.

Quelquefois oui, quelquefois non.

LE MAÎTRE.

Et comment le perdis-tu ?

JACQUES.

Je ne le perdis pas ; je le troquai bel et bien.

LE MAÎTRE.

Dis-moi un mot de ce troc-là.

JACQUES.

Ce sera le premier chapitre de saint Luc, une kirielle de *genuit* à ne point finir, depuis la première jusqu'à Denise la dernière.

LE MAÎTRE.

Qui crut l'avoir et qui ne l'eut point.

JACQUES.

Et avant Denise, les deux voisines de notre chaumière.

LE MAÎTRE.

Qui crurent l'avoir et qui ne l'eurent point.

JACQUES.

Non.

LE MAÎTRE.

Manquer un pucelage à deux, cela n'est pas trop adroit.

JACQUES.

Tenez, mon maître, je devine, au coin de votre lèvre droite qui se relève, et à votre narine gauche qui se crispe, qu'il vaut autant que je fasse la chose de bonne grâce, que d'en être prié; d'autant que je sens augmenter mon mal de gorge, que la suite de mes amours sera longue, et que je n'ai guère de courage que pour un ou deux petit contes.

LE MAÎTRE.

Si Jacques vouloit me faire un grand plaisir...

JACQUES.

Comment s'y prendroit-il ?

LE MAÎTRE.

Il débuteroit par la perte de son pucelage. Veux-tu que je te dise ? J'ai toujours été friand du récit de ce grand évènement.

JACQUES.

Et pourquoi, s'il vous plaît ?

LE MAÎTRE.

C'est que de tous ceux du même genre, c'est le seul qui soit piquant; les autres n'en sont que d'insipides et communes répétitions. De tous les péchés d'une jolie pénitente, je suis sûr que le confesseur n'est attentif qu'à celui-là.

JACQUES.

Mon maître, mon maître, je vois que vous avez la tête corrompue, et qu'à votre agonie le diable pourroit bien se montrer à vous sous la même forme de parenthèse qu'à Ferragus.

LE MAÎTRE.

Cela se peut. Mais tu fus déniaisé, je gage, par quelque vieille impudique de ton village ?

JACQUES.

Ne gagez pas, vous perdriez.

LE MAÎTRE.

Ce fut par la servante de ton curé ?

JACQUES.

Ne gagez pas, vous perdriez encore.

LE MAÎTRE.

Ce fut donc par sa niéce ?

JACQUES.

Sa niéce crevoit d'humeur et de dévotion, deux qualités qui vont fort bien ensemble, mais qui ne me vont pas.

LE MAÎTRE.

Pour cette fois je crois que j'y suis.

JACQUES.

Moi, je n'en crois rien.

LE MAÎTRE.

Un jour de foire ou de marché.....

JACQUES.

Ce n'étoit ni un jour de foire, ni un jour de marché.

LE MAÎTRE.

Tu allas à la ville.

JACQUES.

Je n'allai point à la ville.

LE MAÎTRE.

Et il étoit écrit là-haut que tu rencontrerois dans une taverne quelqu'une de ces créatures obligeantes ; que tu t'enivrerois....

JACQUES.

J'étois à jeun ; et ce qui étoit écrit là-haut, c'est qu'à l'heure qu'il est vous vous épuiseriez en fausses conjectures ; et que vous gagneriez un défaut dont vous m'avez corrigé, la fureur de deviner, et toujours de travers. Tel que vous me voyez, monsieur, j'ai été une fois baptisé.

LE MAÎTRE.

Si tu proposes d'entamer la perte de ton pucelage au sortir des fonts baptismaux, nous n'y serons pas si-tôt.

JACQUES.

J'eus donc un parrain et une marraine. Maître Bigre, le plus fameux charron du village, avoit un fils. Bigre le père fut mon parrain, et Bigre le fils étoit mon ami. A l'âge de dix-huit à dix-neuf ans nous nous amourachâmes tous les deux à-la-fois d'une petite couturière appelée Justine. Elle ne passoit pas pour autrement cruelle ; mais elle jugea à propos de se signaler par un premier dédain, et son choix tomba sur moi.

LE MAÎTRE.

Voilà une de ces bizarreries des femmes, auxquelles on ne comprend rien.

JACQUES.

Tout le logement du charron maître Bigre, mon parrain, consistoit en une boutique et une soupente. Son lit étoit au fond de la boutique. Bigre le fils, mon ami, couchait sur la soupente, à laquelle on grimpoit par une petite échelle, placée à-peu-près à égale distance du lit de son père et de la porte de la boutique.

Lorsque Bigre mon parrain étoit bien endormi, Bigre mon ami ouvroit doucement la porte, et Justine montoit à la soupente par la petite échelle. Le lendemain, dès la pointe du jour, avant que Bigre le père fût éveillé, Bigre le fils descendoit de la soupente, r'ouvroit la porte, et Justine s'évadoit comme elle étoit entrée.

LE MAÎTRE.

Pour aller ensuite visiter quelque soupente, la sienne ou une autre.

JACQUES.

Pourquoi non ? Le commerce de Bigre et de Justine étoit assez doux ; mais il falloit qu'il fût troublé : cela étoit écrit là-haut ; il le fut donc.

LE MAÎTRE.

Par le père ?

JACQUES.

Non.

LE MAÎTRE.

Par la mère ?

JACQUES.

Non ; elle étoit morte.

LE MAÎTRE.

Par un rival ?

JACQUES.

Eh ! non, non, de par tous les diables ! non. Mon maître, il est écrit là-haut que vous en avez pour le reste de vos jours ; tant que vous vivrez vous devinerez, je vous le répète, et vous devinerez de travers.....

Un matin, que mon ami Bigre, plus fatigué qu'à l'ordinaire ou du travail de la veille, ou du plaisir de la nuit, reposoit doucement entre les bras de Justine, voilà une voix formidable qui se fait entendre au pied du petit escalier : Bigre ! Bigre ! maudit paresseux ! l'*Angelus* est sonné ; il est près de cinq heures et demie : et te voilà encore dans ta soupente ! As-tu résolu d'y rester jusqu'à midi ? Faut-il que j'y monte, et que je t'en fasse descendre plus vîte que tu ne voudrois ? Bigre ! Bigre ! = Mon père. = Et cet essieu après lequel ce vieux bourru de fermier attend ; veux-tu qu'il revienne encore ici recommencer son tapage ? = Son essieu est prêt, et avant qu'il soit un quart-d'heure il l'aura.... Je vous laisse à juger des trances de Justine et de mon pauvre ami Bigre le fils.

LE MAÎTRE.

Je suis sûr que Justine se promit bien de ne plus se retrouver sur la soupente, et qu'elle y étoit le soir même. Mais comment en sortira-t-elle ce matin ?

JACQUES.

Si vous vous mettez en devoir de le deviner, je me tais.... Cependant Bigre le fils s'étoit précipité du lit, jambes nues, sa culotte à la main, et sa veste sur son bras. Tandis qu'il s'habille, Bigre le père grommèle entre ses dents : Depuis qu'il s'est entêté de cette petite coureuse, tout va de travers. Cela finira, cela ne sauroit durer, cela commence à me lasser. Encore si c'étoit une fille qui en valût la peine; mais une créature ! Dieu sait quelle créature ! Ah ! si la pauvre défunte, qui avoit de l'honneur jusqu'au bout des ongles, voyoit cela, il y a long-temps qu'elle eût bâtonné l'un, et arraché les yeux à l'autre au sortir de la grand'messe, sous le porche, devant tout le monde ; car rien ne l'arrêtoit : mais si j'ai été trop bon jusqu'à présent, et qu'ils s'imaginent que je continuerai, ils se trompent.

LE MAÎTRE.

Et ces propos, Justine les entendoit de la soupente ?

JACQUES.

Je n'en doute pas. Cependant Bigre le fils s'en étoit allé chez le fermier, avec son essieu sur l'épaule, et Bigre le père s'étoit mis à l'ouvrage. Après quelques coups de doloire, son nez lui demande une prise de tabac ; il cherche sa tabatière dans ses poches, au chevet de son lit ; il ne la trouve point. C'est ce coquin, dit-il, qui s'en est saisi comme de coûtume ; voyons s'il ne l'aura point laissée là-haut.... Et le voilà qui monte à la soupente. Un moment après il s'apperçoit que sa pipe et son couteau lui manquent ; et il remonte à la soupente.

LE MAÎTRE.

Et Justine?

JACQUES.

Elle avoit ramassé ses vêtemens à la hâte, et s'étoit glissée sous le lit, où elle étoit étendue à plat ventre, plus morte que vive.

LE MAÎTRE.

Et ton ami Bigre le fils ?

JACQUES.

Son essieu rendu, mis en place et payé, il étoit accouru chez moi, et m'avoit exposé le terrible embarras où il se trouvoit. Après m'en être un peu amusé, écoute, lui dis-je, Bigre, va te promener par le village, où tu voudras, je te tirerai d'affaire. Je ne te demande qu'une chose, c'est de m'en laisser le temps.... Vous souriez, monsieur, qu'est-ce qu'il y a ?

LE MAÎTRE.

Rien.

JACQUES.

Mon ami Bigre sort. Je m'habille, car je n'étois pas encore levé. Je vais chez son père, qui ne m'eut pas plus-tôt apperçu, que poussant un cri de surprise et de joie, il me dit : Eh ! filleul, te voilà ! d'où sors-tu, et que viens-tu faire ici de si grand matin ?.... Mon parrain Bigre avoit vraiment de l'amitié pour moi ; aussi lui répondis-je avec franchise : Il ne s'agit pas de savoir d'où je sors, mais comment je rentrerai chez nous. = Ah ! filleul, tu deviens libertin ; j'ai bien peur que Bigre et toi ne fassiez la paire. Tu as passé la nuit dehors. = Et mon père n'entend pas raison sur ce point. = Ton père a raison, filleul, de ne pas entendre raison là-dessus. Mais commençons par déjeûner, la bouteille nous avisera.

LE MAÎTRE.

Jacques, cet homme étoit dans les bons principes.

JACQUES.

Je lui répondis que je n'avois ni besoin ni envie de boire ou de manger, et que je tombois de lassitude et de sommeil. Le vieux Bigre, qui de son temps n'en cédoit pas à son camarade, ajouta en ricanant : Filleul, elle étoit jolie, et tu t'en es donné. Ecoute : Bigre est sorti ; monte à la soupente, et jette-toi sur son lit.... Mais un mot avant qu'il revienne. C'est ton ami ; lorsque vous vous trouverez tête-à-tête, dis-lui que j'en suis mécontent, très-mécontent. C'est une petite Justine, que tu dois connoître, (car quel est le garçon du village qui ne la connoisse pas ?) qui me l'a débauché ; tu me rendrois un vrai service, si tu le détachois de cette créature. Auparavant c'étoit ce qu'on appeloit un joli garçon ; mais depuis qu'il a fait cette malheureuse connoissance.... Tu ne m'écoutes pas ; tes yeux se ferment ; monte, et va te reposer.

Je monte, je me déshabille, je lève la couverture et les draps, je tâte par-tout, point de Justine. Cependant Bigre mon parrain, disoit : Les enfans ! les maudits enfans ! n'en voilà-t-il pas encore un qui désole son père ?.... Justine n'étant pas dans le lit, je me doutai qu'elle étoit dessous. Le bouge étoit tout-à-fait obscur. Je me baisse, je promène mes mains, je rencontre un de ses bras, je la saisis, je la tire à moi ; elle sort de dessous la couchette en tremblant. Je l'embrasse, je la rassure, je lui fais signe de se coucher. Elle joint ses deux mains, elle se jette à mes pieds, elle serre mes genoux. Je n'aurois peut-être pas résisté à cette scène muette, si le jour l'eût éclairée ; mais lorsque les ténèbres ne rendent pas timide, elles rendent entreprenant. D'ailleurs, j'avois ses anciens mépris sur le cœur. Pour toute réponse je la poussai vers l'escalier qui conduisoit à la boutique. Elle en poussa un cri de frayeur. Bigre qui l'entendit, dit : Il rêve..... Justine s'évanouit ; ses genoux se dérobent sous elle ; dans son délire elle disoit d'une voix étouffée : Il va venir..... Il vient.... je l'entends qui monte.... je suis perdue !.... Non, non, lui répondis-je d'une voix étouffée, remettez-vous, taisez-vous ; et couchez-vous.... Elle persiste dans son refus ; je tiens ferme ; elle se résigne : et nous voilà l'un à côté de l'autre.

LE MAÎTRE.

Traître ! scélérat ! sais-tu quel crime tu vas commettre ? Tu vas violer cette fille, si-non par la force, du-moins par la terreur. Poursuivi au tribunal des loix, tu en éprouverois toute la rigueur réservée aux ravisseurs.

JACQUES.

Je ne sais si je la violai, mais je sais bien que je ne lui fis point de mal, et qu'elle ne m'en fit point. D'abord en détournant sa bouche de mes baisers, elle l'approcha de mon oreille, et me dit bas : Non, non, Jacques, non.... A ce mot, je fais semblant de sortir du lit, et de m'avancer vers l'escalier. Elle me retint, et me dit encore à l'oreille : Je ne vous aurois jamais cru si méchant ; je vois qu'il ne faut attendre de vous aucune pitié ; mais du-moins promettez-moi, jurez-moi.... = Quoi ? = Que Bigre n'en saura rien.

LE MAÎTRE.

Tu promis, tu juras, et tout alla fort bien.

JACQUES.

Et puis très-bien encore.

LE MAÎTRE.

Et puis encore très-bien ?

JACQUES.

C'est précisément comme si vous y aviez été. Cependant, Bigre mon ami, impatient, soucieux et las de roder autour de la maison sans me rencontrer, rentre chez son père, qui lui dit avec humeur : Tu as été bien long-temps pour rien.... Bigre lui répondit avec plus d'humeur encore : Est-ce qu'il n'a pas fallu allégir par les deux bouts ce diable d'essieu qui s'est trouvé trop gros ? = Je t'en avois averti ; mais tu n'en veux jamais faire qu'à ta tête. = C'est qu'il est plus aisé d'en ôter que d'en remettre. = Prends cette jante, et va la finir à la porte. = Pourquoi à la porte ? = C'est que le bruit de l'outil réveilleroit Jacques ton ami. = Jacques !.... = Oui, Jacques, il est là-haut sur la soupente, qui repose. Ah ! que les pères sont à plaindre ; si ce n'est d'une chose, c'est d'une autre ! Eh bien ! te remueras-tu ? Tandis que tu restes là comme un imbécile, la tête baissée, la bouche béante, et les bras pendans, la besogne ne se fait pas.... Bigre mon ami, furieux, s'élance vers l'escalier ; Bigre mon parrain, le retient en lui disant : Où vas-tu ? laisse dormir ce pauvre diable, qui est excédé de fatigue. A sa place, serois-tu bien aise qu'on troublât ton repos.

LE MAÎTRE.

Et Justine entendoit encore tout cela ?

JACQUES.

Comme vous m'entendez.

LE MAÎTRE.

Et que faisois-tu ?

JACQUES.

Je riois.

LE MAÎTRE.

Et Justine ?

JACQUES.

Elle avoit arraché sa cornette ; elle se tiroit par les cheveux ; elle levoit les yeux au ciel, du-moins je le présume ; et elle se tordoit les bras.

LE MAÎTRE.

Jacques, vous êtes un barbare ; vous avez un cœur de bronze.

JACQUES.

Non, monsieur, non, j'ai de la sensibilité ; mais je la réserve pour une meilleure occasion. Les dissipateurs de cette richesse en ont tant prodigué lorsqu'il en falloit être économe, qu'ils ne s'en trouvent plus quand il faudroit en être prodigue... Cependant je m'habille, et je descends. Bigre le père me dit : Tu avois besoin de cela, cela t'a bien fait ; quand tu es venu, tu avois l'air d'un déterré; et te voilà vermeil et frais comme l'enfant qui vient de téter. Le sommeil est une bonne chose !.... Bigre, descends à la cave, et apporte une bouteille, afin que nous déjeûnions. A présent, filleul, tu déjeûneras volontiers ? = Très-volontiers.... = La bouteille est arrivée et placée sur l'établi ; nous sommes debout autour. Bigre le père remplit son verre et le mien ; Bigre le fils, en écartant le sien, dit d'un ton farouche : Pour moi, je ne suis pas altéré de si matin. = Tu ne veux pas boire ? = Non. = Ah ! je sais ce que c'est ; tiens, filleul, il y a de la Justine là-dedans ; il aura passé chez elle, ou il ne l'aura pas trouvée, ou il l'aura surprise avec un autre ; cette bouderie contre la bouteille n'est pas naturelle : c'est ce que je te dis. = Moi : mais vous pourriez bien avoir deviné juste. = Bigre le fils : Jacques, trêve de plaisanteries, placées ou déplacées, je ne les aime pas. = Bigre le père : Puisqu'il ne veut pas boire, il ne faut pas que cela nous en empêche. A ta santé, filleul. = Moi : A la vôtre, parrain. Bigre, mon ami, bois avec nous. Tu te chagrines trop pour peu de chose. = Bigre le fils : Je vous ai déjà dit que je ne buvois pas. = Moi : Eh bien ! si ton père a rencontré, que diable, tu la reverras, vous vous expliquerez, et tu conviendras que tu as tort. = Bigre le père : Eh ! laisse-le faire ; n'est-il pas juste que cette créature le châtie de la peine qu'il me cause ? Ça, encore un coup, et venons à ton affaire. Je conçois qu'il faut que je te mène chez ton père ; mais que veux-tu que je lui dise ? = Moi : Tout ce que vous voudrez, tout ce que vous lui avez entendu dire cent fois lorsqu'il vous a ramené votre fils. = Allons.... Il sort, je le suis, nous arrivons à la porte de la maison ; je le laisse entrer seul. Curieux de la conversation de Bigre le père et du mien, je me cache dans un recoin, derrière une cloison, d'où je ne perdis pas un mot. = Bigre le père : Allons, compère, il faut encore lui pardonner cette fois. = Lui pardonner, et de quoi ? = Tu fais l'ignorant. = Je ne le fais point, je le suis. = Tu es fâché, et tu as raison de l'être. = Je ne suis point fâché. = Tu l'es, te dis-je. = Si tu veux que je le sois, je ne demande pas mieux ; mais que je sache auparavant la sottise qu'il a faite. = D'accord, trois fois, quatre fois, mais ce n'est pas coutume. On se trouve une bande de jeunes garçons et de jeunes filles ; on boit, on rit, on danse ; les heures se passent vîte ; et cependant la porte de la maison se ferme.... Bigre, en baissant la voix, ajouta : Ils ne nous entendent pas ; mais, de bonne-foi, est-ce que nous avons été plus sages qu'eux à leur âge ? Sais-tu qui sont les mauvais pères, ce sont ceux qui ont oublié les fautes de leur jeunesse. Dis-moi, est-ce que nous n'avons jamais découché ? = Et toi, Bigre mon compère, dis-moi, est-ce que nous n'avons jamais pris d'attachement qui déplaisoit à nos parens ? = Aussi je crie plus haut que je ne souffre. Fais de même. = Mais Jacques n'a point découché, du-moins cette nuit, j'en suis sûr. = Eh bien! si ce n'est pas celle-ci, c'est une autre. Tant y a que tu n'en veux point à ton garçon ? = Non. = Et que quand je serai parti tu ne le maltraiteras pas ? = Aucunement. = Tu m'en donnes ta parole ? = Je te la donne. = Ta parole d'honneur ? = Ma parole d'honneur. = Tout est dit, et je m'en retourne.... = Comme mon parrain Bigre étoit sur le seuil, mon père lui frappant doucement sur l'épaule, lui disoit : Bigre mon ami, il y a ici quelque anguille sous roche ; ton garçon et le mien sont deux futés matois ; et je crains bien qu'ils ne nous en aient donné d'une à garder aujourd'hui ; mais avec le temps cela se découvrira. Adieu, compère.

LE MAÎTRE.

Et quelle fut la fin de l'aventure entre Bigre ton ami et Justine ?

JACQUES.

Comme elle devoit être. Il se fâcha, elle se fâcha plus fort que lui ; elle pleura, il s'attendrit ; elle lui jura que j'étois le meilleur ami qu'il eût ; je lui jurai qu'elle étoit la plus honnête fille du village. Il nous crut, nous demanda pardon, nous en aima, et nous en estima davantage tous deux. Et voilà le commencement, le milieu et la fin de la perte de mon pucelage. A présent, monsieur, je voudrois bien que vous m'apprissiez le but moral de cette impertinente histoire.

LE MAÎTRE.

A mieux connoître les femmes.

JACQUES.

Et vous aviez besoin de cette leçon?

LE MAÎTRE.

A mieux connoître les amis.

JACQUES.

Et vous avez jamais cru qu'il y en eût un seul qui tînt rigueur à votre femme ou à votre fille, si elle s'étoit proposé sa défaite?

LE MAÎTRE.

A mieux connoître les pères et les enfans.

JACQUES.

Allez, monsieur, ils ont été de tout temps, et seront à jamais, alternativement dupes les uns des autres.

LE MAÎTRE.

Ce que tu dis là sont autant de vérités éternelles, mais sur lesquelles on ne sauroit trop insister. Quel que soit le récit que tu m'as promis après celui-ci, sois sûr qu'il ne sera vide d'instruction que pour un sot ; et continue.

Lecteur, il me vient un scrupule, c'est d'avoir fait honneur à Jacques ou à son maître de quelques réflexions qui vous appartiennent de droit ; si cela est, vous pouvez les reprendre sans qu'il s'en formalise. J'ai cru m'appercevoir que le mot *Bigre* vous déplaisoit. Je voudrois bien savoir pourquoi. C'est le vrai nom de la famille de mon charron ; les extraits-baptistaires, extraits-mortuaires, contrats de mariage en sont signés Bigre. Les descendans de Bigre qui occupent aujourd'hui la boutique, s'appellent Bigre. Quand leurs enfans, qui sont jolis, passent dans la rue, on dit : Voilà les petits Bigres. Quand vous prononcez le nom de *Boule*, vous vous rappelez le plus grand ébéniste que vous ayez eû. On ne prononce point encore dans la contrée de Bigre, le nom de Bigre sans se rappeler le plus grand charron dont on ait mémoire. Le Bigre, dont on lit le nom à la fin de tous les livres d'offices pieux du commencement de ce siècle, fut un de ses parens. Si jamais un arrière-neveu de Bigre se signale par quelque grande action, le nom personnel de Bigre ne sera pas moins imposant pour vous que celui de César ou de Condé. C'est qu'il y a Bigre et Bigre, comme Guillaume et Guillaume. Si je dis Guillaume tout court, ce ne sera ni le conquérant de la Grande - Bretagne, ni le marchand de drap de l'*Avocat-Patelin ;* le nom de Guillaume tout court ne sera ni héroïque ni bourgeois : ainsi de Bigre. Bigre tout court n'est ni Bigre le fameux charron, ni quelqu'un de ses plats ancêtres ou de ses plats descendans. En bonne-foi, un nom personnel peut-il être de bon ou de mauvais goût ? Les rues sont pleines de mâtins qui s'appelent Pompée. Défaites-vous donc de votre fausse délicatesse, ou j'en userai avec vous comme mylord Chatham avec les membres du parlement ; il leur dit : Sucre, Sucre, Sucre ; qu'est-ce qu'il y a de ridicule là-dedans ?... Et moi, je vous dirai : Bigre, Bigre, Bigre, pourquoi ne s'appelleroit-on pas Bigre ? C'est, comme le disoit un officier à son général le grand Condé, qu'il y a un fier Bigre, comme Bigre le charron ; un bon Bigre, comme vous et moi ; de plats Bigres, comme une infinité d'autres.

JACQUES.

C'étoit un jour de noces ; Frère Jean avoit marié la fille d'un de nos voisins. J'étois garçon de fête. On m'avoit placé à table entre les deux goguenards de la paroisse ; j'avais l'air d'un grand nigaud, quoique je ne le fusse pas tant qu'ils le croyoient. Ils me firent quelques questions sur la nuit de la mariée ; j'y répondis assez bêtement, et les voilà qui éclatent de rire, et les femmes de ces deux plaisans à crier de l'autre bout : Qu'est-ce qu'il y a donc ? vous êtes bien joyeux là-bas ! = C'est que c'est par trop drôle, répondit un de nos maris à sa femme ; je te conterai cela ce soir. = L'autre, qui n'étoit pas moins curieuse, fit la même question à son mari, qui lui fit la même réponse. Le repas continue, et les questions et mes balourdises, et les éclats de rire, et la surprise des femmes. Après le repas la danse ; après la danse le coucher des époux, le don de la jarretière, moi dans mon lit, et nos goguenards dans les leurs, racontant à leurs femmes la chose incompréhensible, incroyable, c'est qu'à vingt-deux ans, grand et vigoureux comme je l'étois, assez bien de figure, alerte et point sot, j'étois aussi neuf, mais aussi neuf qu'au sortir du ventre de ma mère ; et les deux femmes de s'en émerveiller ainsi que leurs maris. Mais dès le lendemain Suzanne me fit signe, et me dit : Jacques, n'as-tu rien à faire ? = Non, voisine ; qu'est-ce qu'il y a pour votre service ? = Je voudrois... je voudrois... et en disant je voudrois, elle me serroit la main et me regardoit si singulièrement ; je voudrois que tu prisses notre serpe et que tu vinsses dans la commune m'aider à couper deux ou trois bourrées, car c'est une besogne trop forte pour moi seule. = Très-volontiers, madame Suzanne... Je prends la serpe, et nous allons. Chemin faisant, Suzanne se laissoit tomber la tête sur mon épaule, me prenoit le menton, me tiroit les oreilles, me pinçoit les côtés. Nous arrivons. L'endroit étoit en pente. Suzanne se couche à terre tout de son long à la place la plus élevée, les pieds éloignés l'un de l'autre, et les bras passés par dessus sa tête. J'étois au-dessous d'elle, jouant de la serpe sur le taillis, et Suzanne replioit ses jambes, approchant ses talons de ses fesses, ses genoux élevés rendoient ses jupons fort courts, et je jouois toujours de la serpe sur le taillis, ne regardant guère où je frappois, et frappant souvent à côté. Enfin, Suzanne me dit : Jacques, est-ce que tu ne finiras pas bientôt ? = Quand vous voudrez, madame Suzanne. = Est-ce que tu ne vois pas, dit-elle à demi-voix, que je veux que tu finisses?.... Je finis donc, je repris haleine, et je finis encore ; et Suzanne...

LE MAÎTRE.

T'ôtoit ton pucelage que tu n'avois pas ?

JACQUES.

Il est vrai ; mais Suzanne ne s'y méprit pas, et de sourire et de me dire : Tu en as donné d'une bonne à garder à notre homme ; et tu es un fripon. = Que voulez-vous dire, madame Suzanne ? = Rien, rien ; tu m'entends de reste. Trompe-moi encore quelques fois de même, et je te le pardonne.... Je reliai ses bourrées, je les pris sur mon dos; et nous revînmes, elle à sa maison, et moi à la nôtre.

LE MAÎTRE.

Sans faire une pause en chemin ?

JACQUES.

Non.

LE MAÎTRE.

Il n'y avoit donc pas loin de la commune au village ?

JACQUES.

Pas plus loin que du village à la commune.

LE MAÎTRE.

Elle ne valoit que cela ?

JACQUES.

Elle valoit peut-être davantage pour un autre, ou pour un autre jour; chaque moment a son prix.

A quelque temps de là, dame Marguerite, c'étoit la femme de notre autre goguenard, avoit du grain à faire moudre, et n'avoit pas le temps d'aller au moulin, elle vint demander à mon père un de ses garçons qui y allât pour elle. Comme j'étois le plus grand, elle ne doutoit pas que le choix de mon père ne tombât sur moi, ce qui ne manqua pas d'arriver. Dame Marguerite sort; je la suis; je charge le sac sur son âne, et je le conduis seul au moulin. Voilà son grain moulu, et nous

nous en revenions, l'âne et moi, assez tristes ; car je pensois que j'en serois pour ma corvée. Je me trompai. Il y avoit entre le village et le petit moulin un petit bois à passer ; ce fut là que je trouvai dame Marguerite assise au bord de la voie. Le jour commençoit à tomber. Jacques, me dit-elle, enfin te voilà ! sais-tu qu'il y a plus d'une mortelle heure que je t'attends ?...

Lecteur, vous êtes aussi trop pointilleux. D'accord, la mortelle heure est des dames de la ville ; et la grande heure, de dame Marguerite.

JACQUES.

C'est que l'eau étoit basse, que le moulin alloit lentement, que le meûnier étoit ivre, et que, quelque diligence que j'aie faite, je n'ai pu revenir plus-tôt.

MARGUERITE.

Assieds-toi, et jasons un peu.

JACQUES.

Dame Marguerite, je le veux bien..... Me voilà assis à côté d'elle pour jaser, et cependant nous gardions le silence tous deux. Je lui dis donc : Mais, dame Marguerite, vous ne me dites mot, et nous ne jasons pas.

MARGUERITE.

C'est que je rêve à ce que mon mari m'a dit de toi.

JACQUES.

Ne croyez rien de ce que votre mari vous a dit; c'est un gausseur.

MARGUERITE.

Il m'a assuré que tu n'as jamais été amoureux.

JACQUES.

Oh! pour cela il a dit vrai.

MARGUERITE.

Quoi! jamais de ta vie?

JACQUES.

De ma vie.

MARGUERITE.

Comment! à ton âge, tu ne saurois pas ce que c'est qu'une femme?

JACQUES.

Pardonnez-moi, dame Marguerite.

MARGUERITE.

Et qu'est-ce que c'est qu'une femme?

JACQUES.

Une femme?...

MARGUERITE.

Oui, une femme.

JACQUES.

Attendez... C'est un homme qui a un cotillon, une cornette et de gros tetons.

LE MAÎTRE.

Ah ! scélérat !

JACQUES.

L'autre ne s'y étoit pas trompée; et je voulois que celle-ci s'y trompât. A ma réponse, dame Marguerite fit des éclats de rire qui ne finissoient point; et moi, tout ébahi, je lui demandai ce qu'elle avoit tant à rire. Dame Marguerite me dit qu'elle rioit de ma simplicité. Comment ! grand comme tu es, vrai, tu n'en saurois davantage ? = Non, dame Marguerite.

Là-dessus dame Marguerite se tut, et moi aussi. Mais, dame Marguerite, lui dis-je encore, nous nous sommes assis pour jaser; et voilà que vous ne dites mot et que nous ne jasons pas. Dame Marguerite, qu'avez-vous ? vous rêvez.

MARGUERITE.

Oui, je rêve... je rêve... je rêve...

En prononçant ces je rêve, sa poitrine s'élevoit, sa voix s'affoiblissoit, ses membres trembloient, ses yeux s'étoient fermés, sa bouche étoit entr'ouverte; elle poussa un profond soupir; elle défaillit, et je fis semblant de croire qu'elle étoit morte, et me mis à crier du ton de l'effroi : Dame

Marguerite! dame Marguerite! parlez-moi donc; dame Marguerite, est-ce que vous vous trouvez mal?

MARGUERITE.

Non, mon enfant; laisse-moi un moment en repos... Je ne sais ce qui m'a pris... Cela m'est venu subitement.

LE MAÎTRE.

Elle mentoit.

JACQUES.

Oui, elle mentoit.

MARGUERITE.

C'est que je rêvois.

JACQUES.

Rêvez-vous comme cela la nuit à côté de votre mari?

MARGUERITE.

Quelquefois.

JACQUES.

Cela doit l'effrayer.

MARGUERITE.

Il y est fait...

Marguerite revint peu-à-peu de sa défaillance, et dit: Je rêvois qu'à la nôce, il y a huit jours, notre homme et celui de la Suzanne, se sont moqués de toi; cela m'a fait pitié, et je me suis trouvée toute je ne sais comment.

JACQUES.

Vous êtes trop bonne.

MARGUERITE.

Je n'aime pas qu'on se moque. Je prévois qu'à la première occasion ils recommenceroient de plus belle, et que cela me fâcheroit encore.

JACQUES.

Mais il ne tiendroit qu'à vous que cela ne vous fâchât plus.

MARGUERITE.

Et comment ?

JACQUES.

En m'apprenant....

MARGUERITE.

Et quoi ?

JACQUES.

Ce que j'ignore, et ce qui faisoit tant rire votre homme et celui de la Suzanne, qui ne riroient plus.

MARGUERITE.

Oh! non, non. Je sais bien que tu es un bon garçon, et que tu ne le dirois à personne; mais je n'oserois.

JACQUES.

Et pourquoi ?

JACQUES

MARGUERITE.

C'est que je n'oserois.

JACQUES.

Ah! dame Marguerite, apprenez-moi, je vous prie, je vous en aurai la plus grande obligation, apprenez-moi.... En la suppliant ainsi, je lui serrois les mains et elle me les serroit aussi; je lui baisois les yeux, et elle me baisoit la bouche. Cependant il faisoit tout-à-fait nuit. Je lui dis donc : Je vois bien, dame Marguerite, que vous ne me voulez pas assez de bien pour m'apprendre; j'en suis tout-à-fait chagrin. Allons, levons-nous; retournons-nous-en.... Dame Marguerite se tut; elle reprit une de mes mains, je ne sais où elle la conduisit, mais le fait est que je m'écriai : Il n'y a rien! il n'y a rien!

LE MAÎTRE.

Scélérat! double scélérat!

JACQUES.

Le fait est qu'elle étoit fort déshabillée, et que je l'étois beaucoup aussi. Le fait est que j'avois toujours la main où il n'y avoit rien chez elle, et qu'elle avoit placé sa main où cela n'étoit pas tout-à-fait de même chez moi. Le fait est que je me trouvai sous elle et par-conséquent elle sur moi. Le fait est que, ne la soulageant d'aucune fatigue, il falloit bien qu'elle la prît toute entière.

Le fait est qu'elle se livroit à mon instruction de si bon cœur, qu'il vint un instant où je crus qu'elle en mourroit. Le fait est, qu'aussi troublé qu'elle, et ne sachant ce que je disois, je m'écriai : Ah ! dame Suzanne, que vous me faites aise !

LE MAÎTRE.

Tu veux dire dame Marguerite.

JACQUES.

Non, non. Le fait est que je pris un nom pour un autre ; et qu'au-lieu de dire dame Marguerite, je dis dame Suzon. Le fait est que j'avouai à dame Marguerite que ce qu'elle croyoit m'apprendre ce jour-là, dame Suzon me l'avoit appris, un peu diversement, à la vérité, il y avoit trois ou quatre jours. Le fait est qu'elle me dit : Quoi ! c'est Suzon et non pas moi ?... Le fait est que je lui répondis : Ce n'est ni l'une ni l'autre. Le fait est que, tout en se moquant d'elle-même, de Suzon, des deux maris, et qu'en me disant de petites injures, je me trouvai sur elle, et par-conséquent elle sous moi, et qu'en m'avouant que cela lui avoit fait bien du plaisir, mais pas autant que de l'autre manière, elle se trouva sur moi, et par-conséquent moi sous elle. Le fait est qu'après quelque temps de repos et de silence, je ne me trouvai ni elle dessous, ni moi dessus, ni elle dessus, ni moi dessous ; car nous étions l'un et l'autre sur le côté ; qu'elle avoit la tête penchée en devant et les deux fesses collées contre mes cuisses. Le fait est que, si j'avois été moins savant, la bonne dame Marguerite m'auroit appris tout ce qu'on peut apprendre. Le fait est que nous eûmes bien de la peine à regagner le village. Le fait est que mon mal de gorge est fort augmenté, et qu'il n'y a pas d'apparence que je puisse parler de quinze jours.

LE MAÎTRE.

Et tu n'as pas revu ces femmes ?

JACQUES.

Pardonnez-moi, plus d'une fois.

LE MAÎTRE.

Toutes deux ?

JACQUES.

Toutes deux.

LE MAÎTRE.

Elles ne se sont pas brouillées ?

JACQUES.

Utiles l'une à l'autre, elles s'en sont aimées davantage.

LE MAÎTRE.

Les nôtres en auroient bien fait autant, mais chacune avec son chacun.... Tu ris.

JACQUES.

Toutes les fois que je me rappelle le petit homme

criant, jurant, écumant, se débattant de la tête, des pieds, des mains, de tout le corps, et prêt à se jeter du haut du fenil en bas, au hasard de se tuer, je ne saurois m'empêcher d'en rire.

LE MAÎTRE.

Et ce petit homme, qui est-il? Le mari de la dame Suzon?

JACQUES.

Non.

LE MAÎTRE.

Le mari de la dame Marguerite?

JACQUES.

Non... Toujours le même; il en a pour tant qu'il vivra.

LE MAÎTRE.

Qui est-il donc?

Jacques ne répondit point à cette question, et le maître ajouta :

Dis-moi seulement qui étoit le petit homme.

JACQUES.

Un jour un enfant, assis au pied du comptoir d'une lingère, crioit de toute sa force. La marchande, importunée de ses cris, lui dit : Mon ami, pourquoi criez-vous? = C'est qu'ils veulent me faire dire A. = Et pourquoi ne voulez-vous pas dire A? = C'est que je n'aurai pas si-tôt dit A, qu'ils voudront me faire dire B... = C'est que je ne vous aurai pas si-tôt dit le nom du petit homme, qu'il faudra que je vous dise le reste.

LE MAÎTRE.

Peut-être.

JACQUES.

Cela est sûr.

LE MAÎTRE.

Allons, mon ami Jacques, nomme-moi le petit homme. Tu t'en meurs d'envie, n'est-ce pas ? Satisfais-toi.

JACQUES.

C'étoit une espèce de nain, bossu, crochu, bègue, borgne, jaloux, paillard, amoureux et peut-être aimé de Suzon. C'étoit le vicaire du village.

Jacques ressembloit à l'enfant de la lingère comme deux gouttes d'eau, avec cette différence que, depuis son mal de gorge, on avoit de la peine à lui faire dire A, mais une fois en train, il alloit de lui-même jusqu'à la fin de l'alphabet.

J'étois dans la grange de Suzon, seul avec elle.

LE MAÎTRE.

Et tu n'y étois pas pour rien ?

JACQUES.

Non. Lorsque le vicaire arrive, il prend de l'humeur, il gronde, il demande impérieusement à Suzon ce qu'elle faisoit en tête-à-tête avec le plus débauché des garçons du village, dans l'endroit le plus reculé de la chaumière.

LE MAÎTRE.

Tu avois déjà de la réputation, à ce que je vois.

JACQUES.

Et assez bien méritée. Il étoit vraiment fâché ; à ce propos il en ajouta d'autres encore moins obligeans. Je me fâche de mon côté. D'injure en injure nous en venons aux mains. Je saisis une fourche, je la lui passe entre les jambes, fourchon d'ici, fourchon de-là, et le lance sur le fenil, ni plus ni moins, comme une botte de paille.

LE MAÎTRE.

Et ce fenil étoit ?

JACQUES.

De dix pieds au moins, et le petit homme n'en seroit pas descendu sans se rompre le cou.

LE MAÎTRE.

Après ?

JACQUES.

Après, j'écarte le fichu de Suzon, je lui prends la gorge, je la caresse ; elle se défend comme cela. Il y avoit là un bât d'âne dont la commodité nous étoit connue ; je la pousse sur ce bât.

LE MAÎTRE.

Tu relèves ses jupons.

JACQUES.

Je relève ses jupons.

LE MAÎTRE.

Et le vicaire voyoit cela ?

JACQUES.

Comme je vous vois.

LE MAÎTRE.

Et il se taisoit ?

JACQUES.

Non pas, s'il vous plaît. Ne se contenant plus de rage, il se mit à crier : Au meu... meu... meurtre ! au feu... feu... feu !... au vo... au vo.... au voleur !... Et voilà le mari que nous croyons loin qui accourt.

LE MAÎTRE.

J'en suis fâché : je n'aime pas les prêtres.

JACQUES.

Et vous auriez été enchanté que sous les yeux de celui-ci.....

LE MAÎTRE.

J'en conviens.

JACQUES.

Suzon avoit eu le temps de se relever; je me

rajuste, me sauve, et c'est Suzon qui m'a raconté ce qui suit. Le mari qui voit le vicaire perché sur le fenil, se met à rire. Le vicaire lui disoit : Ris.... ris.... ris bien.... so.... so.... sot que tu es.... Le mari de lui obéir, de rire de plus belle, et de lui demander qui est-ce qui l'a niché là. = Le vicaire : Met.... met.... mets-moi.... à te.... te.... terre.... = Le mari de rire encore, et de lui demander comment il faut qu'il s'y prenne. = Le vicaire : Co.... co.... comme j'y.... j'y.... j'y suis mon.... mon.... monté.... a.... a.... avec la fou.... fou.... fourche.... = Par sanguienne, vous avez raison ; voyez ce que c'est que d'avoir étudié !... Le mari prend la fourche, la présente au vicaire ; celui-ci s'enfourche comme je l'avois enfourché ; le mari lui fait faire un ou deux tours de grange au bout de l'instrument de basse-cour, accompagnant cette promenade d'une espèce de chant en faux-bourdon ; et le vicaire crioit : Dé.... dé.... descends-moi, ma.... ma.... maraud, me.... me dé.... dé.... descendras.... dras-tu ?.... Et le mari lui disoit : A quoi tient-il, monsieur le vicaire, que je ne vous montre ainsi dans toutes les rues du village ? On n'y auroit jamais vu une aussi belle procession.... Cependant le vicaire en fut quitte pour la peur, et le mari le mit à terre. Je ne sais ce qu'il dit alors au mari, car Suzon s'étoit évadée ; mais j'entendis : Ma....

ma.... malheureux ! tu.... tu.... fra... fra....
frappes un.... un.... pré.... pré.... prêtre ;
je.... je.... t'e.... t'ex.... co.... co.... communie ; tu.... tu.... se.... seras da... da...
damné.... C'étoit le petit homme qui parloit; et
c'étoit le mari qui le pourchassoit à coup de fourche. J'arrive avec beaucoup d'autres ; d'aussi loin
que le mari m'apperçut, mettant sa fourche en
arrêt : Approche, approche, me dit-il.

LE MAÎTRE.

Et Suzon ?

JACQUES.

Elle s'en tira.

LE MAÎTRE.

Mal ?

JACQUES.

Non ; les femmes s'en tirent toujours bien quand
on ne les a pas surprises en flagrant-délit.... De
quoi riez-vous ?

LE MAÎTRE.

De ce qui me fera rire, comme toi, toutes les
fois que je me rappellerai le petit prêtre au bout de
la fourche du mari.

JACQUES.

Ce fut peu de temps après cette aventure, qui
vint aux oreilles de mon père et qui en rit aussi,
que je m'engageai, comme je vous ai dit....

Après quelques momens de silence ou de toux

de la part de Jacques, disent les uns, ou après avoir encore ri, disent les autres, le maître s'adressant à Jacques, lui dit : Et l'histoire de tes amours ? = Jacques hocha la tête et ne répondit pas.

Comment un homme de sens, qui a des mœurs, qui se pique de philosophie, peut-il s'amuser à débiter des contes de cette obscénité ? = Premièrement, lecteur, ce ne sont pas des contes, c'est une histoire, et je ne me sens pas plus coupable, et peut-être moins, quand j'écris les sottises de Jacques, que Suétone quand il nous transmet les débauches de Tibère. Cependant vous lisez Suétone, et vous ne lui faites aucun reproche. Pourquoi ne froncez-vous pas le sourcil à Catulle, à Martial, à Horace, à Juvénal, à Pétrone, à Lafontaine et à tant d'autres ? Pourquoi ne dites-vous pas au stoïcien Sénèque : Quel besoin avons-nous de la crapule de votre esclave aux miroirs concaves ? Pourquoi n'avez-vous de l'indulgence que pour les morts ? Si vous réfléchissiez un peu à cette partialité, vous verriez qu'elle naît de quelque principe vicieux. Si vous êtes innocent, vous ne me lirez pas; si vous êtes corrompu, vous me lirez sans conséquence. Et puis, si ce que je vous dis là ne vous satisfait pas, ouvrez la préface de Jean-Baptiste Rousseau, et vous y trouverez mon apologie. Quel est celui d'entre vous qui ôsat blâmer Voltaire d'avoir composé *la Pucelle* ? Aucun.

Vous avez donc deux balances pour les actions des hommes ? Mais, dites-vous, *la Pucelle* de Voltaire est un chef-d'œuvre ! = Tant pis, puisqu'on ne l'en lira que davantage. = Et votre *Jacques* n'est qu'une insipide rapsodie de faits, les uns réels, les autres imaginés, écrits sans grace et distribués sans ordre. = Tant mieux, mon *Jacques* en sera moins lu. De quelque côté que vous vous tourniez, vous avez tort. Si mon ouvrage est bon, il vous fera plaisir ; s'il est mauvais, il ne fera point de mal. Point de livre plus innocent qu'un mauvais livre. Je m'amuse à écrire sous des noms empruntés les sottises que vous faites ; vos sottises me font rire ; mon écrit vous donne de l'humeur. Lecteur, à vous parler franchement, je trouve que le plus méchant de nous deux, ce n'est pas moi. Que je serois satisfait s'il m'étoit aussi facile de me garantir de vos noirceurs, qu'à vous de l'ennui ou du danger de mon ouvrage ! Vilains hypocrites, laissez-moi en repos. F....tez comme des ânes débâtés ; mais permettez-moi que je dise f...tre ; je vous passe l'action, passez-moi le mot. Vous prononcez hardiment tuer, voler, trahir, et l'autre vous ne l'oseriez qu'entre les dents ! Est-ce que moins vous exhalez de ces prétendues impuretés en paroles, plus il vous en reste dans la pensée ? Et que vous a fait l'action génitale, si naturelle, si nécessaire et si juste, pour en exclure le signe de vos entretiens, et pour imaginer que votre bouche, vos yeux et vos oreilles en seroient souillés ? Il est bon que les expressions les moins usitées, les moins écrites, les mieux tues soient les mieux sues et les plus généralement connues ; aussi cela est ; aussi le mot *futuo* n'est-il pas moins familier que le mot pain ; nul âge ne l'ignore, nul idiôme n'en est privé : il a mille synonymes dans toutes les langues, il s'imprime en chacune sans être exprimé, sans voix, sans figure ; et le sexe qui le fait le plus, a usage de le taire le plus. Je vous entends encore, vous vous écriez : Fi, le cynique ! Fi, l'impudent ! Fi, le sophiste !.... Courage ; insultez bien un auteur estimable que vous avez sans cesse entre les mains, et dont je ne suis ici que le traducteur. La licence de son style m'est presque un garant de la pureté de ses mœurs ; c'est Montaigne. *Lasciva est nobis pagina, vita proba.*

Jacques et son maître passèrent le reste de la journée sans desserrer les dents. Jacques toussoit, et son maître disoit : Voilà une cruelle toux ! regardoit à sa montre l'heure qu'il étoit sans le savoir, ouvroit sa tabatière sans s'en douter, et prenoit sa prise de tabac sans le sentir ; ce qui me le prouve, c'est qu'il faisoit ces choses trois ou quatre fois de suite et dans le même ordre. Un moment après Jacques toussoit encore, et son maître disoit : Quelle diable de toux ! Aussi tu t'en es donné du vin de l'hôtesse jusqu'au nœud

de la gorge. Hier au soir, avec le secrétaire, tu
ne t'es pas ménagé davantage ; quand tu remontas
tu chancelois, tu ne savois ce que tu disois ; et
aujourd'hui tu as fait dix haltes, et je gage qu'il ne
reste pas une goutte de vin dans ta gourde ?...
Puis il grommeloit entre ses dents, regardoit à sa
montre, et régaloit ses narines.

J'ai oublié de vous dire, lecteur, que Jacques
n'alloit jamais sans une gourde remplie du meilleur ; elle étoit suspendue à l'arçon de sa selle. A
chaque fois que son maître interrompoit son récit
par quelque question un peu longue, il détachoit
sa gourde, en buvoit un coup à la régalade, et
ne la remettoit à sa place que quand son maître
avoit cessé de parler. J'avois encore oublié de vous
dire que, dans les cas qui demandoient de la réflexion, son premier mouvement étoit d'interroger
sa gourde. Falloit-il résoudre une question de morale, discuter un fait, préférer un chemin à un
autre, entamer, suivre ou abandonner une affaire,
peser les avantages ou les désavantages d'une opération de politique, d'une spéculation de commerce ou de finance, la sagesse ou la folie d'une
loi, le sort d'une guerre, le choix d'une auberge,
dans une auberge le choix d'un appartement, dans
un appartement le choix d'un lit, son premier mot
étoit : Interrogeons la gourde. Son dernier avis
étoit : C'est l'avis de la gourde et le mien. Lorsque
le destin étoit muet dans sa tête, il s'expliquoit

par sa gourde, c'étoit une espèce de Pythie portative, silencieuse aussi-tôt qu'elle étoit vide. A Delphes, la Pythie, ses cotillons retroussés, assise à nud sur le trépied, recevoit son inspiration du bas en haut; Jacques, sur son cheval, la tête tournée vers le ciel, sa gourde débouchée et le goulot incliné vers sa bouche, recevoit son inspiration de haut en bas. Lorsque la Pythie et Jacques prononçoient leurs oracles, ils étoient ivres tous les deux. Il prétendoit que l'Esprit saint étoit descendu sur les apôtres dans une gourde; il appeloit la Pentecôte la fête des gourdes. Il a laissé un petit traité de toutes les sortes de divinations, traité profond dans lequel il donne la préférence à la divination par Bacbuc ou par la gourde. Il s'inscrit en faux, malgré toute la vénération qu'il lui portoit, contre le curé de Meudon, qui interrogeoit la dive Bacbuc par le choc de la panse. J'aime Rabelais, dit-il, mais j'aime mieux la vérité que Rabelais. Il l'appelle hérétique *Engastrémithe*; et il prouve par cent raisons, meilleures les unes que les autres, que les vrais oracles de Bacbuc ou de la gourde ne se faisoient entendre que par le goulot. Il compte au rang des sectateurs distingués de Bacbuc, des vrais inspirés de la gourde dans ces derniers siècles, Rabelais, la Fare, Chapelle, Chaulieu, Lafontaine, Molière, Panard, Gallet, Vadé. Platon et Jean-Jacques Rousseau, qui prônèrent le bon vin sans en boire, sont à son avis deux faux frères de la gourde. La gourde eut autrefois quelques sanctuaires célèbres; la Pomme-de-Pin, le Temple et la Guinguette, sanctuaire dont il écrit l'histoire séparément. Il fait la peinture la plus magnifique de l'enthousiasme, de la chaleur, du feu dont les Bacbuciens ou Périgourdins étoient et furent encore saisis de nos jours, lorsque sur la fin du repas, les coudes appuyés sur la table, la dive Bacbuc ou la gourde sacrée leur apparoissoit, étoit déposée au milieu d'eux, siffloit, jetoit sa coiffe loin d'elle, et couvroit ses adorateurs de son écume prophétique. Son manuscrit est décoré de deux portraits, au bas desquels on lit : *Anacréon et Rabelais, l'un parmi les anciens, l'autre parmi les modernes, souverain pontife de la gourde.*

Et Jacques s'est servi du terme engastrémithe?... Pourquoi pas, lecteur ? Le capitaine de Jacques étoit Bacbucien; il a pu connoître cette expression; et Jacques, qui recueilloit tout ce qu'il disoit, se la rappeler; mais la vérité, c'est que l'*Engastrémithe* est de moi, et qu'on lit sur le texte original : *Ventriloque.*

Tout cela est fort beau, ajoutez-vous ; mais les amours de Jacques ? = Les amours de Jacques, il n'y a que Jacques qui les sache; et le voilà tourmenté d'un mal de gorge qui réduit son maître à sa montre et à sa tabatière; indigence qui l'afflige autant que vous. = Qu'allons-nous donc devenir?

Ma foi, je n'en sais rien. Ce seroit bien ici le cas d'interroger la dive Bacbuc ou la gourde sacrée ; mais son culte tombe, ses temples sont déserts. Ainsi qu'à la naissance de notre divin sauveur, les oracles du paganisme cessèrent ; à la mort de Gallet les oracles de Bacbuc furent muets ; aussi plus de grands poëmes, plus de ces morceaux d'une éloquence sublime ; plus de ces productions marquées au coin de l'ivresse et du génie ; tout est raisonné, compassé, académique et plat. O dive Bacbuc ! ô Gourde sacrée ! ô divinité de Jacques ! Revenez au milieu de nous !... Il me prend envie, lecteur, de vous entretenir de la naissance de dive Bacbuc, des prodiges qui l'acompagnèrent et qui la suivirent, des merveilles de son règne et des désastres de sa retraite ; et si le mal de gorge de notre ami Jacques dure, et que son maître s'opiniâtre à garder le silence, il faudra bien que vous vous contentiez de cette épisode, que je tâcherai de pousser jusqu'à ce que Jacques guérisse et reprenne l'histoire de ses amours.....

Il y a ici une lacune vraiment déplorable dans la conversation de Jacques et de son maître. Quelque jour un descendant de Nodot, du président de Brosses, de Freinshémius, ou du Père Bróttier, la remplira peut-être ; et les descendans de Jacques ou de son maître, propriétaires du manuscrit, en riront beaucoup.

Il paroît que Jacques, réduit au silence par son

mal de gorge, suspendit l'histoire de ses amours; et que son maître commença l'histoire des siennes. Ce n'est ici qu'une conjecture que je donne pour ce qu'elle vaut. Après quelques lignes ponctuées qui annoncent la lacune, on lit : Rien n'est plus triste dans ce monde que d'être un sot.... Est-ce Jacques qui profère cet apophthegme? Est-ce son maître? Ce seroit le sujet d'une longue et épineuse dissertation. Si Jacques étoit assez insolent pour adresser ces mots à son maître, celui-ci étoit assez franc pour se les adresser à lui-même. Quoi qu'il en soit, il est évident, il est très-évident que c'est le maître qui continue.

LE MAÎTRE.

C'étoit la veille de sa fête, et je n'avois point d'argent. Le chevalier de Saint-Ouin, mon intime ami, n'étoit jamais embarrassé de rien. Tu n'as point d'argent, me dit-il? = Non. = Eh bien! il n'y a qu'à en faire. = Et tu sais comme on en fait? = Sans doute. Il s'habille, nous sortons, et il me conduit à travers plusieurs rues détournées dans une petite maison obscure, où nous montons par un petit escalier sale à un troisième, où j'entre dans un appartement assez spacieux et singulièrement meublé. Il y avoit entre autres choses trois commodes de front, toutes trois de formes différentes; par derrière celle du milieu, un grand miroir à chapiteau trop haut pour le plafond, en sorte qu'un bon demi-pied de ce miroir étoit caché par la commode ; sur ces commodes des marchandises de toute espèce ; deux trictracs ; autour de l'appartement, des chaises assez belles, mais pas une qui eût sa pareille ; au pied d'un lit sans rideaux une superbe duchesse ; contre une des fenêtres une volière sans oiseaux, mais toute neuve ; à l'autre fenêtre un lustre suspendu par un manche à balai, et le manche à balai portant des deux bouts sur les dossiers de deux mauvaises chaises de paille ; et puis de droite et de gauche des tableaux, les uns attachés aux murs, les autres en pile.

JACQUES.

Cela sent le faiseur d'affaires d'une lieue à la ronde.

LE MAÎTRE.

Tu l'as deviné. Et voilà le chevalier et M. le Brun (c'est le nom de notre brocanteur et courtier d'usure) qui se précipitent dans les bras l'un de l'autre.... Eh ! c'est vous, monsieur le chevalier ? = Et oui, c'est moi, mon cher le Brun. = Mais que devenez-vous donc ? Il y a une éternité qu'on ne vous a vu. Les temps sont bien tristes ; n'est-il pas vrai ? = Très-tristes, mon cher le Brun. Mais il ne s'agit pas de cela ; écoutez-moi, j'aurois un mot à vous dire.... = Je m'assieds. Le chevalier et le Brun se retirent dans un coin, et se parlent. Je ne puis te rendre de leur conversation que quelques mots que je surpris à la volée.... = Il est bon ? = Excellent. = Majeur ? = Très-majeur. = C'est le fils ? = Le fils. = Savez-vous que nos deux dernières affaires ?.... Parlez plus bas. = Le père ? = Riche. = Vieux ? = Et caduc. Le Brun à haute voix : Tenez, monsieur le chevalier, je ne veux plus me mêler de rien, cela a toujours des suites fâcheuses. C'est votre ami, à la bonne heure ! Monsieur a tout-à-fait l'air d'un galant homme ; mais.... = Mon cher le Brun ! = Je n'ai point d'argent. = Mais vous avez des connoissances ! = Ce sont tous des gueux, de fieffés fripons. Monsieur le chevalier, n'êtes-vous point las de passer par ces mains-là ? = Nécessité n'a point de loi. = La nécessité qui vous presse est une plaisante nécessité, une bouillotte, une partie de la belle, quelque fille. = Cher ami... = C'est toujours moi, je suis foible comme un enfant ; et puis vous ; je ne sais pas à qui vous ne feriez pas fausser un serment. Allons, sonnez donc, afin que je sache si Fourgeot est chez lui... Non, ne sonnez pas, Fourgeot vous mènera chez Merval. = Pourquoi pas vous ? = Moi ! j'ai juré que cet abominable Merval ne travailleroit ni pour moi ni pour mes amis. Il faudra que vous répondiez pour monsieur, qui peut être, qui est un honnête homme ; que je réponde pour vous à Fourgeot, et que Fourgeot réponde pour moi à Merval.... = Cependant la servante étoit entrée en disant : C'est

chez M. Fourgeot? = Le Brun à sa servante :
Non, ce n'est chez personne..... Monsieur le
chevalier, je ne saurois absolument, je ne saurois. = Le chevalier l'embrasse, le caresse : Mon
cher le Brun! mon cher ami!.... Je m'approche,
je joins mes instances à celles du chevalier : Monsieur le Brun ! mon cher monsieur!.... = Le
Brun se laisse persuader. La servante, qui sourioit
de cette momerie, part, et dans un clin-d'œil re-
paroît avec un petit homme boiteux, revêtu de
noir, canne à la main, bègue, le visage sec et ridé,
l'œil vif. Le chevalier se tourne de son côté et lui
dit : Allons, monsieur Mathieu de Fourgeot, nous
n'avons pas un moment à perdre, conduisez-nous
vite.... Fourgeot, sans avoir l'air de l'écouter,
délioit une petite bourse de chamois. Le chevalier
à Fourgeot : Vous vous moquez, cela nous regarde.... Je m'approche, je tire un petit écu que
je glisse au chevalier qui le donne à la servante en
lui passant la main sous le menton. Cependant le
Brun disoit à Fourgeot : Je vous le défends ; ne con-
duisez point là ces messieurs. = Fourgeot : Monsieur le Brun, pourquoi donc ? = C'est un fripon,
c'est un gueux. = Je sais bien que monsieur de
Merval.... mais à tout péché miséricorde ; et
puis je ne connois que lui qui ait de l'argent pour
le moment. = Le Brun : Monsieur Fourgeot, faites comme il vous plaira ; messieurs, je m'en lave
les mains. = Fourgeot à le Brun : M. le Brun, est-

ce que vous ne venez pas avec nous ? == Le Brun : Moi ! Dieu m'en préserve. C'est un infâme que je ne reverrai de ma vie. == Fourgeot : Mais sans vous nous ne finirons rien. == Le chevalier : Il est vrai. Allons, mon cher le Brun, il s'agit de me servir, il s'agit d'obliger un galant homme qui est dans la presse ; vous ne me refuserez pas ; vous viendrez. == Le Brun : Aller chez un Merval ! moi ! moi ! == Le chevalier : Oui, vous, vous viendrez pour moi.... == A force de sollicitations le Brun se laisse entraîner, et nous voilà, lui le Brun, le chevalier, Mathieu de Fourgeot, en chemin, le chevalier frappant amicalement dans la main de le Brun, et me disant : C'est le meilleur homme, l'homme du monde le plus officieux, la meilleure connoissance.... == Le Brun : Je crois que monsieur le chevalier me feroit faire de la fausse monnoie.... == Nous voilà chez Merval.

JACQUES.

Mathieu de Fourgeot....

LE MAÎTRE.

Eh bien ! qu'en veux-tu dire ?

JACQUES.

Mathieu de Fourgeot !.. Je veux dire que M. le chevalier de Saint-Ouin connoît ces gens-là par nom et surnom ; et que c'est un gueux, d'intelligence avec toute cette canaille-là.

LE MAÎTRE.

Tu pourrois bien avoir raison.... Il est impossible de connoître un homme plus doux, plus civil, plus honnête, plus poli, plus humain, plus compatissant, plus désintéressé que M. de Merval. Mon âge de majorité et ma solvabilité bien constatée, M. de Merval prit un air tout-à-fait affectueux et triste, et nous dit avec le ton de la componction, qu'il étoit au désespoir; qu'il avoit été dans cette même matinée obligé de secourir un de ses amis pressé des besoins les plus urgens; et qu'il étoit tout-à-fait à sec. Puis s'adressant à moi, il ajouta : Monsieur, n'ayez point de regret de ne pas être venu plus-tôt; j'aurois été affligé de vous refuser, mais je l'aurois fait : l'amitié passe avant tout.... = Nous voilà tous bien ébahis; voilà le chevalier, le Brun même et Fourgeot aux genoux de Merval, et M. de Merval qui leur disoit : Messieurs, vous me connoissez tous; j'aime à obliger, et tâche de ne pas gâter les services que je rends en les faisant solliciter; mais, foi d'homme d'honneur, il n'y a pas quatre louis dans la maison.... = Moi, je ressemblois, au milieu de ces gens-là, à un patient qui a entendu sa sentence. Je disois au chevalier : Chevalier, allons-nous-en, puisque ces messieurs ne peuvent rien.... Et le chevalier me tirant à l'écart : Tu n'y penses pas, c'est la veille de sa fête. Je l'ai prévenue, je t'en avertis;

et elle s'attend à une galanterie de ta part. Tu la connois : ce n'est pas qu'elle soit intéressée ; mais elle est comme toutes les autres, qui n'aiment pas à être trompées dans leur attente. Elle s'en sera déjà vantée à son père, à sa mère, à ses tantes, à ses amies ; et, après cela, n'avoir rien à leur montrer, cela est mortifiant.... Et puis le voilà revenu à Merval, et le pressant plus vivement encore. Merval, après s'être bien fait tirailler, dit : J'ai la plus sotte âme du monde ; je ne saurois voir les gens en peine. Je rêve ; et il me vient une idée. = Le chevalier : Et quelle idée ? = Pourquoi ne prendriez-vous pas des marchandises ? = Le chevalier : En avez-vous ? = Non ; mais je connois une femme qui vous en fournira, une brave femme, une honnête femme. = Le Brun : Oui, mais qui nous fournira des guenilles, qu'elle nous vendra au poids de l'or, et dont nous ne retirerons rien. = Merva : Point du tout, ce seront de très-belles étoffes, des bijoux en or et en argent, des soiries de toute espèce, des perles, quelques pierreries ; il y aura très-peu de chose à perdre sur ces effets. C'est une bonne créature à se contenter de peu, pourvu qu'elle ait ses sûretés ; ce sont des marchandises d'affaires qui lui reviennent à très-bon prix. Au reste, voyez-les, la vue ne vous en coûtera rien... = Je représentai à Merval et au chevalier, que mon état n'étoit pas de vendre ; et que, quand cet arrangement ne me répugneroit pas, ma position ne me laisseroit pas le temps d'en tirer parti. Les officieux le Brun et Mathieu de Fourgeot dirent tous à-la-fois : Qu'à cela ne tienne, nous vendrons pour vous ; c'est l'embarras d'une demi-journée... Et la séance fut remise à l'après-midi chez M. de Merval, qui, me frappant doucement sur l'épaule, me disoit d'un ton onctueux et pénétré : Monsieur, je suis charmé de vous obliger ; mais, croyez-moi, faites rarement de pareils emprunts ; ils finissent toujours par ruiner. Ce seroit un miracle, dans ce pays-ci, que vous eussiez encore à traiter une fois avec d'aussi honnêtes gens que messieurs le Brun et Mathieu de Fourgeot.... Le Brun et Fourgeot de Mathieu, ou Mathieu de Fourgeot, le remercièrent en s'inclinant, et lui disant qu'il avoit bien de la bonté, qu'ils avoient tâché jusqu'à présent de faire leur petit commerce en conscience, et qu'il n'y avoit pas de quoi les louer. = Merval : Vous vous trompez, messieurs, car qui est-ce qui a de la conscience à présent? Demandez à M. le chevalier de Saint-Ouin, qui doit en savoir quelque chose... = Nous voilà sortis de chez Merval, qui nous demande, du haut de son escalier, s'il peut compter sur nous et faire avertir sa marchande. Nous lui répondons qu'oui ; et nous allons tous quatre dîner dans une auberge voisine, en attendant l'heure du rendez-vous.

Ce fut Mathieu de Fourgeot qui commanda le dîner, et qui le commanda bon. Au dessert, deux marmottes s'approchèrent de notre table avec leurs vielles ; le Brun les fit asseoir. On les fit boire, on les fit jaser, on les fit jouer. Tandis que mes trois convives s'amusoient à en chiffonner une, sa compagne, qui étoit à côté de moi, me dit tout bas : Monsieur, vous êtes là en bien mauvaise compagnie ; il n'y a pas un de ces gens-là qui n'ait son nom sur le livre rouge (*).

Nous quittâmes l'auberge à l'heure indiquée, et nous nous rendîmes chez Merval. J'oubliois de te dire que ce dîner épuisa la bourse du chevalier et la mienne, et qu'en chemin le Brun dit au chevalier, qui me le redit, que Mathieu de Fourgeot exigeoit dix louis pour sa commission ; que c'étoit le moins qu'on pût lui donner ; que s'il étoit satisfait de nous, nous aurions les marchandises à meilleur prix, et que nous retrouverions aisément cette somme sur la vente.

Nous voilà chez Merval, où sa marchande nous avoit précédés avec ses marchandises. Madame Bridoie (c'est son nom) nous accabla de politesses et de révérences, et nous étala des étoffes, des toiles, des dentelles, des bagues, des diamans, des boîtes d'or. Nous prîmes de tout. Ce furent le Brun, Mathieu de Fourgeot et le chevalier, qui mirent le prix aux choses ; et c'est Merval qui tenoit la plume. Le total se monta à dix-neuf mille

———————————————————————

(*) Registre de la Police.

sept cent soixante et quinze livres, dont j'allois faire mon billet, lorsque mademoiselle Bridoie me dit, en faisant une révérence (car elle ne s'adressoit jamais à personne sans le révérencier) : Monsieur, votre dessein est de payer vos billets à leurs échéances ? = Assurément, lui répondis-je. = En ce cas, me répliqua-t-elle, il vous est indifférent de me faire des billets ou des lettres-de-change ? Le mot de lettre-de-change me fit pâlir. Le chevalier s'en apperçut, et dit à mademoiselle Bridoie : Des lettres-de-change, mademoiselle ! mais ces lettres-de-change courront, et l'on ne sait en quelles mains elles pourroient aller. = Vous vous moquez, monsieur le chevalier; on sait un peu les égards dûs aux personnes de votre rang... Et puis une révérence... On tient ces papiers-là dans son porte-feuille; on ne les produit qu'à temps. Tenez, voyez.... Et puis une révérence.... Elle tire son porte-feuille de sa poche; elle lit une multitude de noms de tout état et de toute condition. Le chevalier s'étoit approché de moi, et me disoit : Des lettres-de-change! cela est diablement sérieux. Vois ce que tu veux faire. Cette femme me paroît honnête; et puis, avant l'échéance, tu seras en fonds ou j'y serai.

JACQUES.

Et vous signâtes les lettres-de-change ?

LE MAÎTRE.

Il est vrai.

JACQUES.

C'est l'usage des pères, lorsque leurs enfans partent pour la capitale, de leur faire un petit sermon. Ne fréquentez point mauvaise compagnie; rendez-vous agréable à vos supérieurs, par de l'exactitude à remplir vos devoirs; conservez votre religion; fuyez les filles de mauvaise vie, les chevaliers d'industrie, et sur-tout ne signez jamais de lettres-de-change.

LE MAÎTRE.

Que veux-tu, je fis comme les autres; la première chose que j'oubliai, ce fut la leçon de mon père. Me voilà pourvu de marchandises à vendre, mais c'est de l'argent qu'il nous falloit. Il y avoit quelques paires de manchettes à dentelle, très-belles : le chevalier s'en saisit au prix coûtant, en me disant : Voilà déjà une partie de tes emplettes, sur laquelle tu ne perdras rien. Mathieu de Fourgeot prit une montre et deux boîtes d'or, dont il alloit sur-le-champ m'apporter la valeur; le Brun prit en dépôt le reste chez lui. Je mis dans ma poche une superbe garniture avec les manchettes; c'étoit une des fleurs du bouquet que j'avois à donner. Mathieu de Fourgeot revint en un clin-d'œil avec soixante louis : il en retint dix pour lui, et je reçus les cinquante autres. Il me dit qu'il n'avoit vendu ni la montre ni les deux boîtes, mais qu'il les avoit mises en gage.

JACQUES.

En gage ?

LE MAÎTRE.

Oui.

JACQUES.

Je sais où.

LE MAÎTRE.

Où ?

JACQUES.

Chez la demoiselle aux révérences, la Bridoie.

LE MAÎTRE.

Il est vrai. Avec la paire de manchettes et sa garniture, je pris encore une jolie bague, avec une boîte à mouches, doublée d'or. J'avois cinquante louis dans ma bourse; et nous étions, le chevalier et moi, de la plus belle gaîté.

JACQUES.

Voilà qui est fort bien. Il n'y a dans tout ceci qu'une chose qui m'intrigue; c'est le désintéressement du sieur le Brun; est-ce que celui-là n'eut aucune part à la dépouille ?

LE MAÎTRE.

Allons donc, Jacques, vous vous moquez; vous ne connoissez pas M. le Brun. Je lui proposai de reconnoître ses bons offices, il se fâcha, il me répondit que je le prenois apparemment pour un Mathieu de Fourgeot ; qu'il n'avoit jamais tendu la main. Voilà mon cher le Brun, s'écria le chevalier, c'est toujours lui-même ; mais nous rougirions qu'il fût plus honnête que nous... Et à l'instant il prit parmi nos marchandises deux douzaines de mouchoirs, une pièce de mousseline, qu'il lui fit accepter pour sa femme et pour sa fille. Le Brun se mit à considérer les mouchoirs, qui lui parurent si beaux, la mousseline qu'il trouva si fine, cela lui étoit offert de si bonne grâce, il avoit une si prochaine occasion de prendre sa revanche avec nous par la vente des effets qui restoient entre ses mains, qu'il se laissa vaincre ; et nous voilà partis, et nous acheminant à toutes jambes de fiacre vers la demeure de celle que j'aimois, et à qui la garniture, les manchettes et la bague étoient destinées. Le présent réussit à merveille. On fut charmante. On essaya sur-le-champ la garniture et les manchettes ; la bague sembloit avoir été faite pour le doigt. On soupa, et gaîment, comme tu penses bien.

JACQUES.

Et vous couchâtes là ?

LE MAÎTRE.

Non.

JACQUES.

Ce fut donc le chevalier ?

LE MAÎTRE.

Je le crois.

JACQUES.

Du train dont on vous menoit, vos cinquante louis ne durèrent pas long-temps.

LE MAÎTRE.

Non. Au bout de huit jours nous nous rendimes chez le Brun pour voir ce que le reste de nos effets avoit produit.

JACQUES.

Rien, ou peu de chose. Le Brun fut triste, il se déchaîna contre Merval et la demoiselle aux révérences, les appela gueux, infâmes, fripons, jura de rechef de n'avoir jamais rien à demêler avec eux, et vous remit sept à huit cents francs.

LE MAÎTRE.

A-peu-près ; huit cent soixante et dix livres.

JACQUES.

Ainsi, si je sais un peu calculer, huit cent soixante et dix livres de le Brun, cinquante louis de Merval ou de Fourgeot, la garniture, les manchettes et la bague, allons, encore cinquante louis, et voilà ce qui vous est rentré de vos dix-neuf mille sept cent soixante et quinze livres, en marchandises. Diable ! cela est honnête. Merval avoit raison, on n'a pas tous les jours à traiter avec d'aussi dignes gens.

LE MAÎTRE.

Tu oublies les manchettes prises au prix coûtant par le chevalier.

JACQUES.

C'est que le chevalier ne vous en a jamais parlé.

LE MAÎTRE.

J'en conviens. Et les deux boîtes d'or et la montre mises en gage par Mathieu, tu n'en dis rien.

JACQUES.

C'est que je ne sais qu'en dire.

LE MAÎTRE.

Cependant l'échéance des lettres-de-change arriva.

JACQUES.

Et vos fonds ni ceux du chevalier n'arrivèrent point.

LE MAÎTRE.

Je fus obligé de me cacher. On instruisit mes parens; un de mes oncles vint à Paris. Il présenta un mémoire à la police contre tous ces fripons. Ce mémoire fut renvoyé à un des commis; ce commis étoit un protecteur gagé de Merval. On répondit que, l'affaire étant en justice réglée, la police n'y pouvoit rien. Le prêteur sur gages à qui Mathieu avoit confié les deux boîtes fit assigner Mathieu. J'intervins dans ce procès. Les frais de justice furent si énormes, qu'après la vente de la montre et des boîtes, il s'en manquoit encore cinq ou six cents francs qu'il n'y eût de quoi tout payer.

Vous ne croirez pas cela, lecteur. Et si je vous disois qu'un limonadier, décédé il y a quelques temps dans mon voisinage, laissa deux pauvres orphelins en bas âge. Le commissaire se transporte chez le défunt ; on appose un scellé. On lève ce scellé, on fait un inventaire, une vente ; la vente produit huit à neuf cents francs. De ces neuf cents francs, les frais de justice prélevés, il reste deux sous pour chaque orphelin ; on leur met à chacun ces deux sous dans la main, et on les conduit à l'hôpital.

LE MAÎTRE.

Cela fait horreur.

JACQUES.

Et cela dure.

LE MAÎTRE.

Mon père mourut dans ces entrefaites. J'acquittai les lettres-de-change, et je sortis de ma retraite, où, pour l'honneur du chevalier et de

mon amie, j'avouerai qu'ils me tinrent assez fidelle compagnie.

JACQUES.

Et vous voilà tout aussi féru qu'auparavant du
chevalier et de votre belle ; votre belle vous tenant
la dragée plus haute que jamais.

LE MAÎTRE.

Et pourquoi cela, Jacques ?

JACQUES.

Pourquoi ? C'est que maître de votre personne
et possesseur d'une fortune honnête, il falloit faire
de vous un sot complet, un mari.

LE MAÎTRE.

Ma foi, je crois que c'étoit leur projet ; mais
il ne réussit pas.

JACQUES.

Vous êtes bien heureux, ou ils ont été bien
mal-adroits.

LE MAÎTRE.

Mais il me semble que ta voix est moins rauque,
et que tu parles plus librement.

JACQUES.

Cela vous semble, mais cela n'est pas.

LE MAÎTRE.

Tu ne pourrois donc pas reprendre l'histoire de
tes amours ?

JACQUES.

Non.

LE MAÎTRE.

Et ton avis est que je continue l'histoire des miennes ?

JACQUES.

C'est mon avis de faire une pause, et de hausser la gourde.

LE MAÎTRE.

Comment ! avec ton mal de gorge tu as fait remplir ta gourde ?

JACQUES.

Oui ; mais, de par tous les diables, c'est de tisanne ; aussi je n'ai point d'idées, je suis bête; et tant qu'il n'y aura dans la gourde que de la tisanne, je serai bête.

LE MAÎTRE.

Que fais-tu ?

JACQUES.

Je verse la tisanne à terre ; je crains qu'elle ne nous porte malheur.

LE MAÎTRE.

Tu es fou.

JACQUES.

Sage ou fou, il n'en restera pas la valeur d'une larme dans la gourde.

Tandis que Jacques vide à terre sa gourde, son maître regarde à sa montre, ouvre sa tabatière, et se dispose à continuer l'histoire de ses amours. Et moi, lecteur, je suis tenté de lui fermer la bouche en lui montrant de loin ou un vieux militaire, sur son cheval, le dos voûté, et s'acheminant à grands pas; ou une jeune paysanne en petit chapeau de paille, en cotillons rouges, faisant son chemin à pied ou sur un âne. Et pourquoi le vieux militaire ne seroit-il pas ou le capitaine de Jacques ou le camarade de son capitaine ? = Mais il est mort. = Vous le croyez ?... Pourquoi la jeune paysanne ne seroit-elle pas ou la dame Suzon, ou la dame Marguerite, ou l'hôtesse du Grand-Cerf, ou la mère Jeanne, ou même Denise sa fille ? Un faiseur de roman n'y manqueroit pas; mais je n'aime pas les romans, à moins que ce ne soient ceux de Richardson. Je fais l'histoire; cette histoire intéressera ou n'intéressera pas : c'est le moindre de mes soucis. Mon projet est d'être vrai, je l'ai rempli. Ainsi, je ne ferai point revenir Frère Jean de Lisbonne; ce gros prieur, qui vient à nous dans un cabriolet, à côté d'une jeune et jolie femme, ce ne sera point l'abbé Hudson. = Mais l'abbé Hudson est mort ? = Vous le croyez ? Avez-vous assisté à ses obsèques ? = Non. = Vous ne l'avez point vu mettre en terre ? = Non. = Il est donc mort ou vivant, comme il me plaira. Il ne tiendroit qu'à moi d'arrêter ce cabriolet, et d'en faire sortir avec le prieur et sa compagne de voyage une suite d'événemens en conséquence desquels vous ne sauriez ni les amours de Jacques, ni celles de son maître; mais je dédaigne toutes ces ressources-là, je vois seulement qu'avec un peu d'imagination et de style, rien de plus aisé que de filer un roman. Demeurons dans le vrai, et en attendant que le mal de gorge de Jacques se passe, laissons parler son maître.

LE MAÎTRE.

Un matin, le chevalier m'apparut fort triste; c'étoit le lendemain d'un jour que nous avions passé à la campagne, le chevalier, son amie ou la mienne, ou peut-être de tous les deux, le père, la mère, les tantes, les cousines et moi. Il me demanda si je n'avois commis aucune indiscrétion qui eût éclairé les parens sur ma passion. Il m'apprit que le père et la mère, allarmés de mes assiduités, avoient fait des questions à leur fille; que si j'avois des vues honnêtes, rien n'étoit plus simple que de les avouer; qu'on se feroit honneur de me recevoir à ces conditions; mais que si je ne m'expliquois pas nettement sous quinzaine, on me prieroit de cesser des visites qui se remarquoient, sur lesquelles on tenoit des propos, et qui faisoient tort à leur fille, en écartant d'elle des partis avantageux qui pouvoient se présenter sans la crainte d'un refus.

JACQUES.

Eh bien! mon maître, Jacques a-t-il du nez?

Le chevalier ajouta : Dans quinzaine ! le terme est assez court. Vous aimez, on vous aime ; dans quinze jours que ferez-vous ? Je répondis net au chevalier que je me retirerois. == Vous vous retirerez ! Vous n'aimez donc pas ? == J'aime, et beaucoup ; mais j'ai des parens, un nom, un état, des prétentions, et je ne me résoudrai jamais à enfouir tous ces avantages dans le magasin d'une petite bourgeoise. == Et leur déclarerai-je cela ? == Si vous voulez. Mais, chevalier, la subite et scrupuleuse délicatesse de ces gens-là m'étonne. Ils ont permis à leur fille d'accepter mes cadeaux ; ils m'ont laissé vingt fois en tête-à-tête avec elle ; elle court les bals, les assemblées, les spectacles, les promenades aux champs et à la ville, avec le premier qui a un bon équipage à lui offrir ; ils dorment profondément tandis qu'on fait de la musique ou la conversation chez elle ; tu fréquentes dans la maison tant qu'il te plaît ; et, entre nous, chevalier, quand tu es admis dans une maison, on peut y en admettre un autre. Leur fille est notée. Je ne croirai pas, je ne nierai pas tout ce qu'on en dit ; mais tu conviendras que ces parens-là auroient pu s'aviser plus-tôt d'être jaloux de l'honneur de leur enfant. Veux-tu que je te parle vrai ? On m'a pris pour une espèce de benêt qu'on se promettoit de mener par le nez aux pieds du curé de la paroisse. Ils se sont trompés. Je trouve mademoiselle Agathe charmante ; j'en ai la tête tournée : et il y paroit, je crois, aux effroyables dépenses que j'ai faites pour elle. Je ne refuse pas de continuer, mais encore faut-il que ce soit avec la certitude de la trouver un peu moins sévère à l'avenir.

Mon projet n'est pas de perdre éternellement à ses genoux un temps, une fortune et des soupirs que je pourrois employer plus utilement ailleurs. Tu diras ces derniers mots à mademoiselle Agathe, et tout ce qui les a précédés à ses parens... Il faut que notre liaison cesse, ou que je sois admis sur un nouveau pied, et que mademoiselle Agathe fasse de moi quelque chose de mieux que ce qu'elle en a fait jusqu'à présent. Lorsque vous m'introduisîtes chez elle, convenez, chevalier, que vous me fîtes espérer des facilités que je n'ai point trouvées. Chevalier, vous m'en avez un peu imposé. = Le chevalier : Ma foi, je m'en suis un peu imposé le premier à moi-même. Qui diable auroit jamais imaginé qu'avec l'air leste, le ton libre et gai de cette jeune folle, ce seroit un petit dragon de vertu ?

JACQUES.

Comment, diable ! Monsieur, cela est bien fort. Vous avez donc été brave une fois dans votre vie ?

LE MAÎTRE.

Il y a des jours comme cela. J'avois sur le cœur l'aventure des usuriers, ma retraite à Saint-Jean-

Jacques le Fataliste. Q

de-Latran, devant la demoiselle Bridoie, et, plus que tout, les rigueurs de mademoiselle Agathe. J'étois un peu las d'être lanterné.

JACQUES.

Et, d'après ce courageux discours adressé à votre cher ami le chevalier de Saint-Ouin, que fîtes-vous?

LE MAÎTRE.

Je tins parole, je cessai mes visites.

JACQUES.

Bravo! bravo! mio caro maestro!

LE MAÎTRE.

Il se passa une quinzaine, sans que j'entendisse parler de rien, si ce n'étoit par le chevalier qui m'instruisoit fidellement des effets de mon absence dans la famille, et qui m'encourageoit à tenir ferme. Il me disoit : On commence à s'étonner, on se regarde, on parle; on se questionne sur les sujets de mécontentement qu'on a pu te donner. La petite fille joue la dignité; elle dit avec une indifférence affectée à travers laquelle on voit aisément qu'elle est piquée : On ne voit plus ce monsieur; c'est qu'apparemment il ne veut plus qu'on le voie; à-la-bonne-heure, c'est son affaire.... Et puis elle fait une pirouette, elle se met à chantonner, elle va à la fenêtre, elle revient; mais les yeux rouges ; tout le monde s'apperçoit qu'elle a pleuré. == Qu'elle a pleuré ! == Ensuite elle s'assied ; elle prend son ouvrage ; elle veut travailler, mais elle ne travaille pas. On cause, elle se tait ; on cherche à l'égayer, elle prend de l'humeur ; on lui propose un jeu, une promenade, un spectacle : elle accepte ; et lorsque tout est prêt, c'est une autre chose qui lui plaît et qui lui déplaît le moment d'après.... Oh ! ne voilà-t-il pas que tu te troubles ! Je ne te dirai plus rien. == Mais, chevalier, vous croyez donc que, si je reparoissois.... == Je crois que tu serois un sot. Il faut tenir bon, il faut avoir du courage. Si tu reviens sans être rappelé, tu es perdu. Il faut apprendre à vivre à ce petit monde-là. == Mais si l'on ne me rappelle pas ? == On te rappellera. == Si l'on tarde beaucoup à me rappeler ? == On te rappellera bientôt. Peste ! un homme comme toi ne se remplace pas aisément. Si tu reviens de toi-même, on te boudera, on te fera payer chèrement ton incartade, on t'imposera la loi qu'on voudra t'imposer ; il faudra t'y soumettre ; il faudra fléchir le genou. Veux-tu être le maître ou l'esclave, et l'esclave le plus mal mené ? Choisis. A te parler vrai, ton procédé a été un peu leste ; on n'en peut pas conclure un homme bien épris : mais ce qui est fait est fait ; et s'il est possible d'en tirer bon parti, il n'y faut pas manquer. == Elle a pleuré ! == Eh bien ! elle a pleuré. Il vaut encore mieux qu'elle pleure que toi. == Mais si l'on ne me rappelle pas ? = On te rappellera, te dis-je. Lorsque j'arrive je ne parle pas plus de toi que si tu n'existois pas. On me tourne, je me laisse tourner ; enfin, on me demande si je t'ai vu ; je réponds indifféremment, tantôt oui, tantôt non : puis on parle d'autre chose ; mais on ne tarde pas de revenir à ton éclipse. Le premier mot vient, ou du père, ou de la mère, ou de la tante, ou d'Agathe, et l'on dit : Après tous les égards que nous avons eus pour lui ! l'intérêt que nous avons tous pris à sa dernière affaire ! les amitiés que ma nièce lui a faites ! les politesses dont je l'ai comblé ! tant de protestations d'attachement que nous en avons reçues ! et puis fiez-vous aux hommes.... Après cela, ouvrez votre maison à ceux qui se présentent !.... Croyez aux amis ! = Et Agathe ? = La consternation y est, c'est moi qui t'en assure. = Et Agathe ? = Agathe me tire à l'écart, et dit : Chevalier, concevez-vous quelque chose à votre ami ? Vous m'avez assurée tant de fois que j'en étois aimée ; vous le croyiez, sans doute, et pourquoi ne l'auriez-vous pas cru ? Je le croyois bien, moi.... Et puis elle s'interrompt, sa voix s'altère, ses yeux se mouillent.... Eh bien ! ne voilà-t-il pas que tu en fais autant ! Je ne te dirai plus rien, cela est décidé. Je vois ce que tu desires, mais il n'en sera rien, absolument rien. Puisque tu as fait la sottise de te retirer sans rime ni raison, je ne veux pas que tu la doubles en allant te jeter à leur tête. Il faut tirer parti de cet incident pour avancer tes affaires avec mademoiselle Agathe ; il faut qu'elle voie qu'elle ne te tient pas si bien qu'elle ne puisse te perdre, à-moins qu'elle ne s'y prenne mieux pour te garder. Après ce que tu as fait, en être encore à lui baiser la main ! Mais là, chevalier, la main sur la conscience, nous sommes amis ; et tu peux, sans indiscrétion, t'expliquer avec moi ; vrai, tu n'en as jamais rien obtenu ? == Non. == Tu mens, tu fais le délicat. == Je le ferois peut-être, si j'en avois raison ; mais je te jure que je n'ai pas le bonheur de mentir. == Cela est inconcevable, car enfin tu n'es pas maladroit. Quoi ! on n'a pas eu le moindre petit moment de foiblesse ? == Non. == C'est qu'il sera venu, que tu ne l'auras pas apperçu, et que tu l'auras manqué. J'ai peur que tu n'aies été un peu benêt ; les gens honnêtes, délicats et tendres comme toi y sont sujets. == Mais vous, chevalier, lui dis-je, que faites-vous là ? == Rien. == Vous n'avez point eu de prétentions ? == Pardonnez-moi, s'il vous plaît, elles ont même duré assez long-temps ; mais tu es venu, tu as vu et tu as vaincu. Je me suis apperçu qu'on te regardoit beaucoup, et qu'on ne me regardoit plus guère, je me le suis tenu pour dit. Nous sommes restés bons amis ; on me confie ses petites pensées, on suit quelquefois mes conseils ; et faute de mieux, j'ai accepté le rôle de subalterne auquel tu m'as réduit.

JACQUES.

Monsieur, deux choses; l'une, c'est que je n'ai jamais pu suivre mon histoire sans qu'un diable ou un autre ne m'interrompît, et que la vôtre va tout de suite. Voilà le train de la vie; l'un court à travers les ronces sans se piquer; l'autre a beau regarder où il met le pied, il trouve des ronces dans le plus beau chemin, et arrive au gîte écorché tout vif.

LE MAÎTRE.

Est-ce que tu as oublié ton refrain; et le grand rouleau, et l'écriture d'en-haut?

JACQUES.

L'autre chose, c'est que je persiste dans l'idée que votre chevalier de Saint-Ouin est un grand fripon; et qu'après avoir partagé votre argent avec les usuriers le Brun, Merval, Mathieu de Fourgeot ou Fourgeot de Mathieu, la Bridoie, il cherche à vous embâter de sa maîtresse, en tout bien et tout honneur s'entend, par-devant notaire et curé, afin de partager encore avec vous votre femme.... Ahi! la gorge!....

LE MAÎTRE.

Sais-tu ce que tu fais là? une chose très-commune et très-impertinente.

JACQUES.

J'en suis bien capable.

LE MAÎTRE.

Tu te plains d'avoir été interrompu, et tu interromps.

JACQUES.

C'est l'effet du mauvais exemple que vous m'avez donné. Une mère veut être galante, et veut que sa fille soit sage ; un père veut être dissipateur, et veut que son fils soit économe ; un maître veut....

LE MAÎTRE.

Interrompre son valet, l'interrompre tant qu'il lui plaît, et n'en pas être interrompu.

Lecteur, est-ce que vous ne craignez pas de voir se renouveler ici la scène de l'auberge où l'un crioit : Tu descendras ; l'autre : Je ne descendrai pas. A quoi tient-il que je ne vous fasse entendre : J'interromprai ; tu n'interrompras pas. Il est certain que, pour peu que j'agace Jacques ou son maître, voilà la querelle engagée ; et si je l'engage une fois, qui sait comment elle finira ? Mais la vérité est que Jacques répondit modestement à son maître : Monsieur, je ne vous interromps pas ; mais je cause avec vous, comme vous m'en avez donné la permission.

LE MAÎTRE.

Passe ; mais ce n'est pas tout.

JACQUES.

Quelle autre incongruité puis-je avoir commise ?

LE MAÎTRE.

Tu vas anticipant sur le raconteur, et tu lui ôtes le plaisir qu'il s'est promis de ta surprise; en sorte qu'ayant, par une ostentation de sagacité très-déplacée, deviné ce qu'il avoit à te dire, il ne lui reste plus qu'à se taire, et je me tais.

JACQUES.

Ah! mon maître!

LE MAÎTRE.

Que maudits soient les gens d'esprit!

JACQUES.

D'accord; mais vous n'aurez pas la cruauté....

LE MAÎTRE.

Conviens du-moins que tu le mériterois.

JACQUES.

D'accord; mais avec tout cela vous regarderez à votre montre l'heure qu'il est, vous prendrez votre prise de tabac, votre humeur cessera, et vous continuerez votre histoire.

LE MAÎTRE.

Ce drôle-là fait de moi tout ce qu'il veut....
Quelques jours après cet entretien avec le chevalier, il reparut chez moi; il avoit l'air triom-

phant. Eh bien ! l'ami, me dit-il, une autre fois croirez-vous à mes almanachs ? Je vous l'avois bien dit, nous sommes les plus forts, et voici une lettre de la petite ; oui, une lettre, une lettre d'elle.... Cette lettre étoit fort douce ; des reproches, des plaintes et cætera ; et me voilà réinstallé dans la maison.

Lecteur, vous suspendez ici votre lecture ; qu'est-ce qu'il y a ? Ah ! je crois vous comprendre ; vous voudriez voir cette lettre. Madame Riccoboni n'auroit pas manqué de vous la montrer. Et celle que madame de la Pommeraye dicta aux deux dévotes, je suis sûr que vous l'avez regrettée. Quoiqu'elle fût autrement difficile à faire que celle d'Agathe, et que je ne présume pas infiniment de mon talent, je crois que je m'en serois tiré, mais elle n'auroit pas été originale ; ç'auroit été comme ces sublimes harangues de Tite-Live, dans son histoire de Rome, ou du cardinal Bentivoglio dans ses guerres de Flandre. On les lit avec plaisir, mais elles détruisent l'illusion. Un historien, qui suppose à ses personnages des discours qu'ils n'ont pas tenus, peut aussi leur supposer des actions qu'ils n'ont pas faites. Je vous supplie donc de vouloir bien vous passer de ces deux lettres, et de continuer votre lecture.

LE MAÎTRE.

On me demanda raison de mon éclipse, je dis

ce que je voulus; on se contenta de ce que je dis, et tout reprit son train accoutumé.

JACQUES.

C'est-à-dire que vous continuâtes vos dépenses; et que vos affaires amoureuses n'en avançoient pas davantage.

LE MAÎTRE.

Le chevalier m'en demandoit des nouvelles, et avoit l'air de s'en impatienter.

JACQUES.

Et il s'en impatientoit peut-être réellement.

LE MAÎTRE.

Et pourquoi cela?

JACQUES.

Pourquoi? parce qu'il....

LE MAÎTRE.

Achève donc.

JACQUES.

Je m'en garderai bien; il faut laisser au conteur....

LE MAÎTRE.

Mes leçons te profitent, je m'en réjouis.... Un jour le chevalier me proposa une promenade en tête-à-tête. Nous allâmes passer la journée à la campagne. Nous partîmes de bonne heure. Nous dînâmes à l'auberge; nous y soupâmes; le vin étoit excellent, nous en bûmes beaucoup, causant de gouvernement, de religion et de galanterie. Jamais le chevalier ne m'avoit marqué tant de confiance, tant d'amitié; il m'avoit raconté toutes les aventures de sa vie, avec la plus incroyable franchise, ne me célant ni le bien ni le mal. Il buvoit, il m'embrassoit, il pleuroit de tendresse; je buvois, je l'embrassois, je pleurois à mon tour. Il n'y avoit dans toute sa conduite passée qu'une seule action qu'il se reprochât; il en porteroit le remords jusqu'au tombeau. == Chevalier, confessez-vous à votre ami, cela vous soulagera. Eh bien! de quoi s'agit-il? de quelque peccadille dont votre délicatesse vous exagère la valeur? == Non, non, s'écrioit le chevalier en penchant sa tête sur ses deux mains, et se couvrant le visage de honte; c'est une noirceur, une noirceur impardonnable. Le croirez-vous? Moi, le chevalier de Saint-Ouin, a une foi trompé, trompé, oui, trompé son ami! == Et comment cela s'est-il fait? == Hélas! nous fréquentions l'un et l'autre dans la même maison, comme vous et moi. Il y avoit une jeune fille comme mademoiselle Agathe; il en étoit amoureux, et moi j'en étois aimé; il se ruinoit en dépenses pour elle, et c'est moi qui jouissois de ses faveurs. Je n'ai jamais eu le courage de lui en faire l'aveu; mais si nous nous retrouvons ensemble, je lui dirai tout. Cet effroyable secret que je porte au fond de mon cœur, l'accable, c'est un fardeau dont il faut absolument que je me délivre. — Chevalier, vous ferez bien. = Vous me le conseillez ? = Assurément, je vous le conseille. = Et comment croyez-vous que mon ami prenne la chose ? = S'il est votre ami, s'il est juste, il trouvera votre excuse en lui-même ; il sera touché de votre franchise et de votre repentir ; il jettera ses bras autour de votre cou ; il fera ce que je ferois à sa place. = Vous le croyez ? = Je le crois. = Et c'est ainsi que vous en useriez ? = Je n'en doute pas.... = A l'instant le chevalier se lève, s'avance vers moi, les larmes aux yeux, les deux bras ouverts, et me dit : Mon ami, embrassez-moi donc. = Quoi ! chevalier, lui dis-je, c'est vous ? c'est moi ? c'est cette coquine d'Agathe ? = Oui, mon ami ; je vous rends encore votre parole, vous êtes le maître d'en agir avec moi comme il vous plaira. Si vous pensez, comme moi, que mon offense soit sans excuse, ne m'excusez point ; levez-vous, quittez-moi, ne me revoyez jamais qu'avec mépris, et abandonnez-moi à ma douleur et à ma honte. Ah ! mon ami, si vous saviez tout l'empire que la petite scélérate avoit pris sur mon cœur !. Je suis né honnête ; jugez combien j'ai dû souffrir du rôle indigne auquel je me suis abaissé. Combien de fois j'ai détourné mes yeux de dessus elle pour les attacher sur vous, en gémissant de sa trahison et de la mienne ; Il est inouï que vous ne vous en soyez jamais apperçu.... = Cependant j'étois immobile comme un Therme pétrifié ; à-peine entendois-je le discours du chevalier. Je m'écriai : Ah ! l'indigne ! Ah ! chevalier, vous, vous, mon ami ? = Oui, je l'étois, et je le suis encore, puisque je dispose, pour vous tirer des liens de cette créature, d'un secret qui est plus le sien que le mien. Ce qui me désespère, c'est que vous n'en ayez rien obtenu qui vous dédommage de tout ce que vous avez fait pour elle. (Ici Jacques se met à rire et à siffler).

Mais c'est *la vérité dans le vin*, de Collé.... Lecteur, vous ne savez ce que vous dites ; à force de vouloir montrer de l'esprit, vous n'êtes qu'une bête. C'est si peu la vérité dans le vin, que tout au contraire, c'est la fausseté dans le vin. Je vous ai dit une grossièreté, j'en suis fâché, et je vous en demande pardon.

LE MAÎTRE.

Ma colère tomba peu à peu. J'embrassai le chevalier ; il se remit sur sa chaise, les coudes appuyés sur la table, les poings fermés sur les yeux ; il n'osoit me regarder.

JACQUES.

Il étoit si affligé ; et vous eûtes la bonté de le consoler ?.... (Et Jacques de siffler encore.)

LE MAÎTRE.

Le parti qui me parut le meilleur, ce fut de

tourner la chose en plaisanterie. A chaque propos gai, le chevalier confondu me disoit : Il n'y a point d'homme comme vous; vous êtes unique; vous valez cent fois mieux que moi. Je doute que j'eusse eu la générosité ou la force de vous pardonner une pareille injure, et vous en plaisantez; cela est sans exemple. Mon ami, que ferois-je jamais, qui puisse réparer?.... Ah! non, non, cela ne se répare pas. Jamais, jamais je n'oublierai ni mon crime ni votre indulgence; ce sont deux traits profondément gravés là. Je me rappellerai l'un pour me détester, l'autre pour vous admirer, pour redoubler d'attachement pour vous. = Allons, chevalier, vous n'y pensez pas, vous vous surfaites votre action et la mienne. Buvons à votre santé. Chevalier, à la mienne donc, puisque vous ne voulez pas que ce soit à la vôtre.... Le chevalier peu à peu reprit courage. Il me raconta tous les détails de sa trahison, s'accablant lui-même des épithètes les plus dures; il mit en piéces, et la fille, et la mère, et le père, et les tantes, et toute la famille qu'il me montra comme un ramas de canailles indignes de moi, mais bien dignes de lui; ce sont ses propres mots.

JACQUES.

Et voilà pourquoi je conseille aux femmes de ne jamais coucher avec des gens qui s'enivrent. Je ne méprise guère moins votre chevalier pour son indiscrétion en amour que pour sa perfidie en amitié. Que diable! il n'avoit qu'à.... être un honnête homme, et vous parler d'abord.... Mais tenez, monsieur, je persiste, c'est un gueux, c'est un fieffé gueux. Je ne sais plus comment ceci finira; j'ai peur qu'il ne vous trompe encore en vous détrompant. Tirez-moi, tirez-vous bien vîte vous-même de cette auberge et de la compagnie de cet homme-là....

Ici Jacques reprit sa gourde, oubliant qu'il n'y avoit ni tisanne ni vin. Son maître se mit à rire. Jacques toussa un demi-quart-d'heure de suite. Son maître tira sa montre et sa tabatière, et continua son histoire que j'interromprai, si cela vous convient; ne fut-ce que pour faire enrager Jacques, en lui prouvant qu'il n'étoit pas écrit là-haut, comme il le croyoit, qu'il seroit toujours interrompu et que son maître ne le seroit jamais.

LE MAÎTRE au Chevalier.

Après ce que vous me dites là, j'espère que vous ne les reverrez plus. = Moi, les revoir!... Mais ce qui me désespère, c'est de s'en aller sans se venger. On aura trahi, joué, baffoué, dépouillé un galant homme; on aura abusé de la passion et de la foiblesse d'un autre galant homme, car j'ose encore me regarder comme tel, pour l'engager dans une suite d'horreurs; on aura exposé deux amis à se haïr et peut-être à s'entr'égorger; car enfin, mon cher, convenez que, si vous eussiez découvert mon indigne menée, vous êtes brave, vous en eussiez peut-être conçu un tel ressentiment.... = Non, cela n'auroit pas été jusques là. Et pourquoi donc? et pour qui? pour une faute que personne ne sauroit se répondre de ne pas commettre? Est-ce ma femme? Et quand elle le seroit? Est-ce ma fille? Non, c'est une petite gueuse; et vous croyez que pour une petite gueuse.... Allons, mon ami, laissons cela et buvons. Agathe est jeune, vive, blanche, grasse, potelée; ce sont les chairs les plus fermes, n'est-ce pas? et la peau la plus douce? La jouissance en doit être délicieuse, et j'imagine que vous étiez assez heureux entre ses bras pour ne guère penser à vos amis. = Il est certain que si les charmes de la personne et le plaisir pouvoient atténuer la faute, personne sous le ciel ne seroit moins coupable que moi. = Ah çà, chevalier, je reviens sur mes pas; je retire mon indulgence, et je veux mettre une condition à l'oubli de votre trahison. = Parlez, mon ami, ordonnez, dites; faut-il me jeter par la fenêtre, me pendre, me noyer, m'enfoncer ce couteau dans la poitrine?... Et à l'instant le chevalier saisit un couteau qui étoit sur la table, détache son col, écarte sa chemise, et les yeux égarés, se place la pointe du couteau de la main droite à la fossette de la clavicule gauche, et semble n'attendre que mon ordre pour s'expédier à l'antique. = Il ne s'agit pas de cela, chevalier, laissez là ce mauvais couteau. = Je ne le quitte pas, c'est ce que je mérite; faites signe. Laissez là ce mauvais couteau, vous dis-je, je ne mets pas votre expiation à si haut prix......... Cependant la pointe du couteau étoit toujours suspendue sur la fossette de la clavicule gauche; je lui saisis la main, je lui arrachai son couteau que je jetai loin de moi, puis approchant la bouteille de son verre, et versant plein, je lui dis : Buvons d'abord; et vous saurez ensuite à quelle terrible condition j'attache votre pardon. Agathe est donc bien succulente, bien voluptueuse? = Ah! mon ami, que ne le savez-vous comme moi! = Mais attends, il faut qu'on nous apporte une bouteille de Champagne, et puis tu me feras l'histoire d'une de tes nuits. Traître charmant, ton absolution est à la fin de cette histoire. Allons, commence : est-ce que tu ne m'entends pas? = Je vous entends. = Ma sentence te paroît-elle trop dure? = Non. = Tu rêves. = Je rêve! = Que t'ai-je demandé? = Le récit d'une de mes nuits avec Agathe? = C'est cela.... = Cependant le chevalier me mesuroit de la tête aux pieds, et se disoit à lui-même : C'est la même taille, à-peu-près le même âge; et quand il y auroit quelque différence, point de lumière, l'imagination prévenue que c'est moi, elle ne soupçonnera rien.... = Mais, chevalier, à quoi penses-tu donc? Ton verre reste plein, et tu ne commences pas! = Je pense, mon ami, j'y ai pensé, tout est dit: embrassez-moi, nous serons vengés, oui, nous le serons. C'est une scélératesse de ma part; si elle est indigne de moi, elle ne l'est pas de la petite coquine. Vous me demandez l'histoire d'une de mes nuits? = Oui; est-ce trop exiger? = Non; mais si, au-lieu de l'histoire, je vous procurois la nuit? = Cela vaudroit un peu mieux. = (Jacques se met à siffler.) Aussitôt le chevalier tire deux clefs de sa poche, l'une petite et l'autre grande. La petite, me dit-il, est le passe-partout de la rue, la grande est celle de l'anti-chambre d'Agathe; les voilà, elles sont toutes deux à votre service. Voici ma marche de tous les jours, depuis environ six mois; vous y conformerez la vôtre. Ses fenêtres sont sur le devant, comme vous le savez. Je me promène dans la rue tant que je les vois éclairées. Un pot de basilic mis en dehors est le signal convenu; alors je m'approche de la porte d'entrée, je l'ouvre, j'entre, je la referme, je monte le plus doucement que je peux, je tourne par le petit corridor qui est à droite; la première porte à gauche dans ce corridor est la sienne, comme vous savez. J'ouvre cette porte avec cette grande clef, je passe dans la petite garde-robe qui est à droite, là je trouve une petite bougie de nuit, à la lueur de laquelle je me déshabille à mon aise. Agathe laisse la porte de sa chambre entr'ouverte; je passe, et je vais la trouver dans son lit. Comprenez-vous cela ? = Fort bien ! = Comme nous sommes entourés, nous nous taisons. = Et puis je crois que vous avez mieux à faire que de jaser. = En cas d'accident, je puis sauter de son lit, et me renfermer dans la garde-robe, cela n'est pourtant jamais arrivé. Notre usage ordinaire est de nous séparer sur les quatre heures du matin. Lorsque le plaisir ou le repos nous mène plus loin, nous sortons du lit ensemble; elle descend, moi je reste dans la garde-robe, je m'habille, je lis, je me repose, j'attends qu'il soit heure de paroître. Je descends, je salue, j'embrasse comme si je ne faisois que d'arriver. = Cette nuit-ci, vous attend-on ? = On m'attend toutes les nuits. = Et vous me céderiez votre place ? = De tout mon cœur. Que vous préfériez la nuit au récit, je n'en suis pas en peine; mais ce que je désirerois, c'est que..... = Achevez; il y a peu de choses que je ne me sente le courage d'entreprendre pour vous obliger. = C'est que vous restassiez entre ses bras jusqu'au jour; j'arriverois, je vous surprendrois. = Oh! non, chevalier, cela seroit trop méchant. = Trop méchant ? Je ne le suis pas tant que vous pensez. Auparavant, je me déshabillerois dans la garde-robe. = Allons, chevalier, vous avez le diable au corps. Et puis cela ne se peut; si vous me donnez les clefs, vous ne les aurez plus. = Ah! mon ami, que tu es bête! = Mais pas trop, ce me semble. = Et pourquoi n'entrerions-nous pas tous les deux ensemble ? Vous iriez trouver Agathe; moi je resterois dans la garde-robe jusqu'à ce que vous me fissiez un signal dont nous conviendrons. == Ma foi, cela est si plaisant, si fou, que peu s'en faut que je n'y consente. Mais, chevalier, tout bien considéré, j'aimerois mieux réserver cette facétie pour quelqu'une des nuits suivantes. == Ah ! j'entends, votre projet est de nous venger plus d'une fois. == Si vous l'agréez ? == Tout-à-fait.

JACQUES.

Votre chevalier bouleverse toutes mes idées. J'imaginois......

LE MAÎTRE.

Tu imaginois ?

JACQUES.

Non, monsieur, vous pouvez continuer.

LE MAÎTRE.

Nous bûmes, nous dîmes cent folies, et sur la nuit qui s'approchoit, et sur les suivantes, et sur celle où Agathe se trouveroit entre le chevalier et moi. Le chevalier étoit redevenu d'une gaîté charmante, et le texte de notre conversation n'étoit pas triste. Il me prescrivoit des préceptes de conduite nocturne qui n'étoient pas tous également faciles à suivre; mais après une longue suite de nuits bien employées, je pouvois soutenir l'honneur du chevalier à ma première, quelque merveilleux qu'il se prétendît; et ce furent des détails qui ne finissoient point sur les talens, perfections, commodités d'Agathe. Le chevalier ajoutoit avec un art incroyable l'ivresse de la passion à celle du vin. Le moment de l'aventure ou de la vengeance nous paroissoit arriver lentement; cependant nous sortîmes de table. Le chevalier paya; c'est la première fois que cela lui arrivoit. Nous montâmes dans notre voiture; nous étions ivres; notre cocher et nos valets l'étoient encore plus que nous.

Lecteur, qui m'empêcheroit de jeter ici le cocher, les chevaux, la voiture, les maîtres et les valets dans une fondrière? Si la fondrière vous fait peur, qui m'empêcheroit de les amener sains et saufs dans la ville, où j'accrocherois leur voiture à une autre, dans laquelle je renfermerois d'autres jeunes gens ivres? Il y auroit des mots offensans de dits, une querelle, des épées tirées, une bagarre dans toutes les règles? Qui m'empêcheroit, si vous n'aimez pas les bagarres, de substituer à ces jeunes gens mademoiselle Agathe, avec une de ses tantes? Mais il n'y eut rien de tout cela. Le chevalier et le maître de Jacques arrivèrent à Paris. Celui-ci prit les vêtemens du chevalier. Il est minuit, ils sont sous les fenêtres d'Agathe; la lumière s'éteint; le pot de basilic est à sa place. Ils font encore un tour d'un bout à l'autre de la rue. Le chevalier recordant à son ami sa leçon. Ils approchent de la porte, le chevalier l'ouvre, introduit le maître de Jacques, garde le passe-partout de la rue, lui donne la clef du corridor, referme la porte d'entrée, s'éloigne, et après ce petit détail fait avec laconisme, le maître de Jacques reprit la parole et dit :

Le local m'étoit connu. Je monte sur la pointe des pieds, j'ouvre la porte du corridor, je la referme, j'entre dans la garde-robe, où je trouvai la petite lampe de nuit; je me déshabille; la porte de la chambre étoit entr'ouverte, je passe, je vais à l'alcove, où Agathe ne dormoit pas. J'ouvre les rideaux, et à l'instant je sens deux bras nus se jeter autour de moi; et m'attirer; je me laisse aller, je me couche, je suis accablé de caresses, je les rends. Me voilà le mortel le plus heureux qu'il y ait au monde; je le suis encore lorsque...

Lorsque le maître de Jacques s'apperçut que Jacques dormoit ou faisoit semblant de dormir : Tu dors, lui dit-il, tu dors, maroufle, au moment le plus intéressant de mon histoire!.... et c'est à ce moment même que Jacques attendoit son maître. Te réveilleras-tu? = Je ne le crois pas. = Et pourquoi? = C'est que si je me réveille, mon mal de gorge pourra bien se réveiller aussi, et que je pense qu'il vaut mieux que nous reposions tous deux..... Et voilà Jacques qui laisse tomber sa tête en devant. = Tu vas te rompre le cou. = Sûrement, si cela est écrit là-haut. N'êtes-vous pas entre les bras de mademoiselle Agathe? = Oui. = Ne vous y trouvez-vous pas bien? = Fort bien. = Restez-y. = Que j'y reste, cela te plaît à dire. = Du-moins jusqu'à ce que je sache l'histoire de l'emplâtre de Desglands.

LE MAÎTRE.

Tu te venges, traître.

JACQUES.

Et quand cela seroit, mon maître, après avoir coupé l'histoire de mes amours par mille questions, par autant de fantaisies, sans le moindre murmure de ma part, ne pourrois-je pas vous supplier d'interrompre la vôtre, pour m'apprendre l'histoire de l'emplâtre de ce bon Desglands, à qui j'ai tant d'obligations, qui m'a tiré de chez le chirurgien au moment où, manquant d'argent, je ne savois plus que devenir, et chez qui j'ai fait connoissance avec Denise, Denise sans laquelle je ne vous aurois pas dit un mot de tout ce voyage? Mon maître, mon cher maître, l'histoire de l'emplâtre de Desglands; vous serez si court qu'il vous plaira, et cependant l'assoupissement qui me tient, et dont je ne suis pas maître, se dissipera; et vous pourrez compter sur toute mon attention.

LE MAÎTRE, en haussant les épaules.

Il y avoit dans le voisinage de Desglands, une veuve charmante, qui avoit plusieurs qualités communes avec une célèbre courtisane du siècle passé. Sage par raison, libertine par tempérament, se désolant le lendemain de la sottise de la veille, elle a passé toute sa vie en allant du plaisir au remords et du remords au plaisir, sans que l'habitude du plaisir ait étouffé le remords, sans que l'habitude du remords ait étouffé le goût du plaisir. Je l'ai connue dans ses derniers instans; elle disoit qu'enfin elle échappoit à deux grands ennemis. Son mari, indulgent pour le seul défaut qu'il eût à lui reprocher, la plaignit pendant qu'elle vécut, et la regretta long-temps après sa mort. Il prétendoit qu'il eût été aussi ridicule à lui d'empêcher sa femme d'aimer, que de l'empêcher de boire. Il lui pardonnoit la multitude de ses conquêtes en faveur du choix délicat qu'elle y mettoit. Elle n'accepta jamais l'hommage d'un sot ou d'un méchant : ses faveurs furent toujours la récompense du talent ou de la probité. Dire d'un homme qu'il étoit ou qu'il avoit été son amant, c'étoit assurer qu'il étoit homme de mérite. Comme elle connoissoit sa légèreté, elle ne s'engageoit point à être fidelle; je n'ai fait, disoit-elle, qu'un faux serment en ma vie, c'est le premier. Soit qu'on perdît le sentiment qu'on avoit pris pour elle, soit qu'elle perdît celui qu'on lui avoit inspiré, on restoit son ami. Jamais il n'y eut d'exemple plus frappant de la différence de la probité et des mœurs. On ne pouvoit pas dire qu'elle eût des mœurs; et l'on avouoit qu'il étoit difficile de trouver une plus honnête créature. Son curé la voyoit rarement au pied des autels; mais en tout temps il trouvoit sa bourse ouverte pour les pauvres. Elle disoit plaisamment, de la religion et des loix, que c'étoit une paire de béquilles qu'il ne falloit pas ôter à ceux qui avoient les jambes foibles. Les femmes qui redoutoient son commerce pour leurs maris, le désiroient pour leurs enfans.

JACQUES, après avoir dit entre ses dents, tu me le payeras ce maudit portrait, ajouta:

Vous avez été fou de cette femme-là?

LE MAÎTRE.

Je le serois certainement devenu, si Desglands ne m'eût gagné de vitesse. Desglands en devint amoureux....

JACQUES.

Monsieur, est-ce que l'histoire de son emplâtre et celle de ses amours sont tellement liées l'une à l'autre qu'on ne sauroit les séparer?

LE MAÎTRE.

On peut les séparer; l'emplâtre est un incident, l'histoire est le récit de tout ce qui s'est passé pendant qu'ils s'aimoient.

Jacques le Fataliste. R

JACQUES.

Et il s'est passé beaucoup de choses ?

LE MAÎTRE.

Beaucoup.

JACQUES.

Et en ce cas, si vous donnez à chacune la même étendue qu'au portrait de l'héroïne, nous n'en sortirons pas d'ici à la Pentecôte; et c'est fait de vos amours et des miennes.

LE MAÎTRE.

Aussi, Jacques, pourquoi m'avez-vous dérouté ?... N'as-tu pas vu chez Desglands un petit enfant ?

JACQUES.

Méchant, têtu, insolent et valétudinaire ? Oui, je l'ai vu.

LE MAÎTRE.

C'est un fils naturel de Desglands et de la belle veuve.

JACQUES.

Cet enfant-là lui donnera bien du chagrin. C'est un enfant unique, bonne raison pour n'être qu'un vaurien; il sait qu'il sera riche, autre bonne raison pour n'être qu'un vaurien.

LE MAÎTRE.

Et comme il est valétudinaire, on ne lui apprend rien; on ne le gêne, on ne le contredit sur rien, troisiéme bonne raison pour n'être qu'un vaurien.

JACQUES.

Une nuit le petit fou se mit à pousser des cris inhumains. Voilà toute la maison en alarmes ; on accourt. Il veut que son papa se lève. = Votre papa dort. = N'importe, je veux qu'il se lève, je le veux, je le veux. = Il est malade. = N'importe, il faut qu'il se lève, je le veux, je le veux... = On réveille Desglands; il jette sa robe-de-chambre sur ses épaules, il arrive. = Eh bien ! mon petit, me voilà, que veux-tu ? = Je veux qu'on les fasse venir. = Qui ? = Tous ceux qui sont dans le château. = On les fait venir ; maîtres, valets, étrangers, commensaux, Jeanne, Denise, moi avec mon genou malade, tous, excepté une vieille concierge impotente, à laquelle on avoit accordé une retraite dans une chaumière à près d'un quart-de-lieue du château. Il veut qu'on l'aille chercher. = Mais, mon enfant, il est minuit. = Je le veux, je le veux. = Vous savez qu'elle demeure bien loin. = Je le veux, je le veux. = Qu'elle est âgée et qu'elle ne sauroit marcher. = Je le veux, je le veux. = Il faut que la pauvre concierge vienne ; on l'apporte, car pour venir elle auroit plutôt mangé le chemin. Quand nous sommes tous rassemblés, il veut qu'on le lève et qu'on l'habille. Le voilà levé et habillé. Il veut que nous passions tous dans le grand salon et qu'on le place au milieu dans le grand fauteuil de son papa. Voilà qui est fait. Il veut que nous nous prenions tous par la main. Voilà qui est fait. Il veut que nous dansions tous en rond, et nous nous mettons tous à danser en rond. Mais c'est le reste qui est incroyable...

LE MAÎTRE.

J'espère que tu me feras grâce du reste ?

JACQUES.

Non, non, monsieur, vous entendrez le reste... Il croit qu'il m'aura fait impunément un portrait de la mère, long de quatre aunes...

LE MAÎTRE.

Jacques, je vous gâte.

JACQUES.

Tant pis pour vous.

LE MAÎTRE.

Vous avez sur le cœur le long et ennuyeux portrait de la veuve; mais vous m'avez, je crois, bien rendu cet ennui par la longue et ennuyeuse histoire de la fantaisie de son enfant.

Si c'est votre avis, reprenez l'histoire du père; mais plus de portraits, mon maître; je hais les portraits à la mort.

LE MAÎTRE.

Et pourquoi haïssez-vous les portraits ?

JACQUES.

C'est qu'ils ressemblent si peu, que, si par hasard on vient à rencontrer les originaux, on ne les reconnoit pas. Racontez-moi les faits, rendez-moi fidellement les propos, et je saurai bientôt à quel homme j'ai affaire. Un mot, un geste m'en ont quelquefois plus appris que le bavardage de toute une ville.

LE MAÎTRE.

Un jour Desglands...

JACQUES.

Quand vous êtes absent, j'entre quelquefois dans votre bibliothèque, je prends un livre, et c'est ordinairement un livre d'histoire.

LE MAÎTRE.

Un jour Desglands...

JACQUES.

Je lis du pouce tous les portraits.

LE MAÎTRE.

Un jour Desglands...

JACQUES.

Pardon, mon maître, la machine étoit montée, et il falloit qu'elle allât jusqu'à la fin.

LE MAÎTRE.

Y est-elle ?

JACQUES.

Elle y est.

LE MAÎTRE.

Un jour Desglands invita à dîner la belle veuve avec quelques gentilshommes d'alentour. Le règne de Desglands étoit sur son déclin ; et parmi ses convives il y en avoit un vers lequel son inconstance commençoit à la pencher. Ils étoient à table, Desglands et son rival placés l'un à côté de l'autre et en face de la belle veuve. Desglands employoit tout ce qu'il avoit d'esprit pour animer la conversation ; il adressoit à la veuve les propos les plus galans, mais elle distraite n'entendoit rien et tenoit les yeux attachés sur son rival. Desglands avoit un œuf frais à la main ; un mouvement convulsif occasionné par la jalousie le saisit, il serre les poings, et voilà l'œuf chassé de sa coque et répandu sur le visage de son voisin. Celui-ci fit un geste de la main ; Desglands lui prend le poignet, l'arrête, et lui dit à l'oreille : Monsieur, je le tiens pour reçu... Il se fait un profond silence ; la belle veuve se trouve mal. Le repas fut triste et court. Au sortir de table, elle fit appeler Desglands et son rival dans un appartement séparé ; tout ce qu'une femme peut faire décemment pour les reconcilier, elle le fit ; elle supplia, elle pleura, elle s'évanouit, mais tout-de-bon ; elle serroit les mains à Desglands, elle tournoit ses yeux inondés de larmes sur. l'autre. Elle disoit à celui-ci : Et vous m'aimez !... à celui-là : Et vous m'avez aimée !... à tous les deux : Et vous voulez me perdre, et vous voulez me rendre la fable, l'objet de la haine et du mépris de toute la province !.. Quel que soit celui des deux qui ôte la vie à son ennemi, je ne le reverrai jamais ; il ne peut être ni mon ami ni mon amant ; je lui voue une haine qui ne finira qu'avec ma vie.... Puis elle retomboit en défaillance, et en défaillant elle disoit : Cruels, tirez vos épées et enfoncez-les dans mon sein ; si en expirant je vous vois embrassés, j'expirerai sans regret !.. Desglands et son rival restoient immobiles ou la secouroient, et quelques pleurs s'échappoient de leurs yeux. Cependant il fallut se séparer. On remit la belle veuve chez elle plus morte que vive.

JACQUES.

Eh bien ! monsieur, qu'avois-je besoin du portrait que vous m'avez fait de cette femme ? Ne saurois-je pas à-présent tout ce que vous en avez dit ?

LE MAÎTRE.

Le lendemain Desglands rendit visite à sa charmante infidelle ; il y trouva son rival. Qui fut bien étonné ? Ce fut l'un et l'autre de voir à Desglands la joue droite couverte d'un grand rond de taffetas noir. Qu'est-ce que cela, lui dit la veuve ? = Desglands : Ce n'est rien. = Son rival : Un peu de fluxion ? = Desglands : Cela se passera... = Après un instant de conversation, Desglands sortit, et en sortant il fit à son rival un signe qui fut très-bien entendu. Celui-ci descendit; ils passèrent, l'un par un des côtés de la rue, l'autre par le côté opposé ; ils se rencontrèrent derrière les jardins de la belle veuve, se battirent, et le rival de Desglands demeura étendu sur la place, grièvement, mais non mortellement blessé. Tandis qu'on l'emporte chez lui, Desglands revient chez sa veuve, il s'assied, ils s'entretiennent encore de l'accident de la veille. Elle lui demande ce que signifie cette énorme et ridicule mouche qui lui couvre la joue. Il se lève, il se regarde au miroir. En effet, lui dit-il, je la trouve un peu trop grande.... Il prend les ciseaux de la dame, il détache son rond de taffetas, le rétrécit tout autour d'une ligne ou deux, le replace, et dit à la veuve : Comment me trouvez-vous à-présent ? = Mais d'une ligne ou deux moins ridicule qu'auparavant. = C'est toujours quelque chose.

Le rival de Desglands guérit. Second duel où la victoire resta à Desglands : ainsi cinq à six fois de suite ; et Desglands à chaque combat rétrécissant son rond de taffetas d'une petite lisière, et remettant le reste sur sa joue.

JACQUES.

Quelle fut la fin de cette aventure ? Quand on

me porta au château de Desglands, il me semble qu'il n'avoit plus son rond noir.

LE MAÎTRE.

Non. La fin de cette aventure fut celle de la belle veuve. Le long chagrin, qu'elle en éprouva, acheva de ruiner sa santé foible et chancelante.

JACQUES.

Et Desglands?

LE MAÎTRE.

Un jour que nous nous promenions ensemble, il reçoit un billet, il l'ouvre, et dit: C'étoit un très-brave homme, mais je ne saurois m'affliger de sa mort... Et à l'instant il arrache de sa joue le reste de son rond noir, presque réduit par ses fréquentes rognures à la grandeur d'une mouche ordinaire. Voilà l'histoire de Desglands. Jacques est-il satisfait; et puis-je espérer qu'il écoutera l'histoire de mes amours, ou qu'il reprendra l'histoire des siennes?

JACQUES.

Ni l'un ni l'autre.

LE MAÎTRE.

Et la raison?

JACQUES.

C'est qu'il fait chaud, que je suis las, que cet endroit est charmant, que nous serons à l'ombre sous ces arbres, et qu'en prenant le frais au bord de ce ruisseau nous nous reposerons.

LE MAÎTRE.

J'y consens; mais ton rhume?...

JACQUES.

Il est de chaleur; et les médecins disent que les contraires se guérissent par les contraires.

LE MAÎTRE.

Ce qui est vrai au moral comme au physique. J'ai remarqué une chose assez singulière ; c'est qu'il n'y a guère de maximes de morale dont on ne fît un aphorisme de médecine, et réciproquement peu d'aphorismes de médecine dont on ne fît une maxime de morale.

JACQUES.

Cela doit être.

Ils descendent de cheval ; ils s'étendent sur l'herbe. Jacques dit à son maître : Veillez-vous, dormez-vous? Si vous veillez, je dors ; si vous dormez, je veille. = Son maître lui dit : Dors, dors. = Je puis donc compter que vous veillerez ? C'est que cette fois-ci nous y pourrions perdre deux chevaux.

Le maître tira sa montre et sa tabatière; Jacques se mit en devoir de dormir; mais à chaque instant il se réveilloit en sursaut, et frappoit en l'air ses deux mains l'une contre l'autre. Son maître lui dit : à qui diable en as-tu ?

JACQUES.

J'en ai aux mouches et aux cousins. Je voudrois bien qu'on me dît à quoi servent ces incommodes bêtes-là ?

LE MAITRE.

Et parce que tu l'ignores, tu crois qu'elles ne servent à rien ? La nature n'a rien fait d'inutile et de superflu.

JACQUES.

Je le crois ; car puisqu'une chose est, il faut qu'elle soit.

LE MAITRE.

Quand tu as ou trop de sang ou du mauvais sang, que fais-tu ? Tu appelles un chirurgien, qui t'en ôte deux ou trois palettes. Eh bien ! ces cousins, dont tu te plains, sont une nuée de petits chirurgiens ailés qui viennent avec leurs petites lancettes te piquer et te tirer du sang goutte à goutte.

JACQUES.

Oui ; mais à tort et à travers, sans savoir si j'en ai trop ou trop peu. Faites venir ici un étique, et vous verrez si les petits chirurgiens ailés ne le piqueront pas. Ils songent à eux ; et tout dans la nature songe à soi, et ne songe qu'à soi. Que cela fasse du mal aux autres, qu'importe, pourvu qu'on s'en trouve bien ?.. Ensuite il refrappoit en l'air de ses deux mains, et il disoit : Au diable les petits chirurgiens ailés !

LE MAÎTRE.

Jacques, connois-tu la fable de Garo ?

JACQUES.

Oui.

LE MAÎTRE.

Comment la trouves-tu ?

JACQUES.

Mauvaise.

LE MAÎTRE.

C'est bientôt dit.

JACQUES.

Et bientôt prouvé. Si au-lieu de glands le chêne avoit porté des citrouilles, est-ce que cette bête de Garo se seroit endormi sous un chêne ? Et s'il ne s'étoit pas endormi sous un chêne, qu'importoit au salut de son nez qu'il en tombât des citrouilles ou des glands ? Faites lire cela à vos enfans.

LE MAÎTRE.

Un philosophe de ton nom ne le veut pas.

JACQUES.

C'est que chacun a son avis, et que Jean-Jacques n'est pas Jacques.

LE MAÎTRE.

Et tant pis pour Jacques.

JACQUES.

Qui sait cela, avant que d'être arrivé au dernier mot de la dernière ligne de la page qu'on remplit dans le grand rouleau ?...

LE MAÎTRE.

A quoi penses-tu ?

JACQUES.

Je pense que, tandis que vous me parliez et que je vous répondois, vous me parliez sans le vouloir, et que je vous répondois sans le vouloir.

LE MAÎTRE.

Après.

JACQUES.

Après ? Et que nous étions deux vraies machines vivantes et pensantes.

LE MAÎTRE.

Mais à-present que veux-tu ?

JACQUES.

Ma foi, c'est encore tout de même. Il n'y a dans les deux machines qu'un ressort de plus en jeu.

LE MAÎTRE.

Et ce ressort-là ?...

JACQUES.

Je veux que le diable m'emporte si je conçois

qu'il puisse jouer sans cause. Mon capitaine disoit : posez une cause, un effet s'ensuit ; d'une cause foible, un foible effet ; d'une cause momentanée, un effet d'un moment ; d'une cause intermittente, un effet intermittent ; d'une cause contrariée, un effet ralenti ; d'une cause cessante, un effet nul.

LE MAÎTRE.

Mais il me semble que je sens au-dedans de moi-même que je suis libre, comme je sens que je pense.

JACQUES.

Mon capitaine disoit : Oui, à-présent que vous ne voulez rien ; mais veuillez vous précipiter de votre cheval ?

LE MAÎTRE.

Eh bien ! je me précipiterai.

JACQUES.

Gaiement, sans répugnance, sans effort, comme lorsqu'il vous plaît d'en descendre à la porte d'une auberge ?

LE MAÎTRE.

Pas tout-à-fait ; mais qu'importe, pourvu que je me précipite et que je me prouve que je suis libre ?

JACQUES.

Mon capitaine disoit : Quoi ! vous ne voyez pas

que sans ma contradiction il ne vous seroit jamais venu en fantaisie de vous rompre le cou? C'est donc moi qui vous prends par le pied, et vous jette hors de selle. Si votre chûte prouve quelque chose, ce n'est donc pas que vous soyez libre, mais que vous êtes fou. Mon capitaine disoit encore que la jouissance d'une liberté qui pourroit s'exercer sans motif seroit le vrai caractère d'un maniaque.

LE MAÎTRE.

Cela est trop fort pour moi; mais, en dépit de ton capitaine et de toi, je croirai que je veux quand je veux.

JACQUES.

Mais si vous êtes et si vous avez toujours été le maître de vouloir, que ne voulez-vous à-présent aimer une guenon; et que n'avez-vous cessé d'aimer Agathe toutes les fois que vous l'avez voulu? Mon maître, on passe les trois quarts de sa vie à vouloir sans faire.

LE MAÎTRE.

Il est vrai.

JACQUES.

Et à faire sans vouloir.

LE MAÎTRE.

Et tu me démontreras celui-ci?

JACQUES.

Si vous y consentez.

LE MAITRE.

J'y consens.

JACQUES.

Cela se fera, et parlons d'autre chose....

Après ces balivernes et quelques autres propos de la même importance, ils se turent; et Jacques, relevant son énorme chapeau, parapluie dans le mauvais temps, parasol dans les temps chauds, couvre-chef en tout temps, le ténébreux sanctuaire sous lequel une des meilleures cervelles qui aient encore existé, consultoit le destin dans les grandes occasions; les ailes de ce chapeau relevées lui plaçoient le visage à-peu-près au milieu du corps; rabattues, à-peine voyoit-il à dix pas devant lui : ce qui lui avoit donné l'habitude de porter le nez au vent; et c'est alors qu'on pouvoit dire de son chapeau :

Os illi sublime dedit, cœlumque tueri
Jussit, et erectos ad sidera tollere vultus.

Jacques donc, relevant son énorme chapeau et promenant ses regards au loin, apperçut un laboureur qui rouoit inutilement de coups un des deux chevaux qu'il avoit attelés à sa charrue. Ce cheval, jeune et vigoureux, s'étoit couché sur le sillon, et le laboureur avoit beau le secouer par la bride, le prier, le caresser, le menacer, jurer, frapper, l'animal restoit immobile, et refusoit opiniâtrement de se relever.

Jacques, après avoir rêvé quelque temps à cette scène, dit à son maître, dont elle avoit aussi fixé l'attention : Savez-vous, monsieur, ce qui se passe là ?

LE MAÎTRE.

Et que veux-tu qui se passe autre chose que ce que je vois ?

JACQUES.

Vous ne devinez rien ?

LE MAÎTRE.

Non. Et toi, que devines-tu ?

JACQUES.

Je devine que ce sot, orgueilleux, fainéant animal est un habitant de la ville, qui, fier de son premier état de cheval de selle, méprise la charrue; et pour vous dire tout en un mot, que c'est votre cheval, le symbole de Jacques que voilà, et de tant d'autres lâches coquins comme lui, qui ont quitté les campagnes pour venir porter la livrée dans la capitale, et qui aimeroient mieux mendier leur pain dans les rues, ou mourir de faim, que de retourner à l'agriculture, le plus utile et le plus honorable des métiers.

Le maître se mit à rire; et Jacques, s'adressant au laboureur qui ne l'entendoit pas, disoit : Pauvre diable, touche, touche tant que tu voudras : il a pris son pli, et tu useras plus d'une mèche à ton fouet, avant que d'inspirer à ce maraud-là un peu de véritable dignité et quelque goût pour le travail... Le maître continuoit de rire. Jacques, moitié d'impatience, moitié de pitié, se lève, s'avance vers le laboureur, et n'a pas fait deux cents pas que, se retournant vers son maître, il se mit à crier : Monsieur, arrivez, arrivez ; c'est votre cheval, c'est votre cheval.

Ce l'étoit en effet. A-peine l'animal eut-il reconnu Jacques et son maître, qu'il se releva de lui-même, secoua sa crinière, hennit, se cabra, et approcha tendrement son mufle du mufle de son camarade. Cependant, Jacques indigné, disoit entre ses dents : Gredin, vaurien, paresseux, à quoi tient-il que je ne te donne vingt coups de bottes ?... Son maître, au contraire, le baisoit, lui passoit une main sur le flanc, lui frappoit doucement la croupe de l'autre, et pleurant presque de joie, s'écrioit : Mon cheval, mon pauvre cheval, je te retrouve donc !

Le laboureur n'entendoit rien à cela. Je vois, messieurs, que ce cheval vous a appartenu ; mais je ne l'en possède pas moins légitimement ; je l'ai acheté à la dernière foire. Si vous vouliez le reprendre pour les deux tiers de ce qu'il m'a coûté, vous me rendriez un grand service, car je n'en puis rien faire. Lorsqu'il faut le sortir de l'écurie, c'est le diable ; lorsqu'il faut l'atteler ; c'est pis encore ; lorsqu'il est arrivé sur le champ, il se

couche, et il se laisseroit plutôt assommer que
de donner un coup de colier ou que de souffrir
un sac sur son dos. Messieurs, auriez-vous la
charité de me débarrasser de ce maudit animal-là?
Il est beau, mais il n'est bon à rien qu'à piaffer
sous un cavalier, et ce n'est pas là mon affaire...
On lui proposa un échange avec celui des deux
autres qui lui conviendroit le mieux; il y consentit, et nos deux voyageurs revinrent au petit
pas à l'endroit où ils s'étoient reposés, et d'où
ils virent avec satisfaction le cheval qu'ils avoient
cédé au laboureur se prêter sans répugnance à
son nouvel état.

JACQUES.

Eh bien! monsieur?

LE MAÎTRE.

Eh bien! rien n'est plus sûr que tu es inspiré;
est-ce de Dieu, est-ce du diable? Je l'ignore.
Jacques, mon cher ami, je crains que vous n'ayez
le diable au corps.

JACQUES.

Et pourquoi le diable?

LE MAÎTRE.

C'est que vous faites des prodiges, et que votre
doctrine est fort suspecte.

JACQUES.

Et qu'est-ce qu'il y a de commun entre la

doctrine que l'on professe et les prodiges qu'on opère.

LE MAÎTRE.

Je vois que vous n'avez pas lu Dom la Taste.

JACQUES.

Et ce Dom la Taste que je n'ai pas lu, que dit-il ?

LE MAÎTRE.

Il dit que Dieu et le diable font également des miracles.

JACQUES.

Et comment distingue-t-il les miracles de Dieu des miracles du diable ?

LE MAÎTRE.

Par la doctrine. Si la doctrine est bonne, les miracles sont de Dieu ; si elle est mauvaise, les miracles sont du diable.

JACQUES. Ici Jacques se mit à siffler, puis il ajouta :

Et qui est-ce qui m'apprendra à moi, pauvre ignorant, si la doctrine du faiseur de miracles est bonne ou mauvaise ? Allons, monsieur, remontons sur nos bêtes. Que vous importe que ce soit de par Dieu ou de par Béelzébuth que votre cheval se soit retrouvé ? En ira-t-il moins bien ?

LE MAÎTRE.

Non. Cependant, Jacques, si vous étiez possédé...

JACQUES.

Quel remède y auroit-il à cela?

LE MAÎTRE.

Le remède! ce seroit, en attendant l'exorcisme... ce seroit de vous mettre à l'eau-bénite pour boisson.

JACQUES.

Moi, monsieur, à l'eau! Jacques à l'eau-bénite! J'aimerois mieux que mille légions de diables me restassent dans le corps, que d'en boire une goutte, bénite ou non bénite. Est-ce que vous ne vous êtes pas encore apperçu que j'étois hydrophobe?...

Ah! *hydrophobe?* Jacques a dit *hydrophobe?*... Non, lecteur, non; je confesse que le mot n'est pas de lui. Mais, avec cette sévérité de critique-là, je vous défie de lire une scène de comédie ou de tragédie, un seul dialogue, quelque bien qu'il soit fait, sans surprendre le mot de l'auteur dans la bouche de son personnage. Jacques a dit: Monsieur, est-ce que vous ne vous êtes pas encore apperçu qu'à la vue de l'eau la rage me prend?... Eh bien! en disant autrement que lui, j'ai été moins vrai, mais plus court.

Ils remontèrent sur leurs chevaux; et Jacques dit à son maître: Vous en étiez de vos amours au moment où, après avoir été heureux deux fois, vous vous disposiez peut-être à l'être une troisiéme.

LE MAÎTRE.

Lorsque tout-à-coup la porte du corridor s'ouvre. Voilà la chambre pleine d'une foule de gens qui marchent tumultueusement ; j'apperçois des lumières, j'entends des voix d'hommes et de femmes qui parloient tous à-la-fois. Les rideaux sont violemment tirés ; et j'apperçois le père, la mère, les tantes, les cousins, les cousines et un commissaire qui leur disoit gravement : Messieurs, mesdames, point de bruit ; le délit est flagrant ; monsieur est un galant homme ; il n'y a qu'un moyen de réparer le mal ; et monsieur aimera mieux s'y prêter de lui-même que de s'y faire contraindre par les loix... A chaque mot il étoit interrompu par le père qui m'accabloit de reproches ; par les tantes et par les cousines qui adressoient les épithètes les moins ménagées à Agathe, qui s'étoit enveloppé la tête dans les couvertures. J'étois stupéfait, et je ne savois que dire. Le commissaire s'adressant à moi, me dit ironiquement : Monsieur, vous êtes fort bien ; il faut cependant que vous ayez pour agréable de vous lever, et de vous vêtir.... Ce que je fis, mais avec mes habits qu'on avoit substitués à ceux du chevalier. On approcha une table ; le commissaire se mit à verbaliser. Cependant la mère se faisoit tenir à quatre pour ne pas assommer sa fille ; et le père lui disoit :

Doucement, ma femme, doucement; quand vous aurez assommé votre fille, il n'en sera ni plus ni moins. Tout s'arrangera pour le mieux.... Les autres personnages étoient dispersés sur des chaises, dans les différentes attitudes de la douleur, de l'indignation et de la colère. Le père, gourmandant sa femme par intervalle, lui disoit : Voilà ce que c'est que de ne pas veiller à la conduite de sa fille.... La mère lui répondoit : Avec cet air si bon et si honnête, qui l'auroit cru de monsieur ?... Les autres gardoient le silence. Le procès-verbal dressé, on m'en fit lecture; et comme il ne contenoit que la vérité, je le signai et je descendis avec le commissaire, qui me pria très-obligeamment de monter dans une voiture qui étoit à la porte, d'où l'on me conduisit avec un assez nombreux cortége droit au Fort-l'Évêque.

JACQUES.

Au Fort-l'Évêque ! en prison !

LE MAÎTRE.

En prison; et puis voilà un procès abominable. Il ne s'agissoit de rien moins que d'épouser mademoiselle Agathe; les parens ne vouloient entendre à aucun accommodement. Dès le matin, le chevalier m'apparut dans ma retraite. Il savoit tout. Agathe étoit désolée; ses parens étoient enragés; il avoit essuyé les plus cruels reproches sur la perfide connoissance qu'il leur avoit donnée; c'étoit lui qui étoit la première cause de leur malheur et du déshonneur de leur fille ; ces pauvres gens faisoient pitié. Il avoit demandé à parler à Agathe en particulier ; il ne l'avoit pas obtenu sans peine. Agathe avoit pensé lui arracher les yeux, et l'avoit appelé des noms les plus odieux. Il s'y attendoit ; il avoit laissé tomber ses fureurs ; après quoi il avoit tâché de l'amener à quelque chose de raisonnable ; mais cette fille disoit une chose à laquelle, ajoutoit le chevalier, je ne sais point de replique : Mon père et ma mère m'ont surprise avec votre ami ; faut-il leur apprendre que, en couchant avec lui, je croyois coucher avec vous ?.... Il lui répondoit : Mais en bonne-foi, croyez-vous que mon ami puisse vous épouser ?.... Non, disoit-elle, c'est vous, indigne, c'est vous, infâme, qui devriez y être condamné. = Mais, dis-je au chevalier, il ne tiendroit qu'à vous de me tirer d'affaire. = Comment cela ? = Comment ? en déclarant la chose comme elle est. = J'en ai menacé Agathe ; mais certes je n'en ferai rien. Il est incertain que ce moyen nous servît utilement ; et il est très-certain qu'il nous couvriroit d'infamie. Aussi c'est votre faute. = Ma faute ? = Oui, votre faute. Si vous eussiez approuvé l'espiéglerie que je vous proposois, Agathe auroit été surprise entre deux hommes, et tout ceci auroit fini par une dérision. Mais cela n'est point, et il s'agit de se tirer de ce mauvais pas. = Mais, chevalier, pourriez-vous m'expliquer un petit incident ? C'est mon habit repris et le vôtre remis dans la garde-robe ; ma foi, j'ai beau y rêver, c'est un mystère qui me confond. Cela m'a rendu Agathe un peu suspecte ; il m'est venu dans la tête qu'elle avoit reconnu la supercherie, et qu'il y avoit entr'elle et ses parens je ne sais quelle connivence. == Peut-être vous aura-t-on vu monter ; ce qu'il y a de certain, c'est que vous fûtes à-peine déshabillé, qu'on me renvoya mon habit et qu'on me redemanda le vôtre. == Cela s'éclaircira avec le temps.... == Comme nous étions en train, le chevalier et moi, de nous affliger, de nous consoler, de nous accuser, de nous injurier et de nous demander pardon, le commissaire entra ; le chevalier pâlit et sortit brusquement. Ce commissaire étoit un homme de bien, comme il en est quelques-uns, qui, relisant chez lui son procès-verbal, se rappela qu'autrefois il avoit fait ses études avec un jeune homme qui portoit mon nom ; il lui vint en pensée que je pourrois bien être le parent ou même le fils de son ancien camarade de collège : et le fait étoit vrai. Sa première question fut de me demander qui étoit l'homme qui s'étoit évadé quand il étoit entré. == Il ne s'est point évadé, lui dis-je, il est sorti ; c'est mon intime ami, le chevalier de Saint-Ouin. == Votre ami ! vous avez là un plaisant ami : Savez-vous, monsieur, que c'est lui qui m'est venu avertir ? Il étoit accompagné du père et d'un autre

Jacques le Fataliste.   S

parent. = Lui! = Lui-même. = Etes-vous bien sûr de votre fait? = Très-sûr ; mais comment l'avez-vous nommé? = Le chevalier de Saint-Ouin. = Oh! le chevalier de Saint-Ouin, nous y voilà. Et savez-vous ce que c'est que votre ami, votre intime ami le chevalier de Saint-Ouin? Un escroc, un homme noté par cent mauvais tours. La police ne laisse la liberté du pavé à cette espèce d'hommes-là, qu'à cause des services qu'elle en tire quelquefois. Ils sont fripons et délateurs des fripons ; et on les trouve apparemment plus utiles par le mal qu'ils préviennent ou qu'ils révèlent, que nuisibles par celui qu'ils font.... = Je racontai au commissaire ma triste aventure, telle qu'elle s'étoit passée. Il ne la vit pas d'un œil beaucoup plus favorable ; car tout ce qui pouvoit m'absoudre ne pouvoit ni s'alléguer ni se démontrer au tribunal des loix. Cependant il se chargea d'appeler le père et la mère, de serrer les pouces à la fille, d'éclairer le magistrat, et de ne rien négliger de ce qui serviroit à ma justification ; me prévenant toutefois que, si ces gens étoient bien conseillés, l'autorité y pourroit très-peu de chose. = Quoi! monsieur le commissaire, je serois forcé d'épouser? = Épouser! cela seroit bien dur, aussi ne l'appréhendé-je pas ; mais il y aura des dédommagemens, et dans ce cas ils sont considérables... Mais, Jacques, je crois que tu as quelque chose à me dire.

JACQUES.

Oui: je voulois vous dire que vous fûtes en effet plus malheureux que moi, qui payai et qui ne couchai pas. Au demeurant, j'aurois, je crois, entendu votre histoire tout courant, si Agathe avoit été grosse.

LE MAÎTRE.

Ne te dépars pas encore de ta conjecture; c'est que le commissaire m'apprit quelque temps après ma détention, qu'elle étoit venue faire chez lui sa déclaration de grossesse.

JACQUES.

Et vous voilà père d'un enfant....

LE MAÎTRE.

Auquel je n'ai pas nui.

JACQUES.

Mais que vous n'avez pas fait.

LE MAÎTRE.

Ni la protection du magistrat, ni toutes les démarches du commissaire ne purent empêcher cette affaire de suivre le cours de la justice; mais comme la fille et ses parens étoient mal famés, je n'épousai pas entre les deux guichets. On me condamna à une amende considérable, aux frais de gésine, et à pourvoir à la subsistance et à l'éducation d'un enfant provenu des faits et gestes de mon ami le chevalier de Saint-Ouin, dont il étoit le portrait en miniature. Ce fut un gros garçon, dont mademoiselle Agathe accoucha très-heureusement entre le septième et le huitième mois, et auquel on donna une bonne nourrice, dont j'ai payé les mois jusqu'à ce jour.

JACQUES.

Quel âge peut avoir monsieur votre fils?

LE MAÎTRE.

Il aura bientôt dix ans. Je l'ai laissé tout ce temps à la campagne, où le maître d'école lui a appris à lire, à écrire et à compter. Ce n'est pas loin de l'endroit où nous allons; et je profite de la circonstance pour payer à ces gens ce qui leur est dû, le retirer et le mettre en métier.

Jacques et son maître couchèrent encore une fois en route. Ils étoient trop voisins du terme de leur voyage, pour que Jacques reprît l'histoire de ses amours; d'ailleurs il s'en manquoit beaucoup que son mal de gorge fût passé. Le lendemain ils arrivèrent.... = Où? = D'honneur, je n'en sais rien. = Et qu'avoient-ils à faire où ils alloient? = Tout ce qu'il vous plaira. Est-ce que le maître de Jacques disoit ses affaires à tout le monde? = Quoi qu'il en soit, elles n'exigeoient pas au-delà d'une quinzaine de séjour. Se terminèrent-elles bien, se terminèrent-elles mal? C'est ce que j'ignore encore. Le mal de gorge de Jacques se dissipa, par deux remèdes qui lui étoient antipathiques, la diète et le repos.

Un matin le maître dit à son valet : Jacques, bride et selle les chevaux, et remplis ta gourde ; il faut aller où tu sais.... Ce qui fut aussi-tôt fait que dit. Les voilà s'acheminant vers l'endroit où l'on nourrissoit depuis dix ans, aux dépens du maître de Jacques, l'enfant du chevalier de Saint-Ouin. A quelque distance du gîte qu'ils venoient de quitter, le maître s'adressa à Jacques dans les mots suivans : Jacques, que dis-tu de mes amours ?

JACQUES.

- Qu'il y a d'étranges choses écrites là-haut. Voilà un enfant de fait, Dieu sait comment ! Qui sait le rôle que ce petit bâtard jouera dans le monde ? Qui sait s'il n'est pas né pour le bonheur ou le bouleversement d'un empire ?

LE MAÎTRE.

Je te réponds que non. J'en ferai un bon tourneur ou un bon horloger. Il se mariera ; il aura des enfans qui tourneront à perpétuité des bâtons de chaise dans ce monde.

JACQUES.

Oui, si cela est écrit là-haut. Mais pourquoi ne sortiroit-il pas un Cromwel de la boutique d'un tourneur ? Celui qui fit couper la tête à son roi, n'étoit-il pas sorti de la boutique d'un brasseur, et ne dit-on pas aujourd'hui....

LE MAÎTRE.

Laissons cela. Tu te portes bien, tu sais mes

amours; en conscience tu ne peux te dispenser de reprendre l'histoire des tiennes.

JACQUES.

Tout s'y oppose. Premièrement, le peu de chemin qui nous reste à faire; secondement, l'oubli de l'endroit où j'en étois; troisièmement, un diable de pressentiment que j'ai là que cette histoire ne doit pas finir; que ce récit nous portera malheur; et que je ne l'aurai pas si-tôt repris, qu'il sera interrompu par une catastrophe heureuse ou malheureuse.

LE MAÎTRE.

Si elle est heureuse, tant mieux!

JACQUES.

D'accord; mais j'ai là qu'elle sera malheureuse.

LE MAÎTRE.

Malheureuse! soit; mais que tu parles ou que tu te taises, arrivera-t-elle moins?

JACQUES.

Qui sait cela?

LE MAÎTRE.

Tu es né trop tard de deux ou trois siècles.

JACQUES.

Non, monsieur, je suis né à temps, comme tout le monde.

LE MAÎTRE.

Tu aurois été un grand augure.

JACQUES.

Je ne sais pas bien précisément ce que c'est qu'un augure, ni ne me soucie de le savoir.

LE MAÎTRE.

C'est un des chapitres importans de ton traité de la divination.

JACQUES.

Il est vrai ; mais il y a si long-temps qu'il est écrit, que je ne m'en rappelle pas un mot. Monsieur, tenez, voilà qui en sait plus que tous les augures, oies fatidiques et poulets sacrés de la république ; c'est la gourde. Interrogeons la gourde.

Jacques prit sa gourde, et la consulta longuement. Son maître tira sa montre et sa tabatière, vit l'heure qu'il étoit, prit sa prise de tabac, et Jacques dit : Il me semble à-présent que je vois le destin moins noir. Dites-moi où j'en étois.

LE MAÎTRE.

Au château de Desglands, ton genou un peu remis, et Denise chargée par sa mère de te soigner.

LE MAÎTRE.

Denise fut obéissante. La blessure de mon genou étoit presque refermée ; j'avois même pu danser en rond la nuit de l'enfant ; cependant j'y souffrois par intervalle des douleurs inouies. Il vint en tête au chirurgien du château qui en savoit un peu plus long que son confrère, que ces souffrances, dont le retour étoit si opiniâtre, ne pouvoient avoir pour cause que le séjour d'un corps étranger qui étoit resté dans les chairs, après l'extraction de la balle. En conséquence il arriva dans ma chambre de grand matin ; il fit approcher une table de mon lit ; et lorsque mes rideaux furent ouverts, je vis cette table couverte d'instrumens tranchans ; Denise assise à mon chevet, et pleurant à chaudes larmes ; sa mère debout, les bras croisés, et assez triste ; le chirurgien dépouillé de sa casaque, les manches de sa veste retroussées, et sa main droite armée d'un bistouri.

LE MAÎTRE.

Tu m'effraies.

JACQUES.

Je le fus aussi. L'ami, me dit le chirurgien, êtes-vous las de souffrir ? = Fort las. = Voulez-vous que cela finisse, et conserver votre jambe ? = Certainement. = Mettez-la donc hors du lit, et que j'y travaille à mon aise.... J'offre ma jambe. Le chirurgien met le manche de son bistouri entre ses dents, passe ma jambe sous son bras gauche, l'y fixe fortement, reprend son bistouri, en introduit la pointe dans l'ouverture de ma blessure, et me fait une incision large et profonde. Je ne sourcillai pas, mais Jeanne détourna la tête, et Denise poussa un cri aigu, et se trouva mal....

Ici Jacques fit alte à son récit, et donna une

nouvelle atteinte à sa gourde. Les atteintes étoient d'autant plus fréquentes que les distances étoient courtes, ou, comme disent les géomètres, en raison inverse des distances. Il étoit si précis dans ses mesures, que, pleine en partant, elle étoit toujours exactement vide en arrivant. Messieurs des ponts et chaussées en auroient fait un excellent odomètre, et chaque atteinte avoit communément sa raison suffisante. Celle-ci étoit pour faire revenir Denise de son évanouissement, et se remettre de la douleur de l'incision que le chirurgien lui avoit faite au genou. Denise, revenue, et lui réconforté, il continua.

JACQUES.

Cette énorme incision mit à découvert le fond de la blessure, d'où le chirurgien tira, avec ses pinces, une très-petite pièce de drap de ma culotte qui étoit restée, et dont le séjour causoit mes douleurs et empêchoit l'entière cicatrisation de mon mal. Depuis cette opération, mon état alla de mieux en mieux, graces aux soins de Denise; plus de douleurs, plus de fièvre; de l'appétit, du sommeil, des forces. Denise me pansoit avec exactitude et avec une délicatesse infinie. Il falloit voir la circonspection et la légéreté de main avec lesquelles elle levoit mon appareil, la crainte qu'elle avoit de me faire la moindre douleur, la manière dont elle baignoit ma plaie; j'étois assis sur le bord de mon lit; elle avoit un genou en terre, ma jambe étoit posée sur sa cuisse, que je pressois quelquefois un peu; j'avois une main sur son épaule; et je la regardois faire avec un attendrissement, que je crois qu'elle partageoit. Lorsque mon pansement étoit achevé, je lui prenois les deux mains, je la remerciois, je ne savois que lui dire, je ne savois comment je lui témoignerois ma reconnoissance; elle étoit debout, les yeux baissés, et m'écoutoit sans mot dire. Il ne passoit pas au château un seul porte-balle, que je ne lui achetasse quelque chose; une fois c'étoit un fichu, une autre fois c'étoit quelques aunes d'indienne ou de mousseline, une croix d'or, des bas de coton, une bague, un collier de grenat. Quand ma petite emplette étoit faite, mon embarras étoit de l'offrir, le sien de l'accepter. D'abord je lui montrois la chose; si elle la trouvoit bien, je lui disois : Denise, c'est pour vous que je l'ai achetée.... Si elle l'acceptoit, ma main trembloit en la lui présentant, et la sienne en la recevant. Un jour, ne sachant plus que lui donner, j'achetai des jarretières; elles étoient de soie, chamarées de blanc, de rouge et de bleu, avec une devise. Le matin, avant qu'elle arrivât, je les mis sur le dossier de la chaise qui étoit à côté de mon lit. Aussi-tôt que Denise les apperçut, elle dit : Oh! les jolies jarretières ! = C'est pour mon amoureuse, lui répondis-je. = Vous avez donc une amoureuse, monsieur Jacques ? = Assurément ! est-ce que je ne vous l'ai pas encore dit ? = Non. Elle est bien aimable, sans doute ? = Très-aimable. = Et vous l'aimez bien ? = De tout mon cœur. = Et elle vous aime de même ? = Je n'en sais rien. Ces jarretières sont pour elle, et elle m'a promis une faveur qui me rendra fou, je crois, si elle me l'accorde. = Et quelle est cette faveur ? = C'est que de ces deux jarretières-là j'en attacherai une de mes mains.... = Denise rougit, se méprit à mon discours, crut que les jarretières étoient pour une autre, devint triste, fit mal-adresse sur mal-adresse, cherchoit tout ce qu'il falloit pour mon pansement, l'avoit sous les yeux et ne le trouvoit pas ; renversa le vin qu'elle avoit fait chauffer, s'approcha de mon lit pour me panser, prit ma jambe d'une main tremblante, délia mes bandes tout de travers, et quand il fallut étuver ma blessure, elle avoit oublié tout ce qui étoit nécessaire ; elle l'alla chercher, me pansa, et en me pansant je vis qu'elle pleuroit. = Denise, je crois que vous pleurez, qu'avez-vous ? = Je n'ai rien. = Est-ce qu'on vous a fait de la peine ? = Oui. = Et qui est le méchant qui vous a fait de la peine ? = C'est vous. = Moi ? = Oui. = Et comment est-ce que cela m'est arrivé ?.... = Au-lieu de me répondre, elle tourna les yeux sur les jarretières. = Eh quoi ! lui dis-je, c'est cela qui vous a fait pleurer ? = Oui. = Eh ! Denise, ne pleurez plus, c'est pour vous que je les ai achetées. = Monsieur Jacques, dites-vous bien vrai? = Très-vrai; si vrai, que les voilà. En-même-temps je les lui présentai toutes deux, mais j'en retins une; à l'instant il s'échappa un souris à travers ses larmes. Je la pris par le bras, je l'approchai de mon lit, je pris un de ses pieds que je mis sur le bord; je relevai ses jupons jusqu'à son genou, où elle les tenoit serrés avec ses deux mains; je baisai sa jambe, j'y attachai la jarretière que j'avois retenue; et à-peine étoit-elle attachée, que Jeanne sa mère entra.

LE MAÎTRE.

Voilà une fâcheuse visite.

JACQUES.

Peut-être que oui, peut-être que non. Au-lieu de s'appercevoir de notre trouble, elle ne vit que la jarretière que sa fille avoit entre ses mains. Voilà une jolie jarretière, dit-elle; mais où est l'autre ? = A ma jambe, lui répondit Denise. Il m'a dit qu'il les avoit achetées pour son amoureuse, et j'ai jugé que c'étoit pour moi. N'est-il pas vrai, maman, que puisque j'en ai mise une, il faut que je garde l'autre ? = Ah! monsieur Jacques, Denise a raison, une jarretière ne va pas sans l'autre, et vous ne voudriez pas lui reprendre celle qu'elle a. = Pourquoi non ? = C'est que Denise ne le voudroit pas, ni moi non plus. = Mais arrangeons-nous, je lui attacherai l'autre en votre présence. = Non, non, cela ne se peut pas. = Qu'elle me les rende donc toutes deux. == Cela ne se peut pas non plus.

Mais Jacques et son maître sont à l'entrée du village où ils alloient voir l'enfant et les nourriciers de l'enfant du chevalier de Saint-Ouin. Jacques se tut ; son maître lui dit : Descendons, et faisons ici une pause. == Pourquoi ? == Parce que selon toute apparence tu touches à la conclusion de tes amours. == Pas tout-à-fait. == Quand on est arrivé au genou, il y a peu de chemin à faire. == Mon maître, Denise avoit la cuisse plus longue qu'une autre. == Descendons toujours.

Ils descendent de cheval, Jacques le premier; et se présentent avec célérité à la botte de son maître, qui n'eut pas plus-tôt posé le pied sur l'étrier que les courroies se détachent et que mon cavalier renversé en arrière, alloit s'étendre rudement par terre, si son valet ne l'eût reçu entre ses bras.

LE MAÎTRE.

Eh bien! Jacques, voilà comme tu me soignes ! Que s'en est-il fallu que je ne me sois enfoncé une côte, cassé le bras, fendu la tête, peut-être tué ?

JACQUES.

Le grand malheur !

LE MAÎTRE.

Que dis-tu, maroufle ? Attends, attends, je vais t'apprendre à parler.....

Et le maître, après avoir fait faire au cordon

de son fouet deux tours sur le poignet, de poursuivre Jacques, et Jacques de tourner autour du cheval en éclatant de rire ; et son maître de jurer, de sacrer, d'écumer de rage, et de tourner aussi autour du cheval en vomissant contre Jacques un torrent d'invectives ; et cette course de durer jusqu'à ce que tous deux, traversés de de sueur et épuisés de fatigue, s'arrêtèrent l'un d'un côté du cheval, l'autre de l'autre, Jacques haletant et continuant de rire ; son maître haletant, et lui lançant des regards de fureur. Ils commençoient à reprendre haleine, lorsque Jacques dit à son maître : Monsieur mon maître en conviendra-t-il à-présent ?

LE MAÎTRE.

Et de quoi veux-tu que je convienne, chien, coquin, infâme, si-non que tu es le plus méchant de tous les valets, et que je suis le plus malheureux de tous les maîtres ?

JACQUES.

N'est-il pas évidemment démontré que nous agissons la plûpart du temps sans vouloir ? Là, mettez la main sur la conscience : de tout ce que vous avez dit ou fait depuis une demi-heure, en avez-vous rien voulu ? N'avez-vous pas été ma marionnette, et n'auriez-vous pas continué d'être mon polichinel pendant un mois, si je me l'étois proposé ?

LE MAÎTRE.

Quoi ! c'étoit un jeu ?

JACQUES.

Un jeu.

LE MAÎTRE.

Et tu t'attendois à la rupture des courroies ?

JACQUES.

Je l'avois préparée.

LE MAÎTRE.

Et c'étoit le fil-d'archal que tu attachois au-dessus de ma tête pour me démener à ta fantaisie ?

JACQUES.

A merveille !

LE MAÎTRE.

Et ta réponse impertinente étoit préméditée ?

JACQUES.

Préméditée.

LE MAÎTRE.

Tu es un dangereux vaurien.

JACQUES.

Dites, grace à mon capitaine qui se fit un jour un pareil passe-temps à mes dépens, que je suis un subtil raisonneur.

LE MAÎTRE.

Si pourtant je m'étois blessé ?

JACQUES.

Il étoit écrit là-haut et dans ma prévoyance que cela n'arriveroit pas.

LE MAÎTRE.

Allons, asséyons-nous ; nous avons besoin de repos.

Ils s'asséyent, Jacques disant : Peste soit du sot !

LE MAÎTRE.

C'est de toi que tu parles apparemment.

JACQUES.

Oui, de moi, qui n'ai pas réservé un coup de plus dans la gourde.

LE MAÎTRE.

Ne regrette rien, je l'aurois bu, car je meurs de soif.

JACQUES.

Peste soit encore du sot de n'en avoir pas réservé deux !

Le maître le suppliant, pour tromper leur lassitude et leur soif, de continuer son récit, Jacques s'y refusant, son maître boudant, Jacques se laissant bouder ; enfin Jacques, après avoir protesté contre le malheur qui en arriveroit, reprenant l'histoire de ses amours, dit :

— Un jour de fête que le seigneur du château étoit à la chasse.... Après ces mots il s'arrêta tout court, et dit : Je ne saurois ; il m'est impossible d'avancer ; il me semble que j'aie de rechef la main du destin à la gorge, et que je me la sente serrer; pour dieu, monsieur, permettez que je me taise. = Eh bien ! tais-toi, et va demander à la première chaumière que voilà la demeure du nourricier. = C'étoit à la porte plus bas ; ils y vont, chacun d'eux tenant son cheval par la bride. A l'instant la porte du nourricier s'ouvre, un homme se montre ; le maître de Jacques pousse un cri et porte la main à son épée ; l'homme en question en fait autant. Les deux chevaux s'effraient du cliquetis des armes, celui de Jacques casse sa bride et s'échappe, et dans le même instant le cavalier contre lequel son maître se bat est étendu mort sur la place. Les paysans du village accourent. Le maître de Jacques se remet prestement en selle et s'éloigne à toutes jambes. On s'empare de Jacques, on lui lie les mains sur le dos, et on le conduit devant le juge du lieu, qui l'envoie en prison. L'homme tué étoit le chevalier de Saint-Ouin, que le hasard avoit conduit précisément ce jour-là avec Agathe chez la nourrice de leur enfant. Agathe s'arrache les cheveux sur le cadavre de son amant. Le maître de Jacques est déjà si loin qu'on l'a perdu de vue. Jacques, en allant de la maison du juge à la prison, disoit : Il falloit que cela fût, cela étoit écrit là-haut...

Et moi, je m'arrête, parce que je vous ai dit

de ces deux personnages tout ce que j'en sais.
= Et les amours de Jacques ? Jacques a dit cent
fois qu'il étoit écrit là-haut qu'il n'en finiroit pas
l'histoire, et je vois que Jacques avoit raison. Je
vois, lecteur, que cela vous fâche ; eh bien ! reprenez son récit où il l'a laissé, et continuez-le
à votre fantaisie, ou bien faites une visite à
mademoiselle Agathe, sachez le nom du village
où Jacques est emprisonné ; voyez Jacques, ques-
tionnez-le : il ne se fera pas tirer l'oreille pour
vous satisfaire ; cela le désennuiera. D'après des
mémoires que j'ai de bonnes raisons de tenir pour
suspects, je pourrois peut-être suppléer ce
qui manque ici ; mais à quoi bon ? on ne peut
s'intéresser qu'à ce qu'on croit vrai. Cependant
comme il y auroit de la témérité à prononcer
sans un mûr examen sur les entretiens de Jacques
le Fataliste et de son maître, ouvrage le plus important qui ait paru depuis le *Pantagruel* de
maître François Rabelais, et la vie et les aventures du *Compère Mathieu*, je relirai ces mémoires avec toute la contention d'esprit et toute
l'impartialité dont je suis capable ; et sous huitaine je vous en dirai mon jugement définitif,
sauf à me retracter lorsqu'un plus intelligent que
moi me démontrera que je me suis trompé.

L'éditeur ajoute : La huitaine est passée. J'ai
lu les mémoires en question ; des trois paragraphes
que j'y trouve de plus que dans le manuscrit dont

je suis le possesseur, le premier et le dernier me paroissent originaux, et celui du milieu évidemment interpolé. Voici le premier, qui suppose une seconde lacune dans l'entretien de Jacques et de son maître.

Un jour de fête que le seigneur du château étoit à la chasse, et que le reste de ses commensaux étoient allés à la messe de la paroisse, qui en étoit éloignée d'un bon quart de lieue, Jacques étoit levé, Denise étoit assise à côté de lui. Ils gardoient le silence, ils avoient l'air de se bouder, et ils se boudoient en effet. Jacques avoit tout mis en œuvre pour résoudre Denise à le rendre heureux, et Denise avoit tenu ferme. Après ce long silence, Jacques, pleurant à chaudes larmes, lui dit d'un ton dur et amer : C'est que vous ne m'aimez pas... Denise, dépitée, se lève, le prend par le bras, le conduit brusquement vers le bord du lit, s'y assied, et lui dit : Eh bien ! monsieur Jacques, je ne vous aime donc pas ? Eh bien ! monsieur Jacques, faites de la malheureuse Denise tout ce qu'il vous plaira... Et en disant ces mots, la voilà fondant en pleurs et suffoquée par ses sanglots...

Dites-moi, lecteur, ce que vous eussiez fait à la place de Jacques ? Rien. Eh bien ! c'est ce qu'il fit. Il reconduisit Denise sur sa chaise, se jeta à ses pieds, essuya les pleurs qui couloient de ses yeux, lui baisa les mains, la consola, la rassura, crut qu'il en étoit tendrement aimé ; et s'en remit à sa tendresse sur le moment qu'il lui plairoit de récompenser la sienne. Ce procédé toucha sensiblement Denise.

On objectera peut-être que Jacques, aux pieds de Denise, ne pouvoit guère lui essuyer les yeux... à-moins que la chaise ne fût fort basse. Le manuscrit ne le dit pas ; mais cela est à supposer.

Voici le second paragraphe, copié de la vie de *Tristram Shandy*, à-moins que l'entretien de Jacques le Fataliste et de son maître ne soit antérieur à cet ouvrage, et que le ministre Stern ne soit le plagiaire, ce que je ne crois pas, mais par une estime particulière de M. Stern, que je distingue de la plûpart des littérateurs de sa nation, dont l'usage assez fréquent est de nous voler et de nous dire des injures.

Une autre fois, c'étoit le matin, Denise étoit venue panser Jacques. Tout dormoit encore dans le château. Denise s'approcha en tremblant. Arrivée à la porte de Jacques, elle s'arrêta, incertaine si elle entreroit ou non. Elle entra en tremblant ; elle demeura assez long-temps à côté du lit de Jacques sans oser ouvrir les rideaux. Elle les entr'ouvrit doucement ; elle dit bon-jour à Jacques en tremblant ; elle s'informa de sa nuit et de sa santé en tremblant. Jacques lui dit qu'il n'avoit pas fermé l'œil, qu'il avoit souffert, et qu'il souffroit encore d'une démangeaison cruelle à son genou.

Denise s'offrit à le soulager ; elle prit une petite piéce de flanelle ; Jacques mit sa jambe hors du lit, et Denise se mit à frotter avec sa flanelle au-dessous de la blessure, d'abord avec un doigt, puis avec deux, avec trois, avec quatre, avec toute la main. Jacques la regardoit faire, et s'enivroit d'amour. Puis Denise se mit à frotter avec sa flanelle sur la blessure même, dont la cicatrice étoit encore rouge, d'abord avec un doigt, ensuite avec deux, avec trois, avec quatre, avec toute la main. Mais ce n'étoit pas assez d'avoir éteint la démangeaison au-dessous du genou, sur le genou, il falloit encore l'éteindre au-dessus, où elle ne se faisoit sentir que plus vivement. Denise posa sa flanelle au-dessus du genou, et se mit à frotter là assez fermement, d'abord avec un doigt, avec deux, avec trois, avec quatre, avec toute la main. La passion de Jacques, qui n'avoit cessé de la regarder, s'accrut à un tel point, que, n'y pouvant résister, il se précipita sur la main de Denise.... et la baisa.

Mais ce qui ne laisse aucun doute sur le plagiat, c'est ce qui suit. Le plagiaire ajoute : Si vous n'êtes pas satisfait de ce que je vous révèle des amours de Jacques, lecteur, faites mieux, j'y consens. De quelque manière que vous vous y preniez, je suis sûr que vous finirez comme moi. == Tu te trompes, insigne calomniateur, je ne finirai point comme toi. Denise fut sage. == Et qui est-ce qui vous dit le contraire ? Jacques se précipita sur sa main, et la baisa, sa main. C'est vous qui avez l'esprit corrompu, et qui entendez ce qu'on ne vous dit pas. = Eh bien ! il ne baisa donc que sa main ? = Certainement : Jacques avoit trop de sens pour abuser de celle dont il vouloit faire sa femme, et se préparer une méfiance qui auroit pu empoisonner le reste de sa vie. = Mais il est dit, dans le paragraphe qui précéde, que Jacques avoit mis tout en œuvre pour déterminer Denise à le rendre heureux. = C'est qu'apparemment il n'en vouloit pas encore faire sa femme.

Le troisième paragraphe nous montre Jacques, notre pauvre Fataliste, les fers aux pieds et aux mains, étendu sur la paille au fond d'un cachot obscur, se rappelant tout ce qu'il avoit retenu des principes de la philosophie de son capitaine, et n'étant pas éloigné de croire qu'il regretteroit peut-être un jour cette demeure humide, infecte, ténébreuse, où il étoit nourri de pain noir et d'eau, et où il avoit ses pieds et ses mains à défendre contre les attaques des souris et des rats. On nous apprend qu'au milieu de ses méditations les portes de sa prison et de son cachot sont enfoncées ; qu'il est mis en liberté avec une douzaine de brigands, et qu'il se trouve enrôlé dans la troupe de Mandrin. Cependant la maréchaussée, qui suivoit son maître à la piste, l'avoit atteint, saisi et constitué dans une autre prison. Il en étoit sorti par les bons offices du commissaire qui l'avoit si bien servi dans sa première aventure, et il vivoit retiré depuis deux ou trois mois dans le château de Desglands, lorsque le hasard lui rendit un serviteur presqu'aussi essentiel à son bonheur que sa montre et sa tabatière. Il ne prenoit pas une prise de tabac, il ne regardoit pas une fois l'heure qu'il étoit, qu'il ne dît en soupirant : Qu'es-tu devenu, mon pauvre Jacques ?..... Une nuit le château de Desglands est attaqué par les Mandrins ; Jacques reconnoît la demeure de son bienfaiteur et de sa maîtresse ; il intercède et garantit le château du pillage. On lit ensuite le détail pathétique de l'entrevue inopinée de Jacques, de son maître, de Desglands, de Denise et de Jeanne. = C'est toi, mon ami ! = C'est vous, mon cher maître ! = Comment t'es-tu trouvé parmi ces gens-là ? = Et vous, comment se fait-il que je vous rencontre ici ? = C'est vous, Denise ? = C'est vous, monsieur Jacques ? Combien vous m'avez fait pleurer !...... Cependant Desglands crioit : Qu'on apporte des verres et du vin ; vîte, vîte : c'est lui qui nous a sauvé la vie à tous.... Quelques jours après, le vieux concierge du château décéda, Jacques obtint sa place et épousa Denise, avec laquelle il s'occupe à susciter des disciples à Zénon et à Spinosa, aimé de Desglands, chéri de son maître, et adoré de sa femme ; car c'est ainsi qu'il étoit écrit là-haut.

On a voulu me persuader que son maître et Desglands étoient devenus amoureux de sa femme. Je ne sais ce qui en est, mais je suis sûr qu'il se disoit le soir à lui-même : S'il est écrit là-haut que tu seras cocu, Jacques, tu auras beau faire, tu le seras ; s'il est écrit au contraire que tu ne le seras pas, ils auront beau faire, tu ne le seras pas ; dors donc, mon ami.... et qu'il s'endormoit.

FIN.